新时期大学治理改革研究

罗志敏 著

科学出版社
北京

内 容 简 介

新时代使中国高等教育进入新的发展时期，也对大学的治理改革提出了新的、更高的要求。本书站在院校（大学）的视角，在研判我国大学今后发展态势的基础上，构建了大学有效治理的总体框架和路径，分别从宏观、中观、微观三个层面，对大学的组织机制、制度体系以及内在动力机制进行了深度解析和建构，并截取了大学在学术、财政等领域的若干热点难点问题，在进行翔实分析的基础上提出了一些重要的改革议题，同时为新时期我国大学治理的全面深化改革实践提供了颇具前瞻性的思路和举措。

本书理论联系实际，可作为高等教育学、教育经济与管理专业研究生的教学参考用书，亦可为从事高校管理实践的行政工作者和相关问题研究的科研人员提供参考与借鉴。

图书在版编目(CIP)数据

新时期大学治理改革研究 / 罗志敏著. — 北京：科学出版社，2020.8
ISBN 978-7-03-063682-9

Ⅰ. ①新⋯ Ⅱ. ①罗⋯ Ⅲ. ①高等学校–学校管理–体制改革–研究–中国 Ⅳ. ①G647.1

中国版本图书馆 CIP 数据核字 (2019) 第 280448 号

责任编辑：孟 锐 / 责任校对：彭 映
责任印制：罗 科 / 封面设计：墨创文化

科学出版社 出版
北京东黄城根北街16号
邮政编码：100717
http://www.sciencep.com

成都锦瑞印刷有限责任公司 印刷
科学出版社发行 各地新华书店经销

*

2020年8月第 一 版　开本：B5（720×1000）
2020年8月第一次印刷　印张：12 1/4
字数：260 000
定价：98.00元
（如有印装质量问题，我社负责调换）

项目资助

国家社会科学基金教育学一般课题"大学—校友关系的有效治理研究"(BIA150108)阶段成果

序　言

新时期中国大学的治理改革，面临着两大最紧要的任务：一是怎样通过有效的治理实现内涵式发展；二是怎样通过有效的治理达成"双一流"的建设目标。这既是迎接新一轮世界科技革命与产业变革的要求，也是满足我国经济社会发展需求的要求，同时是主动适应我国社会主要矛盾转化的要求。与此同时，面对当前某些国家经济贸易和高等教育服务贸易的威胁与围堵，我国大学还面临着如何拓展国际合作、有效利用国际优质教育资源的问题。但从大学层面上讲，要完成这些战略任务，现有的高等教育格局必然需要进行一次"重新洗牌"，学科、财务、人力等也必然需要进行一次资源再配置。

《新时期大学治理改革研究》一书的出版，正是结合这一背景，可以说是恰逢其时。该书主题鲜明，既有视角独特、充分深入的理论分析和建构，也有结合最新数据的详实解析和论证。书中不乏新颖、独到的观点和见解，所提出的一些对策建议对当前我国大学的治理改革实践也很具启发性和参考价值。

首先，该书在理论思想方面，通过深挖研究对象的理论内涵与特质，为我国大学的治理改革建立起了对现实具有很好解释和预测能力的理论解析框架。例如，第二章针对大学治理问题的特殊性（涉及个人、组织、社会乃至整个国家的利益），以及大学组织的复杂性（涉及各类行动者），构建了包含认知、关系、结构三个维度的大学内部有效治理的分析框架，并以此为基础提出了大学有效治理的总体发展路径，构建了大学有效治理的评估模型。再如，第四章专为大学治理改革制度供给建立的"四权力主体"理论分析框架以及以此框架为基础提出的八个研究命题，不仅能充分关照中国大学特定的社会现实（如党委机构在大学组织中的存在），主动识别和解释大学在发展过程中出现的问题，还能把大学内外部的关系统一起来，预测当前大学治理制度供给的重点、轻重缓急和先后顺序。

其次，该书通过新的研究视角，提出了新的研究指向和研究内容，从而拓展了有关大学治理的研究领域。例如，第五章在对已有文献进行研究的基础上，提出了"制度-生活"这一研究大学内部治理问题的新视角，并就此认为大学存在着两种秩序——制度和生活，并活跃着两类行动者——制度人和生活人。这一视角的提出，可以很好地对大学内部治理进行微观层面的解析，可为探究中国大学内部治理的微观动力机制提供一种解释框架，同时可为洞察大学内部治理的制度变迁以及作用机制提供一个切入点。此外，作者基于这一研究视角，还提出了一个很具启示意义的观点：中国大学内部治理的变迁绝不仅仅是基于制度逻辑的，今后大学领导人要顺利推进大学内部治理改革，还必须关照生活逻辑。

再次，该书在学术观点方面紧跟时政热点，从理论分析入手，提出了一些具有前瞻性、针对性和可操作性的学术观点，同时对我国今后大学治理改革的相关趋势做出了一些比较大胆的判断和预测。例如，第六章在谈到学术"近亲繁殖"问题时，认为要防"近亲繁殖"，反学术特权虽很难但却是问题的根本，同时提出大学要在体制上逐步取消"双肩挑"、实行院校两级及职能机构负责人职业化等手段和措施，清除附着在各种职务、头衔上面的公开的或隐性的学术特权，这样才能尽可能地铲除繁殖"近亲者"、聚拢"圈子"的生存土壤。再如，第一章在研究有关历史和分析数据的基础上，认为在新时期我国建设高等教育强国的征程中，必定会有一些大学消失。那些处在财政压力大省域内的地方大学、在某一城市扎堆办学的大学以及经费来源渠道单一的大学很可能面临生与死的考验。为此，就应该未雨绸缪，积极采取防范措施，如建立大学退出机制、控制新增大学数量、严把质量关、多方汲取办学资源等。

最后，该书虽然只是截取大学治理改革中的一些典型事例和问题，并没有涉及一些重要问题(如本科生教学等)，但却综合性地运用了多种研究方法，提出并论证了一些新的概念或概念框架(如大学校友关系、"制度-生活")，书中观点鲜明，语言犀利，论证有力……这些都给我留下很深的印象。

罗志敏在高校从事教学科研工作伊始就担任我的助教，至今还在参与我的一些科研课题。从一位年轻博士，到现在快速成长为一位在全国高教领域有影响的教授，可以说我是他的指导者，也是见证人，为此也希望他在今后的工作过程中能够不忘初心，再接再厉，取得更多、更厚实的科研成果，以回馈高教界、回馈社会。

2018年9月3日于上海

杨德广教授，二级教授，博士生导师，享有国务院特殊津贴。曾任华东师范大学团委书记、上海市高等教育研究所所长、上海市高等教育局副局长、上海大学校长、上海大学常务副校长、上海师范大学校长、上海震旦职业学院院长，兼任中国高等教育学会副会长、全国高等教育研究会理事长、中国民办教育协会民办教育研究院副院长、上海市高等教育学会常务副会长等职，获得过"从事高教工作逾30年、高等教育研究有重要贡献学者""中国当代教育名家""全国十大老龄新闻人物""上海市慈善之星""全国离退休干部先进个人""中华慈善楷模"等荣誉称号。

自序：新时期下的中国大学治理问题

中国特色社会主义已进入新时代，中国高等教育也相应地进入一个新的时期，即正处在以规模扩张为特征的外延式发展向以质量提升为核心的内涵式发展的阶段。观察这一背景下中国大学境况可以发现：大学在实现空前繁荣发展的同时也面临着社会、经济和文化快速变化的时代的挑战。例如，开放的社会以及新兴的市场力量对大学产生了许多新的需求，这对大学的传统运作模式提出了挑战；学生在年龄、经历、入学动机等方面变得日趋多元，这些要求即将步入高等教育普及化阶段的大学做出相应的变革；首批"双一流"建设高校名单的推出，也意味着大学将面临新的竞技场和游戏规则……以上这些预示着，政府对大学将有更进一步的要求和期望，社会公众及个人对大学将有不同的解释和预期。相应的，大学过去一直依赖的传统政治及社会条件将不断淡化，取而代之的将是一种全新的治理环境，这不仅表明中国的高等教育已经迎来了崭新的开始，也表明中国的大学治理将处于一个新的格局之中。

自2010年新的《国家中长期教育改革与发展规划纲要（2010—2020年）》颁布以来，我们可以欣喜地看到，在国家政策文本中纳入"建设依法办学、自主管理、民主监督、社会参与的现代学校制度"以及相继推出有关教育体制改革试点、大学章程制定、教职工代表大会制度、学术委员会规程等后续政策，除了进一步明确和扩大大学的办学自主权，还使高等教育界近些年来一直呼吁和倡导的"大学多元合作治理"获得了国家政策层面的认可和积极回应。特别是教育部等五部门联合印发的《教育部等五部门关于深化高等教育领域简政放权放管结合优化服务改革的若干意见》（2017年）以及中共中央办公厅、国务院办公厅印发的《关于深化教育体制机制改革的意见》（2017年），更是为今后大学的发展释放了很多利好空间。

以上说明，中国大学治理改革的重心已从外部治理走向内部治理。但是，如果具体到大学内部治理改革的实践层面，就会发现其中还面临着许多需要一一破解的难题。例如，精心制作的大学章程如何让师生全面执行？如何避免大学章程在施行过程中出现"变通""不实施""虚实施""假执行"等问题？新时代下师生的认知情感、思想认识、行为方式、信息接收习惯与过去有很大不同，大学如何在贴近群体特点的时代语境下开展工作，又如何提升师生在校的获得感？如何扎根中国大地进行"双一流"建设？又如何以"双一流"建设带动我国高等教育的总体水平迈入世界中上水平……

要破解以上这些难题，推进大学内部治理的全面深化改革实践就成为当务之急。党的十九大报告提出"坚决破除一切不合时宜的思想观念和体制机制弊端，突破利益固化的藩篱，吸收人类文明的有益成果，构建系统完备、科学规范、运行有效的制度体系"。这一政策要求同样也适用于大学，适用于大学内部治理的改革实践。但是，被称为"社会上最为复杂的组织"的大学，其办学规模比以往大得多，人员背景和结构也趋于复杂化、多元化，尤其在新时代背景下大学内部群体特点已发生很大转变，要构建系统完备、科学规范、运行有效的制度体系，其不合时宜的思想观念和体制机制弊端该如何破除，利益固化的藩篱又该如何突破，就当前大学的现实情况来讲，附着在各种职务、头衔上面的那些公开的或隐性的学术特权该如何清除，个别"学霸"的学术地位和行政权力之间的利益"通兑"行为该如何防止，等等，这些都成为摆在大学领导人面前的难题。

但是，回顾近年来学界关于中国大学内部管理问题的相关研究，很难对上述问题做出理论上的有效指导，并容易形成这样一种感觉：我们正处在一个研究工作的重要分水岭上，而且开始进入知识累进的"瓶颈期"：虽然能清晰地发现近年来相关研究已经在宏观判断上形成了一些理论共识，也指出了一些趋势性的发展方向，如大学制度建设必须"坚持大学理念""理顺大学组织内外关系"等，但是这些研究不能形成更进一步的有效解释力，更难以洞察大学内部治理实践中的现实挑战和结构性困境。

有鉴如此，本书尝试转换已有的研究视角，直面我国高等教育领域存在的一些热点、难点问题，通过新的视角去诠释问题、分析问题，同时提供解决问题的方向和思路，以期为新时期下中国大学内部治理的改革实践提供有益的启示和好的借鉴。

是为序。

罗志敏
2018年8月7日于上海

目　　录

第一章　新时期中国大学发展的走势研判 ·· 1
　一、大学可以长存吗 ··· 1
　二、影响中国大学发展走势的财政因素 ··· 4
　三、影响中国大学发展走势的技术因素 ··· 5
　四、影响中国大学发展走势的市场因素 ··· 6
　五、中国大学今后的总体发展走势分析 ··· 7
　六、政府与大学的应对之策 ··· 10
　　媒体发声："减"字当头倒逼高校改革 ·· 11

第二章　大学内部治理的总体思略 ·· 13
　一、大学内部有效治理的共同指向 ··· 13
　二、大学内部有效治理的总体框架 ··· 25
　三、大学内部有效治理的总体路径 ··· 31
　四、大学内部有效治理的评价评测 ··· 39
　　媒体发声：高校转型要坚守"育人为本"底线 ··································· 41

第三章　大学内部治理的组织机制 ·· 43
　一、大学内部治理的两种组织机制 ··· 43
　二、大学内部组织机制改革面临的大挑战 ··· 44
　三、创新大学组织机制改革所急需的条件 ··· 45
　　媒体发声：大学须接好国家高教改革的"接力棒" ··························· 50

第四章　大学内部治理的制度供给 ·· 53
　一、制度视角的大学内部治理研究概况 ··· 53
　二、大学内部治理的解析框架及其命题 ··· 56
　三、基于命题的大学内部治理制度供给逻辑 ··· 62
　四、大学内部治理制度改革的紧迫议题 ··· 64
　　媒体发声：高校治理改革需要"真"的改革 ····································· 66

第五章　大学内部治理的动力机制 ·· 70
　一、大学内部治理研究的传统视角 ··· 70
　二、大学内部治理研究新视角的构成 ··· 72
　三、大学内部治理动力的微观分析 ··· 75
　四、新研究视角的现实启迪 ··· 79

v

媒体发声：大学治理的两种逻辑 ················· 80
第六章　大学学术问题治理 ·························· 82
　一、大学学术价值规范问题 ···························· 82
　二、大学学术伦理委员会的组建 ······················ 93
　三、大学学科建设与评估问题 ························ 100
　四、大学基础科研发展问题 ·························· 104
　五、大学学术"近亲繁殖"问题 ······················ 108
　六、研究生教育质量及学术不端问题 ·················· 112
　　媒体发声：学位点如何调整 ························ 127
第七章　大学财政问题治理 ························· 129
　一、大学为什么总是经费不足 ························ 129
　二、大学办学成本为什么不断增加且难以削减 ·········· 132
　三、大学缺乏稳定可靠的资金来源 ···················· 135
　四、大学需要大范围的资金提供者 ···················· 141
　五、公立大学财政亟待走出"公币模式" ·············· 146
　　媒体发声：基金会在大学财政治理改革中的作为 ······ 147
第八章　大学校友关系治理 ························· 149
　一、大学需要校友的支持 ···························· 149
　二、学缘关系：大学校友关系治理的情感基础 ·········· 153
　三、卓越发展：大学校友关系治理的客观需要 ·········· 156
　四、大学校友关系现状的案例考察 ···················· 162
　五、大学校友关系治理的思路与举措 ·················· 172
　　媒体发声：大学发展需要"支持型校友" ············ 178
后记 ··· 183

第一章　新时期中国大学发展的走势研判

在新时期我国建设高等教育强国的征程中，自然会有许多大学得到进一步发展壮大，但也必定伴随着一些大学的衰落。在此格局下，今后国内哪些大学会走向萎缩乃至消亡，又有哪些大学会得以存续和发展，这必然是一个需要认真思考和严肃对待的问题。本章基于 FTM(finance，财政；technology，技术；market，市场)分析框架，对新时代背景下中国大学今后的发展走势进行了研判，以为本书以下章节做背景上的必要铺垫。

一、大学可以长存吗

大学，被誉为仅次于基督教堂的第二古老的机构[①]，如意大利的博洛尼亚大学(The University of Bologna)，为世界上公认的历史最悠久的大学，从欧洲中世纪(1088 年)创建迄今已经走过了 930 多个年头。大学的长久存在，也得到国家政权层面所颁布的法律法规的保护，如日本《大学令》(1918 年)确立了大学是大学教育的机构；法国《富尔法案》(1968 年)也明确把大学作为高等教育的国家机构；我国《中华人民共和国教育法》(1995 年)也规定"国家实行学前教育、初等教育、中等教育、高等教育的学校教育制度"。这些都是对大学长存"合法性"的确认和保障。

毫无疑问，由于人类社会维系和发展的需要，大学是可以长存甚至或永存的，但长存的却是作为一种教育形式的大学。与小学、中学等教育形式一样，大学作为一国高等教育的依托，在可预见的将来是不可能消失的，也必将得到进一步的发展。但是，作为一种社会机构的大学却完全不是这样，其在高等教育发展史上一直演绎着不同的命运结局：有的发展壮大，甚至排到世界大学雁阵的前列；有的日渐萎缩乃至消亡，或被其他大学合并；有些大学虽然在某一时段辉煌瞩目，但最终却沉寂无声。

人们大都对大学的发展壮大津津乐道，但却很少留意大学的消亡。事实上，18 世纪以来，就不断有大学由于不同的原因消失在历史的长河中。目前，在美国这一世界上高等教育最为强大的国家，某一所大学宣布关门倒闭也早已不算是什么新闻了。从表 1-1 所列举的一些代表性案例来看，大学消亡的原因主要有：

[①] Andrei M. The cultural legitimacy of the european university[J]. Higher Education in Europe, 2006, 31(4): 425-438.

①政治因素，即因国家政策的变化而消亡；②财政因素，即由于办学经费紧张而消亡；③市场因素，即由于生源匮乏而消亡。纵向来看，以上大学消亡的三个方面的原因在高等教育发展的不同阶段不尽相同，如在高等教育精英化向大众化的发展阶段，大学的消亡主要受政治因素影响；进入21世纪，随着世界各国高等教育的大众化乃至普及化，大学的消亡主要受财政和市场需求方面的影响，即由于办学经费紧张或生源不足而导致破产倒闭。

表1-1 一些消亡的大学

因素	时间	国家	消亡的大学	消亡原因
政治	1791	美国	费城学院	美国独立后的兴学之势所带动的古老学院变革
	1886	日本	东京开成学校、东京医学校	1877年《帝国大学令》的颁布
	1968	法国	国内20所大学被废除	1968年《高等教育方向指导法》废除第一帝国和第三共和国的大学系统，将国内大学重新组成60所自治大学
	1970	美国	南伊利诺伊大学（卡本代尔）	本地学生运动与全国性反战运动结合，导致校园被毁，学生被杀害，大学倒闭
	1988	澳大利亚	高级教育学院	道金森教育绿皮书和白皮书的一体化改革
财政	2005	新加坡	新加坡澳洲理工学院	流动资金不足
	2009	澳大利亚	莫瑞迪安国际酒店管理学院	经营资金不足
	2013	日本	创造学园大学	拖延教师的工资和奖金，陷入经营困境
	2016	美国	ITT技术学院	经济状况窘迫
市场	2005	日本	萩国际大学	生源不足
	2007	瑞士	国际酒店及旅游管理学院	生源不足
	2008	日本	私立东和大学	生源不足
	2016	美国	纽约道林大学	生源不足导致萎缩
	2017	英国	Greater Manchester技术学院	生源严重不足

注：主要根据以下文献资料整理而成。
①罗杰·L.盖格，刘红燕.美国高等教育的十个时代[J].北京大学教育评论，2006(2)：126-145，192.
②谢晨璐.17～18世纪英国高等教育发展研究[D].杭州：浙江师范大学，2016.
③胡建华.百年回顾：20世纪的日本高等教育[J].南京大学学报(哲学社会科学版)，2001，38(4)：153-160.
④Fomerand J. The French University: What happened after the revolution[J]. Higher Education, 1977, 6(1): 93-116.
⑤Lieberman R, Cochran D. We closed down the damn school: The party culture and student protest at Southern Illinois University during the Vietnam War Era[J]. Peace & Change, 2010, 26(3): 316-331.
⑥细谷俊夫，奥田真丈，等.新教育学大事典[M].东京：第一法规出版，1990.
⑦林晨，邱春燕.新加坡大学倒闭中国人遭殃[N].中华工商时报，2005-09-14(10).
⑧朱稳坦.澳大利亚4所大学倒闭，近千中国留学生遭殃[EB/OL]. [2009-11-07]. http://world.huanqiu.com/roll/2009-11/625176.Html.
⑨李慧翔.破产狂潮下的美国大学[EB/OL]. [2017-12-04]. http://www.infzm.com/content/131124，2017-12-04.

横向来看，高等教育最为发达的欧美及日本却成为大学消亡最多的国家。例如在美国，自20世纪90年代以来，有200所左右的非营利性大学倒闭①。在美国，

---

① 理查德·鲁克.高等教育公司[M].于培文，译.北京：北京大学出版社，2006.

政府对高等教育财政拨款的持续减少是大学生存与发展的最大阻碍。《2015 年美国大学财务管理人员调查》数据显示，近 1/5 的大学财务管理人员认为他们所在的大学在未来几十年可能会倒闭，其中，有 1%的被访者甚至担心所在高校倒闭的问题会在近五年发生[①]。在日本，20 世纪 90 年代末期，私立大学倒闭现象日益增多，一些新闻媒体和许多学者纷纷以私立大学进入"冬季"或"淘汰时代"来形容时下的日本大学。1997~2000 年，据统计，先后有 23 所大学倒闭[②]。2003 年 4 月，位于广岛县的立志馆大学因无力经营宣布关门，这是日本在第二次世界大战后第一个停办的四年制大学，它标志着日本大学倒闭时代的到来[③]。有日本专家认为，日本已经到了大学倒闭时代，今后会有更多的私立大学陆续倒闭[④]。在英国，政府对高等教育经费大幅削减，同时对学费上涨进行限定，致使一些大学因面临财政困境而面临倒闭的风险。伯克郡顾问公司(Berkshire Consultancy)曾调查询问了大学领导对此的看法，有 90%的受访者相信，高等教育进入商业竞争环境意味着一些大学被迫关门[⑤]。BBC(英国广播公司，British Broadcasting Corporation)社论更是非常犀利地指出，"弱势大学(weak universities)应该关闭""维持不下去的大学也应该像公司一样倒闭"[⑥]。

在我国，近年来情况也同样不容乐观，首先受到冲击的是一些民办院校。山东廊坊大学城的衰落、上海财经大学浙江学院等院校的倒闭只是冰山一角，高考生源拐点带来的大震荡才刚刚开始[⑦]，据测算，2021 年普通高校招生人数将超过报名人数，录取率也将超过百分之百[⑧]。也就是说，在不久的将来，生源不足的问题将波及我国更多院校，大学倒闭的噩梦也因此将蔓延到众多的公立院校。那么接下来的问题是：新时期背景下，作为教育机构的中国大学哪些会面临消亡？又有哪些大学会得以存续和发展？政府和高校该如何面对这一形势或者趋势？带着这些问题看，表 1-1 中所列示的政治、财政和市场因素显然也是影响中国大学消亡与存续的关键因素。但由于中国特殊的国情以及公立院校数量居绝对地位的现实，财政实际上就是政治的一种反映，加上以人工智能为代表的信息技术对高等教育的冲击，本书以财政、技术和市场为分析框架(FTM 框架)，对中国大学将来的消亡与存续走势进行研判，以为我国今后高等教育的改革与发展带来一些有益的启示和借鉴。

---

① 佚名.20 年内美多数高校或将倒闭：因巨大财政压力[EB/OL]. [2016-02-25]. http://news.hebei.com.cn/system/2016/02/25/016679152.shtml.
② 卢彩晨.日本私立大学的倒闭及启示[J].黄河科技大学学报，2007(2)：17-21.
③ 王晓勤.日私立大学接连"倒闭"中国留学生前景堪忧[EB/OL]. [2006-09-01].http://news.163.com/06/0901/09/2PU3RCGI000120GU.html.
④ 陈俊坤.日本进入大学"全入时代"[EB/OL]. [2007-01-22].http://japan.people.com.cn/GB/35467/35496/5313073.html.
⑤ 佚名.高教商业化，大学会倒闭[EB/OL]. [2010-09-16]. http://www.uker.net/apply/application/81992.html.
⑥ BBC. Weak universities'should shut'[EB/OL]. [2009-04-24].http://news.bbc.co.uk/2/hi/uk_news/education/8016178.stm.
⑦ 王文龙，赵妍.后扩招时代中国高等教育发展危机分析[J].教育学术月刊，2011(10)：26-29.
⑧ 陈伟，顾昕.人口政策与普通高等教育的发展[J].高等教育研究，2010, 31(3)：12-19, 63.

二、影响中国大学发展走势的财政因素

国家对高等教育事业的大力支持和教育经费的大量投入是中国大学近些年像"雨后春笋"般涌现并得以蓬勃发展的最根本原因。事实上,政府的财政拨款一直是中国办学经费的主要来源(表1-2),如2017年8月,教育部所属高校先后公布了2016年财政决算报告,其中清华大学以161.25亿元位列前茅,浙江大学、北京大学、上海交通大学紧跟其后,也都突破百亿,排在前列的15所"双一流"建设高校财政决算收入的平均值为74.65亿元。从表1-2中不难看出,财政拨款收入在15所高校收入中占比最大,平均占比43.48%,其中吉林大学高达57.94%。这些数据充分反映出一个问题:政府的财政投入是我国大学发展的"命根子"。那么现在的问题是,如果大学失去了政府财政这个"命根子",或者说政府对高校的财政投入不能持续增长,我国大学又将处于何种境况呢?

表1-2 教育部直属高校2016年财政决算收入前15名

排名	学校	决算收入/亿元	财政拨款收入/亿元	占比/%	事业收入/亿元	占比/%	财政拨款和事业收入占比/%
1	清华大学	161.25	50.40	31.26	82.55	51.19	82.45
2	浙江大学	123.42	33.68	27.29	46.35	37.55	64.84
3	北京大学	116.07	47.28	40.73	41.49	35.75	76.48
4	上海交通大学	103.35	33.84	32.74	48.36	46.79	79.54
5	复旦大学	71.15	27.92	39.24	27.35	38.44	77.68
6	中山大学	70.87	23.87	33.68	29.21	41.22	74.90
7	武汉大学	60.47	31.02	51.30	20.97	34.68	85.98
8	华中科技大学	58.02	29.30	50.50	21.35	36.80	87.30
9	吉林大学	57.16	33.12	57.94	19.22	33.62	91.57
10	山东大学	54.33	29.53	54.35	18.03	33.19	87.54
11	四川大学	53.04	30.17	56.88	19.33	36.44	93.33
12	同济大学	52.30	20.42	39.04	19.88	38.01	77.06
13	西安交通大学	51.71	23.06	44.59	18.84	36.43	81.03
14	厦门大学	47.38	20.28	42.80	16.95	35.77	78.58
15	天津大学	39.30	19.57	49.80	15.78	40.15	89.95
	平均值	74.65	30.23	43.48	29.71	38.40	81.88

数据来源:高校官网上发布的2016年年度决算报告。

在当前经济发展新常态下,我国国内生产总值增长速度放缓,国家财政收入增长速度同样减缓,这直接导致政府难以保证教育财政投入的持续增长,也就不能满足大学办学经费不断增长的需要。例如,2012年以来,大学所获财政投入的增长幅度开始减缓,甚至出现了负增长(如2013年)。在此境遇下,大学若仅仅依

靠政府财政，难以满足其建设发展对经费持续性增长的需求，于是有学者认为，大学从政府那里获得的财政收入似乎已经接近"天花板"，很难再有突破，但是，大学办学成本及支出的刚性增长还会长时间持续①，从而形成了一个难以突破的"剪刀差"。于是，在 2015 年 10 月，国务院印发的"双一流"建设总体方案以及教育部等机构发布的相关政策都反复提到了大学应拓宽办学资金来源渠道。这就是在政府层面释放出的一个信号：今后大学的建设发展倘若继续像以往那样依赖政府的财政投入，将很可能面临生存困境。

有国家财政重点支持的"双一流"建设高校尚且如此，地方院校的境况更难言乐观。例如，黑龙江省发布的《黑龙江省深化事业单位机构改革实施意见(2018 年)》明确提出"省直事业单位机构总数原则上至少精简 20%"。属于该省管辖的公立大学作为省直事业单位，未来若以"压缩事业单位的数量规模"的缘由被关停并转，自然也就不足为怪了。黑龙江省的这种做法可以说是代表地方政府层面释放出的一个强烈信号：财政资金的使用将从"粗放型"向"节约型"转换，今后政府财政资金将"用在刀刃上"，一些大学也就很可能因为办学资金短缺而倒闭。

三、影响中国大学发展走势的技术因素

21 世纪，互联网的迅猛发展已给高等教育领域带来了巨大变革，过去一块黑板、一根粉笔的课堂教学已被各种教育技术设备教学广泛取代；2012 年的"慕课元年"更是突破了传统的教学模式，打破了高等教育在时间、空间上的限制。如果说"慕课"对大学发展的影响只是教学模式等形式上的冲击，那么如今人工智能的异军突起则必然是大学不可抗拒的潮流，对大学的影响将是全方位的。2018 年 4 月，教育部印发的《高等学校人工智能创新行动计划》指出，为了应对人工智能带来的挑战和机遇，今后大学需要在"数字校园"的基础上向"智能校园"发展。从中还可以预见，今后人工智能在高等教育领域将从技术层面打破传统大学的生存之道和发展格局。对此，哈佛大学商学院的克里斯坦森教授就曾大胆预言，20 年或 30 年以后，美国 50%的大学很可能会被人工智能和互联网线上教学的模式取代。

这种由技术带来的颠覆效应自然会对大学消亡和存续产生影响，主要体现在在校生的数量上，即人工智能将使在大学校园里学习的学生规模大幅度减小。人工智能时代，无论是学生还是其他受教育者，都将转变成更为主动、自主的学习者，他们接受教育的时间与空间都会因此发生颠覆性的变革，如他们不再需要局限于某一固定大学或某一教室的范围，而可以自主选择不同大学、不同课程进行针对性的差异化学习。大学更多的只是起到给潜在及现实的学习者提供课程资源

---

① 陈茜. 盲目扩张的危险：我们的大学会倒闭吗[EB/OL]. [2006-02-10]. http://learning.sohu.com/20060213/n241762121.shtml.

的作用。麻省理工学院曾做了一个实验：学生可以自主选择在教室里听课或在网上听课，以评估其学习效果。实验结果表明，两种方式的学习效果都差不多，至于原因，不是因为老师教得不好，而是因为学生可以选择自己认为最佳的学习方式①。这也就意味着，人工智能不仅能使一所大学难以垄断学习者的学制和文凭，而且能使某所大学从事大规模的学生培养变成现实。那么，这对大学又意味着什么呢？一方面，某所社会声誉高的大学几乎可以无限制地招收到更多的学生；另一方面，薄弱的大学则由于生源匮乏而萎缩乃至倒闭。

此外，人工智能也使大学不再需要那么多的大学教师。美国互联网思想家戴维·温伯格就此认为："在知识网络化后，教室里最聪明的绝对不是站在讲台前上课的老师，而是所有人加起来的智慧"②，即传道授业解惑的讲授型教师工作将会被人工智能代替，人工智能将使大学不再需要雇佣大量的教师就能完成对学生的授课任务。另外，学习资源的开发和创造将被那些卓越教师所包揽，讲授型教师职位会缩减 70%，教师的主要工作将是创造性实践活动的组织者、引导者和陪伴者③。这种变化虽然能降低大学的办学成本，但会使大学教师为了自身职业的稳定性，纷纷转向少数办学规模大、社会声誉高的大学，从而导致一些大学由于既缺生源又缺师资而成为"空壳大学"。

四、影响中国大学发展走势的市场因素

伯顿·克拉克根据林伯罗姆的"三市场系统"理论将高等教育市场划分为消费者市场、劳动力市场和院校市场④。对大学来讲，最为直接且重要的显然就是消费者市场，即生源状况，因为数量充足且优质的生源一直都是一所大学最为倚重的。过去 20 年中，中国大学通过扩招释放的红利已基本上消失殆尽，而就目前以及不远的将来来看，生源问题正逐渐成为掣肘中国大学发展乃至生死存亡的最关键因素。一方面，总体生源规模下降。中国教育在线发布的《2017 年高招调查报告》显示，全国高考报名人数在 2008 年达到历史最高峰（1050 万人）之后急剧下降，直至 2014 年开始止跌趋稳，但还是有很多大学连续数年未能完成招生计划，处于"喂不饱"的生源困境，这种困境从高职高专院校波及普通本科院校⑤。即便许多大学录取门槛逐年降低，报考录取率也逐年提升，但还是无法化解这一困境；另一方面，生源外流继续加剧。近年来，出国留学人数逐年增加，并呈现

---

① 黄亚生.大学会被人工智能和互联网技术颠覆吗？[EB/OL]. [2006-02-10]. http://k.sina.com.cn/article_6337238563_179ba9623027004u8h.html, 2018-03-12.
② 戴维·温伯格. 知识的边界[M].太原：山西人民出版社，2014.
③ 张治，李永智. 迈进学校 3.0 时代——未来学校进化的趋势及动力探析[J].开放教育研究，2017, 23(4)：40-49.
④ 伯顿·R.克拉克. 高等教育系统——学术组织的跨国研究[M].王承绪，徐辉，殷企平，等，译. 杭州：杭州大学出版社，1994.
⑤ 中国教育在线. 2017 高招调查报告[EB/OL]. [2017-06-06]. http://www.eol.cn/html/g/report/2017/report1.shtml.

低龄化趋势,而来华留学人数却远未填补上这个生源缺口。例如,2006~2016年,我国出国留学人数呈直线上升趋势,到2016年已达54.45万人。2017年,我国出国留学人数首次突破60万人大关,达60.84万人。相反,2017年我国的外国留学生共48.92万人,其中学历生只有24.15万人①。

生源的减少,使大学提供的教育服务由"卖方市场"转变成"买方市场",即大学提供的教育机会"供大于求"。高等教育适龄学生将有更多选择心仪大学的权利,"用脚投票"的考生对大学的需求将从过去的"有学上"转变为"上好学",中国大学今后对生源的竞争也将因此变得激烈,而在这场角逐中的"失败者",也必定难逃萎缩乃至消亡的命运。因为,生源不仅决定着一所大学是否由于学生的存在而成为大学,其数量规模还直接影响着高校的收入。在我国,来自学生的学费收入(事业收入)一直是大学除了政府财政拨款收入之外的最大收入来源,即便是国内传统名校也是如此。如表1-2所示,2016年清华大学的事业收入就高达82.55亿元,在各高校中稳居第一,占其年度决算收入的51.19%。15校的事业收入在决算收入中平均占比也达到38.40%。因此,当大学缺乏充足的生源时,必然会导致大学办学经费的紧张,进而影响大学的生死存亡。

还需补充说明的是,近年来新型大学(包括新型私立大学)的不断涌现也使传统大学的生源困境雪上加霜。上海科技大学、上海纽约大学、西交利物浦大学、西湖大学等新型大学高起点、高占位、办学机制灵活、办学经费充足且来源多样、国际化特色鲜明,这必将对"老牌"大学独步天下的传统格局造成冲击,尤其在吸引优质生源方面。这也就意味着传统名校在丧失原本属于自己的那一部分优质生源后,必定会在有限的生源规模中挤占原本属于普通院校的生源份额。此外,未来还有一个极有可能的发展趋势,就是一些传统名校可以通过异地办分校的模式成为"巨型大学",这势必也会抢占本来属于一些普通院校的生源,从而使那些实力薄弱的院校由于生源萎缩而更加举步维艰。

五、中国大学今后的总体发展走势分析

以上对影响大学消亡和存续的三个关键因素的梳理和分析可对中国大学今后若干年的发展走势进行研判。

(一)有哪些大学最有可能会消亡

(1)处在财政压力大省域内的大学。我国高等教育实行中央、地方两地办学但以地方为主的办学体制,这意味着地方政府在高等教育方面有着很大的自主权力。随

---

① 忠建丰.2017年出国留学、回国服务规模双增长[EB/OL]. [2018-03-30]. http://www.moe.gov.cn/jyb_xwfb/gzdt_gzdt/s5987/201803/t20180329_331771.html.

着教育部等五部门联合印发《教育部等五部门关于深化高等教育领域简政放权放管结合优化服务改革的若干意见》(2017年)以及中共中央办公厅、国务院办公厅印发的《关于深化教育体制机制改革的意见》(2017年)的颁布实施,今后地方政府调控所在省域院校发展的权力会更大。而根据本省财政状况主动增添或调减省域内的院校数量,也自然成为地方政府的应有职责和权力。于是可以从中预判,财政收入不高且公办院校数量又较多的省份,即高等教育财政压力指数高的省份,其省属大学最有可能消亡(调减或合并)。如表1-3所示,黑龙江省的财政收入不高且公办院校多,其高等教育财政压力指数相应为全国最高(高达67.4),这不仅意味着该省1243.2亿元的地方财政收入难以为83.8所公办院校提供充足的财政支持,而且其省属的一些大学最有可能消亡。而像吉林省这种公办院校数量不多财政收入又明显不足的省份,其压力指数仍很大(47.2),今后其省内一些大学被调减也将会成为大概率事件。

表1-3 2017年我国省域高等教育财政压力指数排名

排名	省级区域	公办院校数/折合数	财政收入/亿元	压力指数	排名	省级区域	公办院校数/折合数	财政收入/亿元	压力指数
1	黑龙江	85/83.8	1243.2	67.4	16	湖北	101/97.8	3248.4	30.1
2	甘肃	47/46.2	815.6	56.6	17	新疆	44/44	1465.5	30.0
3	青海	13/13	246.1	52.8	18	河北	91/89	3233.3	27.5
4	吉林	58/57.2	1210.8	47.2	19	内蒙古	45/45	1703.4	26.4
5	辽宁	102/99.2	2390.2	41.5	20	天津	59/57.8	2310	25.0
6	山西	76/76	1866.8	40.7	21	四川	92/89.2	3579.8	24.9
7	陕西	78/75.6	2006.4	37.7	22	福建	55/54.2	2808.7	19.3
8	湖南	105/103.8	2756.7	37.7	23	山东	116/114.8	6099	18.8
9	宁夏	16/15.6	417.5	37.4	24	重庆	43/42.2	2252	18.7
10	贵州	58/58	1613.6	35.9	25	海南	12/12	674.1	17.8
11	广西	56/56	1615	34.7	26	北京	99/82.6	5430.8	15.2
12	江西	77/77	2246.9	34.3	27	江苏	123/118.6	8171.5	14.5
13	安徽	94/93.2	2812	33.1	28	浙江	80/79.2	5803.8	13.6
14	河南	108/108	3397	31.8	29	广东	111/108.6	11315.2	9.6
15	云南	59/58.6	1886.2	31.1	30	上海	58/54	6642.3	8.1

注:①公办院校数来自教育部2017年公布的高校名单,不包括民办性质的院校和中外合作办学院校;②公办院校折合数为把当地隶属于教育部等部属院校1所按0.6所折算(部属院校在理论上由中央和地方财政各出50%办学经费,但实际上地方政府的出资往往更多);③地方财政收入数据来源于2018年各省市财政厅公布的2017年地方收入财政数据;④压力指数=地方公办院校折合数/地方财政收入×1000,是指地方财政收入承担地方公办院校办学经费的压力程度,指数越大,表明地方政府为满足大学发展所承担的财政压力越大。

(2)在同一城市内扎堆办学的大学。由于我国地区发展不均衡的历史原因,大学主要集中在各省中心城市。一些功能重复、缺乏特色的大学高度集中在同一个城市里,形成了"扎堆办学"的格局,如农业类院校学工商管理或金融、财会专业的学生比学农学专业的学生还要多。2017年,教育部就撤销了138所大学共241个社会需求不足、缺乏特色的专业,其中不乏"双一流"建设高校。可想而知,今后政府在财政投入方向上会更加注重办学绩效,注重学科特色,从而使办学资金有向部分大学集中的趋势。例如,拥有高达151所高校的广东省,其拿出的近35亿元的专项资金仅支持34所院校"冲一流、补短板、强特色"①,而其他特色不鲜明的大学很难从中获得必要的财政支持。与此同时,"扎堆办学"的大学会面临同城内更为严峻的生源竞争,这使它们很可能遭遇生源不足、办学经费不足的双重困境而面临消亡。前些年,一些院校(如上海经贸学院)虽然身处上海这样经济发达的大城市,但也难逃关门倒闭的命运。

(3)办学经费来源渠道单一的大学。今后,办学经费的充足与否将成为大学存续抑或消亡的决定性因素。大学即使仅仅为了满足生存,也需要不断保持办学经费的持续性投入,更何况有志于发展壮大的大学。美国学者艾伦伯格也认为:"为了保持一定的地位,每一所高校都认为,它必须花费更多,即便把目标定位在保持自身已有地位这一最低限度的发展水平上。同时,大学也不能像公司那样削减成本,反而需要不断地增加办学经费,以吸引和留住全国最好的教师、设置更少人数的班级、支付学生更多种类的校外实践等。"②据教育部统计,2016年国家财政性教育经费达到3.14万亿元,首次突破3万亿元,占国内生产总值(gross domestic product,GDP)的比例连续五年保持在4%以上。从目前国家经济发展态势判断,今后能保持占GDP4%的教育经费财政投入就已经是很不错的成绩,这正如教育部财务司副司长赵建军所谈到的:"4%成果来之不易,这是我国教育发展史上的一个重要里程碑。如果从1993年第一次提出4%目标算起,我们用了20年时间。"③因此,在可预见的将来,政府对大学财政经费投入很难再有一个大幅度的增长,那些主要依赖政府财政投入、不善于挖掘其他办学经费来源的大学,将会由于经费短缺而萎缩乃至消亡。

(二)有哪些大学会进一步发展壮大

(1)有国家或地方政府重点支持的大学。从财政因素上看,目前纳入国家"双一流"建设的大学由于得到国家政策的重点支持,自然也能获得份额较大的教育经费财政投入;这类大学还拥有众多国家战略支持建设的重点实验基地,承担着多项国家项目,因此也可以获得大量的国家科研经费投入。另外,各省市也拟定了各自的"双一流"建设方案,纳入方案名单中的大学也能获得当地政府财政资

---

① 广东省财政厅.关于2018年高等教育"冲一流、补短板、强特色"专项工作资金安排方案的公示[EB/OL].[2018-04-18]. http://www.gdczt.gov.cn/zwgk/ggtz/201804/t20180408_934312.htm.
② 罗纳德·G.艾伦伯格.美国大学学费问题[M].崔玉平,译.北京:北京师范大学出版社,2007.
③ 叶雨婷.我国教育经费占GDP比例连续五年超4%,首次突破3万亿[EB/OL].[2017-09-28]. http://news.163.com/17/0928/14/CVE71UPG000187VI.html.

金的大力支持。此外，有着特殊学科专业的大学(如军事类院校、师范类院校)受国家政策的特殊照顾，自然也能获得额外的资金扶持。以上这三类大学，将会进一步发展壮大。若从生源因素来看，这些受到重点支持的大学在可预见的将来，都将长期是我国高等教育发展的重心，其生源数量不会受到太大的影响，尽管部分"冷门"专业会陆续出现"断档"，但依然不影响该类大学的报考热度，这类大学在今后更多是转向对优质生源的竞争。

(2)能紧跟时代发展潮流的大学。这类学校一般善于把握时代潮流或政府政策的"风向标"，善于从外部获取办学资源和力量。继2017年7月国务院发布《新一代人工智能发展规划》之后，教育部专门针对高校发布了《高等学校人工智能创新行动计划》。相关大学若能从中抓住机遇，不仅能够站在时代发展的前列，还能获得中央、地方、企业等多方的经费支持，同时能促进人工智能学科建设，吸引到相关专业的优质生源。例如，作为具有机械、信息行业背景的北京信息科技大学，最近就在发展计划中把智能制造与智能测控、大数据与云计算、信息安全、循环经济、新一代信息通信技术、网络空间安全、机器人以及新能源汽车等作为学科发展的主攻方向[①]。这种紧跟人工智能、大数据等时代发展潮流并与国家战略、地方及行业发展需求相对接的作为，应该可以使学校在未来得到进一步的发展壮大。

(3)能彰显地方特色、满足当地发展需求的大学。例如，广东汕头大学、五邑大学等虽然不处于国家或省域的政治、经济、文化中心，也缺乏国家政策的重点支持，但由于其在专业设置与人才培养上具有鲜明的地方特色，从而可以通过校企合作等方式从当地获得必要的支持，同时在整体生源市场疲软的不利格局下依然可以吸收到当地可观的生源。此外，由于它们能够满足当地社会经济发展需求，还能得到当地区县政府的财政支持。这类大学是地区社会与经济均衡发展的重要"桥梁"，容易得到当地各方的支持。例如，广东省计划拨出专款支持12所粤东西北和珠三角非核心区域的本科院校，以改善其基本办学条件，增强其学科和师资队伍水平[②]。另外，地处边疆民族地区的大学(如云南、西藏、新疆等边境地区的"国门大学")也会得到进一步的发展。这类大学虽然办学水平不高，但却有着保障当地教育公平、促进民族团结、维护边境稳定的政治考量，自然也会由于得到特定的扶持而获得进一步的发展。

六、政府与大学的应对之策

基于以上所述，在新时代我国建设高等教育强国的征程中，会有许多大学进一

---

① 王永生. 地方高校建设"双一流"大有可为[J].中国高等教育，2016(Z3)：38-40.
② 吴少敏，姚瑶. 大手笔啊！今年广东拟安排36.39亿元，支持34所高校"冲补强"[EB/OL]. [2018-04-11]. http://www.sohu.com/a/227880835_321615.

步发展壮大，但也必定伴随着一些大学的消亡。面对这一发展走势，无论是政府主管高等教育的机构，还是身在其中的大学，都应未雨绸缪，及早拟定应对方案，这样才能抓住有利于今后发展的机遇，同时规避一些风险。

一方面，就政府来讲，一是抓紧建立大学退出机制。在今后大学消亡变得常态化的情形之下，高等教育主管机构迫切需要出台一套完善的、包括师生权益保障的大学退出机制，并在平时做好大学办学状况排查、办学能力评估等工作，对不合格的大学要适时对其"关""停""并""转"。如果临时"抱佛脚"，不仅容易使学生、教师的权益受损，政府也往往会为了维护社会稳定而不得不拿出大笔资金做"兜底处理"。二是控制新增大学的数量。在今后国家经济新常态以及减税降费的背景下，政府势必会面临比较大的财政压力以及越来越强的"提升高等教育绩效"的民意压力，这就需要控制新增大学的数量，并优化资源配置，促使大学向"优"、向"质"的方向发展。此外，还要限制大学盲目地扩张办学规模，尤其是举债扩建新校区。

另一方面，对大学来讲，首先需要练好"内功"，严把办学质量关。今后，大学要想从众多高校中脱颖而出，避免被淘汰，就必须做好办学质量这篇"大文章"，比质量、拼水平，实现内涵式发展，也就是说，今后大学虽可以"宽进"，但一定要"严出"，要形成"教育质量—社会认可—生源吸引"的良性循环，力避因为办学质量受到质疑而遭遇学生"用脚投票"，造成生源的流失。与此同时，大学要充分利用校内外的资源，比如除了继续在校企合作、科技成果转化等方面多方着力，还需寻求多方面支持，并通过专业化运作的基金会和校友会生财、聚财，走办学财政来源多样化的道路[①]。

媒体发声："减"字当头倒逼高校改革

近日，辽宁在继上海、湖北探索高校合并重组方案之后，酝酿三年内调减15所高校。

这一以"减"为特征的调整释放出一个信号，即我国高等教育在经过一个快速发展阶段后，将迎来一次"大洗牌"——2800多所高校将面临不同的命运：有些高校会借机做大，有些高校则会日渐萧条乃至关门倒闭。

这些省市谋划的高校合并重组，只不过是这一即将上演的改革大戏的序曲。

为何一个地区高校的调减会让人联想到"高校大洗牌"？因为形势逼人。

最为突出的形势是，近年来我国高等教育的毛入学率以远超预期的速度增长，在接下来的一两年内即将跨过50%的门槛，我们将进入高等教育普及化阶段。这意味着只要你愿意，上大学将变成一件更轻松随意的事。这同时也预示着，今后的用人单位将更倾向于从最有名望、最能给自己输送合格人才的大学里选人，而

---

① 罗志敏. 新时期公立院校财政的抉择与转型——从大学的"世纪难题"谈起[J]. 中国高教研究，2017(10): 71.

高校也将在越来越多习惯"用脚投票"的学生的重压之下，更加追求自身的社会口碑以及在大学排行榜上的地位，而这又不可避免地将在高等教育竞逐市场中出现适者生存的"达尔文法则"。

另外，我国18岁以下人口数量下降以及出国留学低龄化，迟早会造成国内高校报名人数的下降。多家调查机构提供的数据显示，不少高校早在六七年前就已面临招生计划完不成的窘境。这种始料未及的"生源荒"，已由高职高专向本科院校蔓延。

与此同时，在国家双一流建设的带动下，一些高起点、高占位的地校合作、中外合作以及民办院校（如西湖高等研究院）如雨后春笋般出现在一些经济发达的城市，以满足受众越来越"苛刻"的质量要求。

处在这种多向夹击的态势下，即便是那些传统名校，也不敢坐等优质生源的到来，至于那些办学质量不高、办学条件差、办学特色不鲜明的高校，它们在十年或五年后能否存活下去，就得打一个大大的问号。

当然，还有一个关键，就是"钱"。

2015年，美国一所建校100多年的知名文理学院由于财务问题而被迫宣布"闭校"，成为当年惊动美国社会的一大新闻事件。

那么，大都有公共财政兜底的我国高校，是否可以高枕无忧呢？

国家L形的经济发展态势以及减税政策，决定着高校今后获得以往那种持续大幅增长的财政资金的难度加大。

目前一些地方推动的高等教育社会化改革，如教师社会保险改由学校自筹等等，就是在地方政府"钱袋子"趋紧的情况下，开始向高校稀释财务责任的一个举措。

即便是政府不差钱，在现有的考核标准下，资源也只会向符合质量要求或有着高质量预期的院校流动。这也就是说，"钱"的问题成为埋在高校行进途中的一颗"不定时炸弹"。

这对那些面临竞争压力而不得不持续增加办学投入的高校来讲，更是如此。

以上所述，无疑是即将到来的挑战。作为地方政府，能够像辽宁那样，以顶层设计提前布局，不失为一种未雨绸缪的好做法。

而对高校来讲，则必须有一种改革的紧迫感和舍我其谁的担当，找准定位，提升质量，凝练特色，走办学资金筹集多元化的道路，否则必将把学校带入危险的境地。

注：该文刊登于《光明日报》2017年1月24日第13版，作者为罗志敏。

第二章 大学内部治理的总体思略

在新时期，无论是"双一流"建设高校，还是被称为"三非院校"（非"985"院校、非"211"院校、非"双一流"大学）的普通本科院校，如何对其进行有效治理，以使其迈向高水平的发展，已成为深化高等教育综合改革的重要内容。虽然有关政策文件对于大学治理什么、如何治理已经有了总体性的框架认识和规定，但目前社会上仍存有诸多疑虑和困惑，实践中的问题也不少。比如，"高大全"办学思路仍占主导，"一阵风、一刀切式"做法客观存在，一些大学在治理后还处于办学特色得不到彰显、招生难、毕业生就业难的窘境。如何有效治理，使大学也能有好的发展前景，已成为大学管理者需要面对并亟待解决的问题。

一、大学内部有效治理的共同指向

对包括"双一流"建设高校、普通本科高校在内的各类大学来讲，其内部有效治理的结果应该是大学得到高水平的发展，即发展成为高水平大学。"高水平大学"这一概念的提出，其意义不仅是一种理念的转变，也是我国各类大学发展的共同指向。那么，作为一个时常出现的媒体话语以及学术核心概念，到底什么是高水平大学呢？本章将从三个层次逐步解析这一概念。

（一）高水平大学的初步解释

"高水平大学"是一个产生于中国特有的政治话语环境中的特有词语，并于2000年以来被社会媒体、高教界和学界普遍沿用。但是，对于什么是高水平大学，从已有文献来看，无论是学界和高教界，还是一些主流社会媒体，其看法很不统一。例如，根据国外的卡内基分类法和美国联邦政府教育部采用的四分法[1]，认为研究型大学就是高水平大学[2]；或是凭借大学排行榜，认为排在前面的就是高水平大学[3]；或是以公认的世界一流大学为参照，认为接近或达到世界一流大学水平的大学就是高水平大学。

---

[1] 卡内基分类法，即六分法：博士/研究型大学、硕士学位授予院校、学士学位授予院校、副学士学位授予院校、专门院校、部族大学和学院；美国联邦政府教育部普遍采用四分法：博士类、综合类、普通本科类和专门学院类。在国内，比较有代表性的则有"中国大学评价"课题组的两步(类)法、三分法、四分法等。
[2] 付八军. 高等教育与区域经济的相关性探寻[J]. 黑龙江高教研究，2009(8)：4.
[3] 顾秉林. 一流大学建设若干热点问题探析[J]. 清华大学教育研究，2007(2)：1-7.

除了以上三种比较有代表性的说法，还有一些更具中国特色的说法，如认为中央部委所属的大学或中央管理高校(即所谓的"副部级"高校)为高水平大学，或认为"985工程"建设高校为高水平大学，或认为设立有研究生院的高校(即56所被批准设立研究生院的高校)为高水平大学。而对于被划定为高水平大学范围内高校水平或实力高低的比较，则以拥有国家重点学科数量、国家重点实验室数量、院士数量、博士点数量、获得国家级科研奖项数量、年科研经费等指标来衡量。

此外，对于高水平大学，还有一些比较模糊的、依据高水平大学的特征或在一国社会经济发展中所具有的地位所做的界定，这主要来自一些具有官方背景的人士。例如，朱开轩认为，高水平大学一般具有以下方面的特征：国家综合国力的标志、培养高质量人才的基地、国家学术水平的代表、孕育未来的土壤、高科技成果的发祥地、国家的智囊团和思想库、培养领袖的摇篮、国际交流的窗口[①]。赵沁平认为，高水平大学具有以下特征：培养高质量高层次人才、实现国家重大科技目标、**整体实力具有国家竞争力**[②]。还有学者指出，从世界高水平大学的特征来看，它应当是基础教育发展的源泉，是将应用研究及其成果转化为新兴产业和朝阳产业的推进器，是培养经济、政治和文化教育领域领军人物与精英人才的摇篮[③]。

从以上所列举的有关高水平大学的各种认定标准来看，其都从某一角度出发突出了高水平大学的某一种或某些特征，体现了其在办学水平方面的成就，但是都存在着某种程度的局限性，甚至在有些认定标准方面没有触及事物的本质，反而还会掩盖本质的属性。例如，有学者在谈到"重点实验室"这一高水平大学的主要衡量指标时，就认为：如果在一定时期内无法通过该实验室研发出有影响的科研成果、不能培养出有影响的人才，那它就名存实亡，它的存在就代表不了学校的水平，它只是一个招牌[④]。又如论文，被检索并不代表其具有价值，真正的价值要看其成果是否得到转化及转化后的实效，即使是基础理论研究，也要看其是否为更深入的研究起到了铺垫作用。再如科研经费，也不能说明学校所处的水平。

也就是说，一所大学时常标榜的有多少名院士、有多少个重点学科、发表了多少篇科研论文，无论是社会还是学生和家长，都不会对其有太多的关注。因为院士、重点学科以及科研论文都是"中介性"指标或"中间产品"(服务供给的主体结构和形式)，他们关注的应该是"最终产品"，即他们从大学得到或感受到的服务水平与质量。对此，也有学者对目前用院士、重点学科以及发表科研论文的数量来衡量大学办学水平时给大学治理带来的消极后果[⑤]感到担忧：为了实现这些数据，大学可能会造假，进行数字加工，或者通过不正当的手段、方法达到理想

---

① 朱开轩. 当前教育形式和高教改革的几个问题[J]. 高校理论战线, 1994(5).
② 赵沁平. 走出我国研究型大学的路子[M]. 北京：高等教育出版社, 2004.
③ 陈学飞. 全面建设小康社会与创建世界一流大学[J]. 教育研究, 2004(6).
④ 赵庆年. 高水平大学高在何处[N]. 中国教育报, 2005-05-21(3).
⑤ 李海. 大学实行目标管理的有限性分析[J]. 高教探索, 2013(6)：43.

的数据。数据本身不能代表大学任何方面，它只是过去成绩的总结和今后工作的起始点，它本身不能代表一流的大学、一流的教学。学生更需要的是高水平、高质量的教学，是能找到好的工作和获得较好的社会回报，他们不会去关注大学的这些数据，而学生才是一所大学存在的基础。

另外，以上对高水平大学的认定标准都是从大学的层次、类型或人为规定的重要程度出发对大学的一种类别划分，因此具有很大的排他性。于是，按照这种标准，高水平大学在我国就成为全国重点大学、211大学或985大学的又一种称呼。

那么，到底什么是高水平大学呢？近年来，国内也有一些学者发现"高水平大学"这一概念不同于诸如"世界一流大学""研究型大学""重点大学""211大学"及"985大学"等概念，并力图对其做出解释，但只是极其模糊化的处理，无明确的内涵和外延。例如，有学者这样界定"高水平大学"[①]：所谓高水平大学，可以认为是在某一方面达到相当高度的大学……也就是说，高水平大学相对于一般的大学而言，可以是整体水平很高的大学，也可以是某一个或某些方面的水平很高的大学。

以上这一解释用水平来解释"水平"，相当于用概念来解释"概念"，用尺子来度量尺子，这就难免存在一种循环解释、往复论证的困惑，从而无法理解什么是"高水平"，当然也无从了解什么是"高水平大学"。针对这一困惑，有学者就很无奈地认为[②]：高水平大学是依据水平高低对大学所进行的一种层次区分，它没有精确的边界，元素与集合也不存在绝对的隶属关系。

那么，如何认识高水平大学呢？首先要看什么是"水平"。水平，最早出自《管子·侈靡》，"水平而不流"，意指水面平静。后来大多指古代测定水平面的器具，也指"水位的标志"，目前大多指"在某一方面达到的高度，如文化水平，科技水平"[③]。以上是《汉语大词典》的解释。上海辞书出版社出版的《辞海·词语分册（下）》也是同一解释[④]。基于这一解释，高水平大学可以被初步理解为在某一方面达到相当高度的大学。

也就是说，高水平大学是一个具有比较意义的相对概念，即在某一方面达到的高度比一般的大学要高。那么问题是，这个"某一方面"到底是指哪一方面？其"高"之所在或"高"之所依又是什么呢？

本书认为，大学的"某一方面"，无论是指其重点学科的数量，还是其拥有一流师资的数量，都只能指代大学的一个部分，而不能概括出大学的全部和整体水平。作为一个社会的存在物，体现大学必须履行其特定的社会职能，这一社会

[①] 胡永新. 论高校文化传承创新与有特色高水平大学建设的逻辑关系[J]. 南昌大学学报(人文社会科学版)，2012(6)：154.
[②] 翟亚军，王战军. 解析高水平大学[J]. 复旦教育论坛，2010(2)：55.
[③] 罗竹风. 汉语大词典[M]. 上海：汉语大词典出版社，2000.
[④] 辞海编辑委员会.辞海·词语分册(下)[M]. 上海：上海辞书出版社，1985.

职能，经过高等教育界的一些标杆人物、众多的经典作家以及一些政治人物的概括，无论是"人才培养"这一根本性职能，还是"人才培养""科学研究"以及"社会服务"三大被世界公认的基本职能，抑或是后来被时任国家主席胡锦涛在2011年所添加的"文化传播"职能，都是社会基于自身长期发展需要对大学这种社会组织的一种信托。为此，大学应该在体现其社会职能方面达到一定的高度，而这个"高"应该是一所大学的职能实现的程度比较充分。换句话说，只要其办学职能能得到充分体现，这所大学就是高水平大学。事实上，高水平大学不是大学的一种类型，也不是一种办学层次，而是从大学的办学水平即其职能实现的程度出发来衡量一所大学，其基本要义如下。

(1) 与一流大学、研究型大学等诸概念不同，高水平大学至少不具有排他性，任何类型的大学都有可以向高水平大学发展的可能性，都可以办成高水平大学。普通本科院校作为一种大学类型的划分，自然也可以创建成高水平大学(表2-1)。

表 2-1 中国大学的一般分类

维度	大学类型	大学发展指向
地域	世界(国际)、国内、区域、地方、边疆	
职能	研究型、研究教学型、教学研究型、教学型等	
学科模式	综合型、专门型	高水平大学
隶属关系	公立、民办等	
办学特色	科技、财经、民族、医学、政法、语言、艺术、师范等	
政策定位	"双一流"建设高校、普通高校等	

(2) 高水平应是所有大学追求的一种目标和境界。只有更高，没有最高，不存在到达极点而不需要再发展的高水平大学，大学不能自甘平庸和落后。

(3) 高水平是一个动态的概念和办学标准，体现为大学的高水平建设是在一个新的起点上不断完善、不断追求更高水平的过程。

(二) 高水平大学的进一步解读

以上对高水平大学的解释阐述了其与其他大学分类的区别(即其是根据大学社会职能的体现程度来作为判断标准的)，也为广大普通本科院校创建高水平大学提供了一种理论上的可行性，但是这一解释仍然很模糊，无法说明大学社会职能体现程度的判断标准是什么。为了更进一步地解释高水平大学的内涵，本书认为，有必要纳入"质量"这一概念。高水平大学的判断标准是其社会职能的体现程度强，而社会职能的体现程度也是一种质量(即大学办学质量)的表现。

谈及质量，其被广泛地使用在不同的场合，如生活质量、产品质量、教育质量、环境质量等。在党的十八届三中全会的决定中也提到质量问题,如"提高立法质量""建立食品原产地可追溯制度和质量标识制度"等。"质量"(quality)这一概念,最初产生于工业领域,后逐步延展到服务业和其他领域。20世纪90年代,人们认为高等教育作为一项花费纳税人钱财的巨大社会投资,必须有一个质量标准来规范其发展,"质量"这一概念才出现在高等教育领域,出现了教育质量、教学质量、人才培养质量、科研质量等概念。但是,在高等教育精英化时期,质量并没有引起人们的关注。因为,"精英"(如北京大学、清华大学的办学质量)就意味着质量的"卓越",质量是自证自明、自然而然的①。

目前,随着我国高等教育快速步入"大众化",随着高等教育国际化的推进和大学办学规模的持续扩张,办学质量便成为一个政治议题、一个高等教育的中心话题、一个关系大学生存与发展的永恒的主题。正如有学者所认为的那样,"高等教育发展进入大众化阶段以后,如果质量不能得到社会的基本认可,高等学校所授予的资格和技术不能满足社会的要求,社会将拒绝制度化教育所产生的成果"②。

正是在这种背景下,"质量管理""质量建设""质量评估""质量保障"等成为我国高等教育步入"大众化"阶段之后出现的高频词,国家也展现了对大学办学质量前所未有的关注和重视。例如,2007年,教育部与财政部联合启动了"高等学校本科教学质量与教学改革工程",随后出台了《教育部关于进一步深化本科教学改革全面提高教学质量的若干意见》。2010年颁布的《国家中长期教育改革与发展规划纲要(2010—2020年)》提出,"提高质量是高等教育发展的核心任务,是建设高等教育强国的基本要求"。2012年,国家召开了全面提高高等教育质量工作会议,出台了《教育部关于全面提高高等教育质量的若干意见》,对提高质量进行了顶层设计和战略性部署。目前,提升大学的办学质量与内涵式发展方式联系在一起,成为大学内涵式发展的核心和抓手。

但至于什么是"质量",历史上曾有两种代表性的或者传统型的解释:一是"符合性"质量观,即根据菲利浦·克劳士比(Philip Crosby)的"质量是产品符合规定要求的程度"③这一基本观点,认为一个产品只要符合某种标准,就是有质量的;二是"适合性"质量观阶段,即约瑟夫·朱兰(Joseph M. Juran)等的"质量就是产品适应顾客需要的程度"④的观点,认为凡是适合的,就是有质量的。

以上两种质量观都存在着其所指范围的局限性和目的的局限性,其范围集中在企业或组织所提供的产品和服务上,其最终目的还是集中在企业或组织在激烈的市场竞争中的生存和发展上,提供好的产品或服务是为了使企业或组织获取更大的经济利益,实现企业股东利益最大化的目标。随着顾客的需要越来越受到重

---

① 彭江. 高等教育质量发展范式的基本内涵探析[J]. 复旦教育论坛, 2014, 12(6): 58.
② 联合国教科文组织. 21世纪高等教育展望和行动[A]. 世界高等教育会议资料[C], 1998: 5-9.
③ 菲利浦·克劳士比. 质量免费[M]. 杨钢, 林海, 译. 北京: 中国人民大学出版社, 2006.
④ 约瑟夫·朱兰, 布兰顿·戈弗雷. 朱兰质量手册[M]. 焦叔斌, 等, 译. 北京: 中国人民大学出版社, 2004.

视,以上两种传统的质量观正逐渐被一种新的质量观所代替,即"满足需要"的质量观,这种质量观根据彼得·德鲁克(Peter Drucker)的"质量就是用尽量低的成本满足顾客需求"[①]这一观点,认为凡是能满足某种需求的,就是有质量的。后来,国际标准化组织(International Organization for Standardization,ISO)则对"质量"做了进一步的补充和修正[②]:"质量是反映实体满足明确和隐含需要的能力的特性总和。"

目前,高等教育界主要是根据"满足需要"这一质量观来界定办学质量的,并以此为基础做出了许多延伸和拓展。例如,基于"卓越""适于目的""提高和改善"等要素的多元、动态的质量观[③],基于质量主体、评估和保障等多层面的多维度质量观,基于质量的标准不断变化的动态质量观[④],基于质量标准多样性和避免用一个统一的尺度来衡量质量的多层面质量观[⑤],基于质量是达到标准的整个过程的过程质量观[④]等。

那么,基于"满足需要"这一质量观,高水平大学可以进一步被界定为能充分满足相关方需要的大学。满足需要应贯穿大学发展过程始终,需要是大学发展的起点、动因;满足需要是大学发展的终点、目的;需要是否被满足以及在何种程度上被满足,则成为衡量大学发展的标准、尺度。也就是说,一所大学办学水平的高低跟其能满足相关方需要的充分程度呈正向关系。如果一所大学能充分满足相关方的需要,那么其办学职能只要能得到充分体现,其办学质量就是高的,必然也是高水平大学。

(三)高水平大学的深层阐释

以上是对"高水平大学"的概念做出的令人满意的回答,但难以洞察高水平大学这一概念的内涵与外延。有鉴如此,本书尝试超越已有研究模式,就高水平大学在"满足需要"这一解释层面的基础上做出进一步的解释:①满足什么需要;②满足谁的需要;③通过什么来满足需要。

1. 满足什么需要

就这一问题来讲,根据马克思主义需要理论,需要是指人类为满足自身物质生活和精神生活而提出的一种愿望或意愿[⑥]。马克思从需要出发来规定人的本质,

---

① 彼得·德鲁克. 卓有成效的管理者[M]. 王永贵,等,译. 北京:机械工业出版社,2006.
② Daves J S. ISO9000 管理体系手册[M]. 北京:中国标准出版社,2000.
③ Harvey L, Green D. Defining quality [J].Assessment and Evaluation in Higher Education, 1993, 18(1): 9-34.
④ Ahbach P G,et a1. Quality assurance and accreditation: a glossary of basic terms and definitions[EB/OL]. [2011-09-23]. http://www.cepes.ro/publications/bhirbs/glossary.htm.
⑤ 1998 年巴黎世界高等教育会议通过的《21 世纪的高等教育:展望和行动世界宣言》指出:"高等教育质量是一个多层面的概念",质量标准应"考虑多样性和避免用一个统一的尺度来衡量"。国家教育发展研究中心. 2000 年中国教育绿皮书——21 世纪国际高等教育展望[M]. 北京:教育科学出版社,2000.
⑥ 马克思,恩格斯. 马克思恩格斯选集(第 25 卷)[M]. 北京:人民出版社,1964.

认为人的需要是人的本性，是人的一切动机和行为的内在根源，人的需要不断满足的过程是人走向自由、全面发展的过程。马克思把人的需要分为生存需要、享受需要和发展需要三个层次。所谓生存需要，是人类作为生命个体存在的最基本条件，如温饱问题，如果人的生存需要得不到满足，人的生命就得不到维持；享受需要是人类追求舒适生活、优化生存条件的需要，是在生存需要得到满足的基础上逐渐产生的，享受需要不仅有物质的享受，而且有文化的、精神的享受；发展需要是为了完善自我、实现自身价值、发展自我体力和智力的更高层次的需要。在现代社会，这些需要的实现都有赖于一定的社会组织及方式。大学作为一种稀缺性的、从事最高等级教育的社会机构，能提供给人类的主要是发展需要。

发展需要是人们为了提高自己的体力素质和智力素质而产生的一种合理的需要[1]。它是高层次的需要，也是社会发展的重要保证。如对大学生来讲，其发展需要就是个体自我发展和完善的需要，包括学业上求发展的需要、素质上求提高的需要以及人格上求完美的需要。一方面，发展需要是可持续性的，即这种需要不仅是现实、短期的需要，更是长远、未来的需要；另一方面，这种发展需要也是多元的，既有功利性的需要，也有价值性的需要。与此同时，这种需要不但关注结果本身的客观物理标准，还包括主体在使用过程中个体体验的主观感知。

满足人的发展需要与大学的办学质量在本质上也是有机统一的。一方面，大学的办学质量是满足人的发展需求的条件。没有质量，就无所谓发展[2]；质量低下，也不可能有发展。拥有一定的办学质量，意味着资源要素的创新与增殖，而这又是满足学生等个体发展需求的前提，也是衡量其发展需求被满足水平或程度的重要尺度。另一方面，人的发展需求的满足是一所大学办学质量的载体，也是其办学质量的体现和目的。发展是解决质量问题的重要途径，正是有不同个体持续性的发展需求，才会推动大学不断提高其办学质量。

2. 满足谁的需要

如上所述，满足的自然是作为主体的人的需要，即使是满足社会的需要，其也是通过满足人的需要来实现的，因为社会是由人所组成的，人是社会发展的主体。也就是说，这种需要在满足的过程中是以人为发展主体和价值主体，需要的满足是为了人，其实现也依赖人。对大学来讲，其职能的实现过程就是满足不同主体需要的过程，也就是说这种需要是多主体的。

大学的办学目标和指向就是满足多主体需要，那么，对一所大学来讲，这种多主体到底是指哪些主体呢？

---

[1] 曾繁亮认为，需要本身有合理与不合理之分。如实反映和表现人之客观需要的主观需要属于合理需要，歪曲反映和表现人之客观需要的主观需要则属于不合理需要。在这里，"合理"就是合乎人的客观需要之理，"理"即规律之意。"合理需要"本质上就是和人的客观需要相一致，符合人的需要发展规律要求的需要。曾繁亮. 发展标准论：发展需要的合理规范[J]. 西南民族大学学报(人文社会科学版)，2010(11)：245-246.
[2] 彭江. 高等教育质量发展范式的基本内涵探析[J]. 复旦教育论坛，2014, 12(6): 58.

要把这种多主体界定清楚,是一件很复杂的事情。众所周知,大学是当今社会上较复杂的组织之一,这种复杂一方面表现在其大都有非常大的办学规模,师生以及行政管理人员往往有几万人乃至十几万人,即便是一个小型的行业性大学,也有上万人的规模;另一方面,其都拥有众多不同层级的组织机构,涉及教学、科研、人事、学生事务、财务、后勤保障、社会拓展与服务等各个方面,更为复杂且让高校领导人纠结的是,但凡是大学,都会涉及不同人群及组织的利益以及他们的多元需求。例如,就组织来讲,在校外有代表社会或某一社区利益的某一社会组织,也有代表整个国家、维护高等教育公共性的政治组织(如中国大学的党团系统);而在校内,则有代表教师利益的组织(如中国大学的教代会、工会),有代表学者利益的学术委员会,还有代表学生利益的学代会。就人群来讲,这些主体包括大学生、大学教师、行政管理人员等。于是,有学者(如李福华[1])根据利益相关者理论[2]将大学涉及的主体分为核心利益相关者(包括教师、学生和管理人员)、重要利益相关者(包括校友和财政拨款者)、间接利益相关者(科研经费提供者、产学研合作者、贷款提供者等)、边缘利益相关者(包括当地社区和社会公众等)。

大学的这种复杂性,意味着在相关的主体中有个人性的主体(如某一教师、学生),有组织性主体(如学术委员会),有社会性主体(如教育中介组织、校友组织),还有政治性主体(如代表国家管理大学的中国大学党委会)。与此同时,大学治理过程中的这些主体又是由不同的、代表各自利益的行动者所组成的,大学的办学目标和指向要满足不同行动者的需要,否则就不能称为高水平大学。

3. 通过什么来满足需要

人的需要,本质上是人对外部世界的一种依赖关系,表现为主体对客体的摄取状态。即通过一定的生产创造活动,形成满足需要、实现发展目的的客体,即生成现实的客体满足主体需要的价值关系[3]。从经济学的视角来看,体现其中的"客体"大都被视为满足消费者需要的一种产品或服务,但从更广泛的意义上讲,其应包括某种产品和服务在内的一切能被人利用以满足自身需要的资源,如金钱、物质、智力、信息、关系等,这同样也适用于满足人的发展需要。对一所高水平大学来讲,为了满足大学生等相关方的发展需要,就应该不断生产或创造满足他们身心发展需要的各种资源。

---

[1] 李福华. 利益相关者理论与大学管理体制创新[J]. 教育研究, 2007(7): 36-39.
[2] 1984 年,弗里曼给出利益相关者的经典定义,指的是能够影响组织目标实现或能够被组织实现目标的过程影响的人。美国哈佛大学文理学院院长罗索夫斯基在其出版的《美国校园文化:学生、教授与管理》一书中,采用利益相关者分析框架,列举出大学的四类群体:第一层次即教师、行政主管和学生,是大学最重要的群体;第二层次即董事、校友和捐赠者,是重要的利益相关者;第三层次即政府或议会,是部分利益相关者;第四层次即市民、社区、媒体等,是可以被纳入次要层次的利益相关者。姜华. 泛化、虚化、理想化和空洞化——大学治理研究的问题[J]. 现代教育管理, 2013(6): 1-2.
[3] 曾繁亮. 发展标准论:发展需要的合理规范[J]. 西南民族大学学报(人文社会科学版), 2010(11): 244.

(1) 这种资源必须满足有关各方的需要，否则这种资源的存在就没有任何意义。

(2) 至少在一定的范围内，如某一国家、某一区域、某一高校，这种资源不应该具有排他性，应该是多方能共享的。

(3) 满足的是发展需要，而不是生存的需要，即满足的需要主要是指向未来的，任一主体的发展都是无止境的，而这意味着这种资源不能一经消耗就越来越少，相反，必须越来越多。这就如同周作宇教授对大学所做的形象表述："大学是通向未来的地方，是社会、家长和学生寄存未来的'银行'。"[①]

(4) 对一所大学来讲，资源可以被看成是其所拥有的各种要素，包括有形资源如师资、生源、科研设备等及无形资源如社会声誉（社会的情感性支持）、文化氛围等。由于大学有资源具有异质性和非完全流动性的特征，不同大学之间可能会存在很大的差异性，这种差异还有可能长期存在。大学与大学之间办学水平的高低就在于大学拥有的有形资源、无形资源在高等教育系统内存在的差异。

在这里，满足发展需要的资源已经突破了一般资源的范畴，它不仅是一种具有使用价值的物化的自然存在物，也是一种具有精神愉悦以及激励效应的无形的存在物，是某些可以借助或依赖的对象，还能在满足各方发展需要的过程中再生产出更多的资源。也就是说，资源已具有资本的内涵，为了与马克思哲学中那种体现资本家对工人的剥削关系的"资本"以及经济学意义上的作为生产要素的"资本"相区别，本书将高水平大学能产生或创造的、能满足各方发展需要的资本称为社会资本。

社会资本作为一个当今最具潜质的理论性概念和国际学术界的一门显学，最初出现在社会学领域，随后扩展到经济学、管理学、教育学、政治学等学科领域，为解释和说明各自研究领域的问题提供了一种崭新的视角，也提供了一种重要的解释范式。布尔迪厄被认为是最早明确提出社会资本这一概念的学者，他认为社会资本是那些实际的或潜在的、与对某种持久网络的占有密切相关的资源集合体[②]。后来，科尔曼[③]、布尔特[④]、普特南[⑤]等进一步发展了社会资本理论。20多年以来，社会资本研究取得了迅速进展，不仅进行了大量的经验研究，提出了丰富的理论观点，还形成了不同的理论流派，社会资本研究由此呈现出朝气蓬勃的局面。在当前众多学者对社会资本的界定当中，按照张峻豪等的梳理性研究[⑥]，大致可以将其分为四大类。

(1) 作为一种"制度"的社会资本。这种观点最初来源于科尔曼和普特南两

---

① 周作宇. 大学校长的领导困局[J]. 学术界，2008(6): 12.
② Bourdieu P. The Forms of Social Capital[M]/Handbook of theory and research for the sociology of education.New York: Greenwood, 1985.
③ Coleman J S. Individual Interests and Collective Action[M]. Cambridge: Cambridge University Press, 1986.
④ Burt R S. Structural Holes: The Structure of Competition[M]. Cambridge: Harvard University Press, 1992.
⑤ Putnam R D. Bowling Alone: The Collapse and Revival of American Community[M]. New York: Simon & Schuster, 2000.
⑥ 张峻豪，何家军. 社会资本的重新界定及运行机制分析：一个默契性合约的解释框架[J]. 华中科技大学学报(社会科学版)，2013(6): 105-111.

位学者，他们将社会资本等同于某种形式的制度，如规范、规则等。科尔曼认为社会资本是一种密集网络关系中可以促进成员协作与团结的规范；社会资本比起其他资本更无形，是一种公共物品①。政治社会学家普特南认为，"社会资本指的是社会组织的特征，如信任、规范和网络，它们能够通过推动协调和行动来提高社会效率。社会资本提高了投资于物质资本和人力资本的收益"②。在普特南的研究中，社会资本被看作非正式的协调机制，与信任、规范和网络等同起来。其他持同类观点的还有伯艾克斯、罗斯坦、库姆林和斯道勒等，他们也是从制度的角度来解释社会资本的产生，即社会资本不可能独立存在于政治或政府之外的市民社会中，相反，政治制度和政府政策会创造、传播和影响社会资本的数量和类型③。

(2) 作为一种"模式"的社会资本。美国政治学家埃莉诺·奥斯特罗姆认为社会资本是基于个人组成群体并开展经常性活动的互动中形成的共享知识、理解、规范、规则和期望，是自然资本、物质资本和人力资本的重要补充④。他在比较分析物质资本、人力资本和社会资本的基础上，认为社会资本是基于共享知识、理解、规范、规则和期望所形成的人与人的互动模式，凭借这种模式，个人组成的群体完成经常性的活动。如果人们同意协作行动并对未来行动的结果承担责任，那么，不论运用什么样的物质资本和人力资本，他们都将具有更高的生产力。当参与者面对社会困境或集体行动时，可能会随便采取短期的、最大化策略，这常常使他们的处境比采取其他选择更糟。无论如何，参与者都必须发现增进相互期待和信任的途径以克服其面对的不正当的短期诱惑，社会资本就是克服短期心理、促成长远合作的信任关系。埃莉诺·奥斯特罗姆归纳了社会资本的四个特性：①社会资本不会因为使用而枯竭，但会因为不使用而枯竭；②社会资本难以观察和度量；③社会资本不容易通过外部干预形成；④全国和区域性政府机构强烈影响着个人追求长期发展目标所需要的社会资本类型和范围⑤。

(3) 作为一种"能力"的社会资本。例如，Portes 就认为社会资本是"个人通过他们的成员身份在网络中或者在更宽泛的社会结构中获取稀缺资源的能力。获取能力不是个人固有的，而是个人与他人关系中包含着的一种资产。社会资本是嵌入的结果"⑥。Portes 将社会资本看作一种个人在社会关系网中获取资源的能力。这个观点影响了以后的不少研究者。例如，在边燕杰等⑦和王珺等⑧的研究中，就将社会资本看作一种获取稀缺资源的能力。

---

① 科尔曼. 社会理论的基础[M]. 北京：社会科学文献出版社，1999.
② Putnam R D. The prosperous community: social capital and public life[Z]. Frontier Issues in Economic Thought, 1997: 3.
③ 马得勇. 社会资本：对若干理论争议的批判分析[J]. 政治学研究，2008(5)：76-83.
④ 帕萨·达斯古普特.社会资本——一个多角度的观点[M]. 张慧东，等，译. 北京：中国人民大学出版社，2005：222.
⑤ 曹荣湘.走出囚徒困境——社会资本与制度分析[M]. 上海：上海三联书店，2003.
⑥ Portes A. The Economic Sociology of Immigration[M]. New York: Russell Sage Foundation, 1995.
⑦ 边燕杰，丘海雄. 企业的社会资本及其功效[J]. 中国社会科学，2002(2)：87-99.
⑧ 王珺，姚海琳，赵祥. 社会资本结构与民营企业成长[J]. 中国工业经济，2003(9)：53-59.

(4)作为一种"资源"的社会资本。Bourdieu 认为,"社会资本是一种通过体制化关系网络的占有而获取实际的或潜在的资源的集中"①。可以看到,Bourdieu 从工具性角度定义了社会资本,他关注的是人和人之间互动所形成的资源集合。此外,林南认为社会资本是嵌入在社会网络之中的,因此,社会资本可以被定义为"嵌入于一种社会结构中的可以在有目的的行动中摄取或动员的资源"②。在这里,林南强调的是社会资本的本质是一种资源,它可以创造价值,可以使网络内的其他资源要素增值。李惠斌等认为,社会资本是那些实际的或潜在的、与对某种持久网络的占有密切相关的资源的集合体,它在集体拥有的资本方面为每个成员提供支持,或者提供赢得各种各样声誉的"凭证"③。

以上有关社会资本的四种有代表性的研究视角又可以分为三个研究维度。一是个体层面的,如 Lin 等就是从个体理性选择行为出发,他认为社会资本就是行动者在行动中获取的嵌入在社会网络中的资源。也就是说,虽在社会网络关系中考察社会资本,但是他认为社会资本是个体为了在嵌入性资源中获取回报,通过工具行动和表达行动而在社会关系中的投资④。二是组织层面的,如普特南将关于社会资本的研究视角定位在组织结构层面,他认为社会资本产生于组织结构网络之中,"它指的是社会组织的特征,例如信任、规范和网络,它们能够通过推动社会协调的行动来提高社会的效率"⑤。三是社会层面的,如把社会资本作为一种社会规范和价值观,即社会资本主要是由公民的与信任、互惠和合作有关的一系列态度及价值观构成的。社会资本就是一个社会系统中人们关于相互关联方式的集体态度,是使人们倾向于相互合作、相互理解、相互信任的价值观所具有的特征。

以上学者对社会资本的分析与研究为本书考察大学社会资本奠定了理论上的基础,也为分析高水平大学的内涵带来了重要启示。但是,作为一种复杂、特殊且拥有不同利益相关者的社会组织,大学所生产或创造的、能满足有关各方发展需要的社会资本,其内涵和外延既与以上学者所描述的社会资本有类似的地方,也有不同的地方。

(1)就其外延来讲,本书倾向于将大学所能拥有、生产或创造的社会资本称为各种资源的集合,即一所大学能够通过其内部关系网络以及其所嵌入的社会网络所能获得的、能满足有关各方发展需要的所有资源的总和。在 Lin 的社会资本理论中,资源的外延十分丰富,就资源的归属而言,既包括个人的资源,也包括集体的资源;就资源的存在形态而言,既包括土地、房屋、汽车和货币等物资财产,

---

① Bourdieu P. The Forms of Social Capital[M]//Handbook of theory and research for the sociology of education. Westport, CT: Greenwood Press, 1986.
② Lin N. Building a network theory of social capital[J]. Connections, 1999, 22(1).
③ 李惠斌,杨雪冬. 社会资本与社会发展[M]. 北京:社会科学文献出版社,2000.
④ Lin N,Cook K,Burt R S. Social Capital: Theory and Research[M]. NewYork: Aldine-de Gruyter, 2001.
⑤ 罗伯特·D. 普特南. 使民主运转起来[M]. 王列,赖海榕,译. 南昌:江西人民出版社,2001.

也包括教育、声望、荣誉、信任和组织头衔等象征性资源[①]；就一所高水平大学来讲，它所提供的资源除了 Lin 所列举的，还有知识、信息、观念、帮助、资助、服务、机会、情感支持等。

(2) 就其类别来讲，对任一大学的某一治理时段，其社会资本是指大学校园内各行动者所拥有的社会资本，即指存在于大学内外关系网络之中能够被有关行动者利用以便实现其发展需要的社会资源，可以分为两大类。一类是先赋的，如大学所处的优越区域位置、大学在政府中的重点地位、大学所拥有的社会声誉等，这为大学获得来自内外部的物质、信息、情感等资源提供了先天性优势；另一类是后致的，即大学通过后续努力生产或创造的社会资本。此外，从大学获得社会资本的来源来讲，既有通过其内部关系网络获取的内部社会资本，又包括其作为社会组织之一所嵌入的社会网络获得的外部社会资本。内部社会资本指学校内部存在的，有利于推动学校成员间信任与合作，促进学校各部门间的沟通与协调，从而增强学校内部凝聚力的资源；外部社会资本是社会外部存在的资源，即大学与政治、经济、文化等领域的密切联系与合作，有助于学校获取各种稀缺资源。

(3) 就其性质来讲，大学所能生产或创造的社会资本的特点如下：一是具有生产性，即能满足有关各方(或称"各主体")的需要。这种需要既包括工具性发展需要(如金钱、地位、声誉)，也包括情感性的发展需要(如幸福感、成就感)。二是具有公共性，它不属于任何人，也不是少数人的私人财产，有关各方都可以在互动中积累、获取与使用，为每个成员都提供支持，而这与中国文化语境中的"暗箱操作""拉关系""走后门"式的人情交换关系有着明显的不同，也就是说，这种社会资本不能简单地等同于所谓的"社会关系"，更不能被视为获取小集团利益的一种"理论依据"。三是具有增殖性，即这种社会资本在使用中能够在有关各方的互动过程中不断积累。社会资本的获取在满足某种发展需要的同时，还能增强有关主体进一步获取社会资本的能力，从而获取更多的社会资本。这是因为，社会资本的使用过程不仅不是一个不断"折旧"的过程，反而能够不断累积，越是经常使用，其供给越丰富。例如，院校与某一组织一次成功的合作会建立起联系和信任，而这种联系和信用又有利于未来再一次的合作。

(4) 就其获取的途径来讲，社会资本是指有关各方通过长期发展、合作互惠和内外部交往，进而在形成的一系列互动的关系网络基础上积累起来的资源综合。生产这种社会资本的关系网络既需要 Bourdieu 所提出的那种"体制化关系网络"(即需要正规的组织、制度来规范)，也需要精神、文化等非正式制度。

也就是说，与根据物力资本、人力资本、文化资本相对应的概念提出来的社会资本不同，本书中社会资本无论是在外延上还是在内涵上都已超出已有对社会资本的理解，在某些方面也包含了物力资本、人力资本、文化资本中的某些要素。

---

① Lin N. Social Capital: A Theory of Social Structure and Action[M]. Cambridge: Cambridge University Press, 2001.

于是，为了避免歧义，本书将这种资本称为发展资本。

以上分析不仅很好地回答了"高水平大学通过什么来满足两类主体的发展需要"这一问题，也为我们重新审视大学尤其高水平大学提供了好的契机。那就是，判断一所高校是不是高水平大学，就要看它能不能生产和再生产出满足各类主体发展需要的发展资本。换句话说，一所大学，如果它的发展指向是高水平大学，那么这所大学的应然状态就是能生产且能持续生产发展资本，而这一身份相关的各方也能很便捷地、无阻碍地获得其发展所需的社会资本。

二、大学内部有效治理的总体框架

以上分析对于高水平大学的理解仍然有些抽象，为了能更为具体地理解何为高水平大学，首先就需要弄清这种能满足两类主体发展需要的发展资本如何才能生产出来。或者说采取何种治理框架，使两类主体都能便捷地、无阻碍地获得其发展所需的资本。

（一）大学内部治理问题的研究综述

有关大学内部治理问题的研究，学界大都是从回答"如何创建高水平大学"这一问题开始的。如前文所述，高水平大学是一个产生于中国特有语境的概念，其基本价值取向是引导高校在不同层次、不同领域办出特色，争创一流。但对于如何创建高水平大学，已有文献主要集中于两种研究路径。

(1) 从高水平大学表现特征或评价指标体系出发谈如何创建高水平大学。例如，高汉运认为应当从大学的精神与理念、制度与运行机制、实力与质量、科学研究与学术声誉、社会贡献与地位、学科建设与人才培养等诸多方面去把握其基本特征，并在此基础上从高等教育国际化战略、可持续发展的办学理念、制度创新、确立具有时代特征的大学精神、建设一流学科、坚持学术自由、专家治校与民主管理等各个层面去研究和实践我国高水平大学的建设[1]。张正国则从高水平大学在科研方面所具有的特征出发，认为要创建高水平大学，就要进行科研机制创新，走科学发展之路，提高理论创新、科技创新和文化创新能力[2]。

(2) 从高水平大学所应具备的特有功能出发来谈如何创建高水平大学。这种思路一般将高水平大学置于一个大的国家背景中探讨，我国的高水平大学建设过程贯穿了国家、民族的价值诉求。如曲庆彪[3]、张德祥[4]就认为高水平大学要

---

[1] 高汉运. 高水平大学特征与建设策略[J]. 山东科技大学学报(社会科学版), 2004(3): 109-111.
[2] 张正国. 科研体制机制创新推进高水平大学建设[J]. 中国高等教育, 2009(3/4).
[3] 曲庆彪. 高水平大学的理念与实践方向[J]. 中国高教研究, 2005(11): 11-13.
[4] 张德祥. 高水平大学建设要重点处理好的八个关系[J]. 高等教育研究, 2009(6): 25-29.

促进道德、培育文化，同时立足国际舞台、培养"世界公民"。为此，要创建高水平大学，就要处理行政与学术等各方面关系，为社会培养学术、技术、经济、管理等各领域的英才和领导阶层，同时还要担负传承人类文明、传播和创造高深知识，以及代表高等教育的质量水平和学术水准、带动整个高等教育系统发展的社会责任。

以上两种研究思路虽然宏大但不具体，且存在一些容易引起实践上误区的缺陷，如第一种就存在按图索骥、寻找标准，从而使高水平大学在创建过程中过于倚重评价指标，容易失去应有的个性内涵的可能。但是，这两种研究思路也提供了一个创建高水平大学的基本思路，即试图为高水平大学的创建搭建一个制度性的框架，从而为大学内外部创造一个良好的发展环境。而这种良好发展环境的创造则需要通过统筹和协调大学的内外部关系来实现，即通过大学的治理来实现。大学治理被认为是大学管理的高级阶段①，是为实现大学目标而设计的一套制度安排，给出的大学各利益相关者的关系框架②强调的是关系内部各主体之间的互动关系及其主体精神的尊重和内在创造性的激发③。

考虑到一所大学除了所在的国家或区域、具有历史以及传统等这些既定要素之外，其他都可以通过有效的治理来实现，即便是影响大学发展的文化，也是通过长期的有效治理才得以形成。基于此，大学治理也被认为是"现代大学制度的核心"，甚至被认为是"对大学本质的回归"④。

也就是说，治理是实现高水平大学建设目标的一个最重要、最基本的途径。那么，大学如何才能实现有效的治理呢？从目前国内已有的大量文献中，可以概述为一个"中心"、一个"基本点"，即以建立现代大学制度为中心，以完善治理结构为基本点。完善治理结构被认为是现代大学制度的基础和重心，也是大学治理制度或框架的基石，所以大学治理结构不仅是一个政策性话题，而且被上升到了国家意志⑤，也很自然地成为国内学界的研究焦点和热点。

纵观国内学界对大学治理结构的研究，虽然依据的学科知识、研究范式、研究视角有所不同，但大都以我国大学存在的党政不分、行政权力泛化、学术权力弱化等时弊为逻辑起点，围绕治理结构的调整、完善或优化进行有关制度设计的分析与探讨。大学治理结构被认为是一种涵盖了大学内外部关系的、高度制度化的超组织结构，具有独特的组织制度价值，如改良组织场域的价值、契约约束的价值、权力及其程序受控的价值、诉诸公共良知的价值⑥。这种对治理结构的过度强调，当然跟我国特有的高等教育管理体制有很大关系，但是也在不经意中采取

---

① 李福华. 大学治理的理论基础与组织架构[M]. 北京：教育科学出版社，2008.
② 赵成，陈通. 治理视角下的大学制度研究[J]. 高等教育研究，2005(8)：22-26.
③ 王洪才. 大学治理的内在逻辑与模式选择[J]. 高等教育研究，2012(9)：25.
④ 张文江. 大学治理的回归与超越[J]. 高教探索，2012(8)：8-10.
⑤ 如2010年颁布的《国家中长期教育改革和发展规划纲要(2010—2020年)》明确提出，要"完善治理结构"。
⑥ 龚怡祖. 大学治理结构：建立大学变化中的力量平衡[J]. 高等教育研究，2010(6)：49-55.

了过于简单化处理问题的倾向①,甚至忽略了一些更为重要、更为本质的东西,如人的因素,因为完善的大学治理结构仅仅是实现大学有效治理的必要条件之一,而不是全部。

对于大学的治理结构,已有越来越多的学者(如罗伯特·伯恩鲍姆②、Tierney 等③、Kaplan④、顾建民等⑤)的研究表明,大学的有效治理与治理结构并不是简单的线性关系,治理结构也不如想象中的那么重要,其与治理结构之外的其他因素(如文化、院校领导人的领导力、和谐的人际关系、价值取向等)有更为重要的关联。例如,Kaplan 认为,"我们对大学治理结构的关注可能是一种错位,或者至少是一种高估……一个校园特定的文化状况可能胜过结构安排"④。Tierney 等则通过对美国 750 多所四年制高校 2000 多名教师和教务长的调查以及后续的研究发现:"有效治理并不全然由一个有效率的结构或一年内教师投票的次数决定,其更多与对大学机构和教师的核心价值的理解和管理有关。"根据以上学者的研究至少得出以下三点重要启示。

(1)大学治理结构没有好坏之分,只有适合与否。研究大学的治理过程,需要考虑社会制度和历史文化等因素。在一种社会制度下适用的大学治理结构可能在其他制度中难以适应,甚至产生意想不到的后果,因此,不同的社会制度下需要设计不同的大学治理结构,治理结构要服从于社会制度,而不是让社会制度适应大学的治理结构。任何一种大学治理结构都可能会变得陈旧,可能会不适应经济技术的快速发展,需要不断对其进行改进,那种以西方大学治理结构为蓝本的做法显然是很轻率的。因为在一种新的社会环境中,或者在社会发生了显著的变化或往某种大的变化发展(如社会转型)时,大学治理中的各种利益关系可能会断裂,需要重新恢复。社会的快速发展和急剧变化要求大学与其适应,并重新塑造大学的治理结构,这种结构要在治理者与被治理者之间保持连续、协调的关系,并且适应社会制度、文化传统和经济发展的变化⑥,这正如龚怡祖认为的,"大学内部治理结构的现实功能,是要建立起一种以学术权力为基础、以实现公共利益为目标、能够有效回应'冲突和多元利益'要求的内部决策结构……最大限度地释放

---

① 如有学者在梳理近年来国内学界对大学治理结构的研究成果后认为,多数的研究都会在描述国外大学治理的经验之后,勾画出一个脱离实际的理想化的大学治理结构,而这种治理结构要么是对前人研究的修修补补,要么是理想化的空中楼阁,要么只是简单地参照国外大学治理研究的模式,把大学权力系统划分为学术权力与行政权力组合的二元结构,并以此为根据来研究我国大学的治理结构。姜华. 泛化、虚化、理想化和空洞化——大学治理研究的问题[J]. 现代教育管理, 2013(6):4.
② 罗伯特·伯恩鲍姆. 大学运行模式——大学组织与领导的控制系统[M]. 别敦荣,译.青岛:中国海洋大学出版社, 2003.
③ Tierney W G, Minor J T. A cultural perspective on communication and govemance [J].New Directions for Higher Education, 2004 (127): 85-94.
④ Kaplan G E.Do governance structures matter[J]. New Directions for Higher Education, 2004, 12(7): 23-34.
⑤ 顾建民,刘爱生. 超越大学治理结构——关于大学实现有效治理的思考[J]. 高等教育研究, 2011(9): 25-26.
⑥ Ikenherry S O. Restructuring collegeand university organization and governance: an introduction[J]. Journal of Higher Education, 1971, 42(6): 421-429.

大学的教育生产力、学术创造力与思想磁场力"[①]。

(2) 大学的有效治理不仅需要治理结构这一正式、固定的制度框架，还要有许多非正式的组织、非正式协议以及人际关系的配合和支持。这正如 Tierney 认为的，"在传统的学院或大学，几乎不可能画出一条决策达成的路线图。不像企业，一个组织图至少大概能描绘出决策路径，而在大学，从理念到行动，很少会遵循特定的路径。这很大程度上由于大学是一个'松散联合'的组织。因而，从结构上讲，一个人不能指望特定的治理机构用来处理特定的事务，而不考虑大学的类型或背景。很多时候，教师是通过非正式的安排和过程来参与治理的"[②]。罗伯特·伯恩鲍姆在《大学运行模式》一书中也认为，"大学作为一个松散联合的系统，因果关系是非线性的，后果往往还不可预料且常常与起初所预料的大相径庭……尽管大学确实都建立了结构，规定了原则和目标。但是，它们却不能决定学校是否能够真正良好地运行。"[③]Baldridge 通过用民族志方法对纽约大学进行研究发现，政治结构(治理结构)虽有助于说明决策是如何做出的，但人际关系比结构更加影响治理的过程[④]。

(3) 大学治理有效与否，治理结构仅仅是大学有效治理所凭借的一个政策工具或类似于完成某项任务的技术手段，决定这个政策工具或技术手段是否能够起效的还是要靠掌握它的人，因为人是治理的中心，即便被视为政策形成关键要素的影响力和非正式过程也被嵌入人的因素中，而不是在非结构或组织中[⑤]。正如 Leon 所言："所有的治理模式都是人创造出来管理人的，它们的好坏取决于创造和运用它们以及被它们所管理的人。"[⑥]美国学者 William 在其论文中旗帜鲜明地指出："技术不应该成为大学治理的本质，教师的作用才是作为学术机构的大学的核心技术。"[⑦]这正如对大学治理的关注重心不再局限于制度、结构与机制等显性的制度层面，而是涵盖制度元素背后的决定性因素——创造某种治理方式并依循这种方式的"人"。对此，国内学者姜华也认为，治理是做决策的结构和过程，治理是人在做出决策，治理的决定因素在于人，结构不过是决策的技术性安排。人在决策的过程中会受到内部和外部因素的影响，这种影响在任何结构中都存在。这种影响可能会使经过精心设计的治理结构成为空壳，使制度化的决策过程变成空谈，使所有的结构设计、制度约束、法规条例都丧失其原有的功能。他为此还拿大学的政治主体和行政主体举例，大学党委书记和校长两个"一把手"的状态，会使大学的治理与

---

① 龚怡祖. 大学治理结构：建立大学变化中的力量平衡[J]. 高等教育研究，2010(6)：49-55.
② Tierney W G, Minor J T. A cultural perspective on communication and governance[J].New Directions for Higher Education, 2004, 12(7): 85-94.
③ 罗伯特·伯恩鲍姆. 大学运行模式——大学组织与领导的控制系统[M].别敦荣，译.青岛：中国海洋大学出版社，2003.
④ Baldridge J. Power and Conflict University[M]. New York: John Wiley, 1971.
⑤ Jezar A, Peter D E. Meeting today's governance challenges: a synthesis of the literature and examination of a future agenda for scholarship[J]. The Journal of Higher Education, 2004(4): 371-399.
⑥ Leon T. Modeling university governance [J].Higher Education Quarterly, 2008, 62(1/2): 77.
⑦ William L W. Conflicting values and cultures: the managerial threat to university governance[J]. Policy Studies Review, 1998,35(2): 72.

两个"一把手"之间的协调情况密切相关,当两个"一把手"能够相互信任、相互支持、相互配合的时候,学校就能够正常地运转和发展;反之,当书记强调"党委领导",而校长却强调"校长负责"时,学校就难以正常地运转和发展[1]。

(二)大学内部有效治理的解析框架

高水平大学需要通过有效的治理来实现,有关高水平大学的研究与探讨自然也无法回避大学的有效治理。目前,学界有关大学治理领域方面存在的问题以及欠缺意味着我们必须适时转换研究视角,超越治理结构,迈向新的研究范式,否则,就会导致这个领域的研究空间得不到释放而最终无法为实践中的大学治理提供正确的理论指导。前文对高水平大学内涵的分析与探讨,不仅为深入了解高水平大学提供了一种新的角度,也为探讨高水平大学创建之路——大学的有效治理提供了一个好的思路。要研究高水平大学的有效治理之路,就是要探讨大学如何通过创造尽可能多的发展资本以充分满足相关各方的发展需要。基于此,本书就从发展资本这一视角出发,探讨大学有效治理的解析框架。

不管是站在院校的角度(集体),还是从某一个体的角度出发,大学的内外部关系中也存在不同的、占有一定资源的行动者。就其资源来讲,院校拥有大学教师、大学生、校友等主体所希望占有的教育、声誉等资源,以使其自身价值得到提升并获得发展机会;而大学教师、大学生、校友等却拥有院校所希望占有的知识、财力、物力、信息和社会影响力等资源,以在学科、办学资金等方面获得可持续的竞争力。就行动者来讲,其既包括大学党委书记、大学校长、院长、系主任等这些有一定职务、代表某一组织利益的制度性主体,也包括生活在大学校园内的大学教师、大学生以及分散在社会不同角落的各个校友等生活主体,他们共同组成一个类似于 Lin 所描述的社会网络关系结构。

基于此,大学治理需要不断维护、整合、建构这些现实的、潜在的资源,以使其成为满足主体发展需要的发展资本。这种资源的维护、整合及建构则需要各个行动者来完成,那么行动者如何才能得到动员从而生产、再生产各方发展所需的社会资本,这不仅是社会资本理论中需要回答的一个最重要的问题,也相应成为大学治理最核心的问题。

对于这一问题的问答,一些研究社会资本理论、社会动员理论的学者已提出了一些颇具启发性和建设性的分析框架。如 Lin 认为,社会资本应包括资源、社会结构(一种社会关系网络)和个体行动三个方面的内容[2];李六在其博士论文中使用态度和结构两个维度对社会资本的生存和作用机制进行了分析[3];钱海梅在其博

---

[1] 姜华. 泛化、虚化、理想化和空洞化——大学治理研究的问题[J]. 现代教育管理,2013(6): 3.
[2] Lin N. Social Capital: A Theory of Social Structure and Action[M]. Cambridge: Cambridge University Press, 2001.
[3] 李六. 社会资本:形成机制与作用机制研究[D]. 上海:复旦大学,2010.

士论文中建立了基于行动者、行动、结构三个维度的分析框架,以探讨城郊村级治理中如何运作社会资本①。

针对大学治理问题的特殊性(涉及个人、组织、社会乃至整个国家的利益)以及大学组织的复杂性(涉及各类行动者),本书在以上论述的基础上,提出了包括认知、关系、结构②三个维度的大学内部有效治理的解析框架(图2-1)。

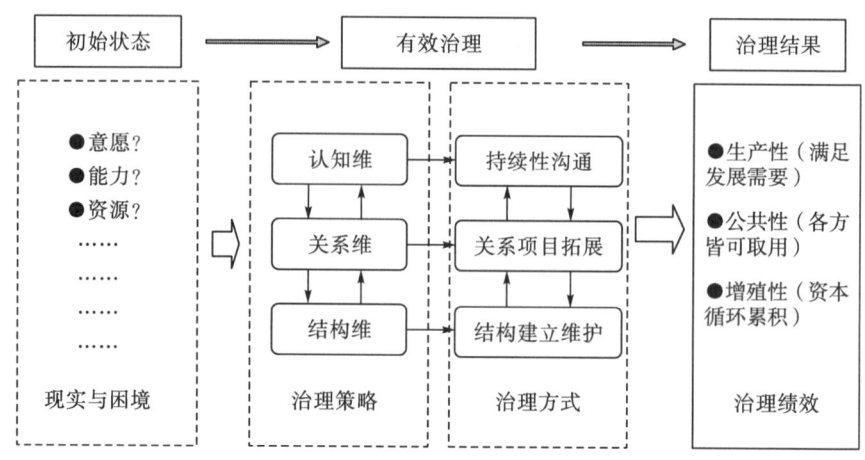

图2-1　大学内部有效治理的解析框架图

(1)认知。认知是指大学两类主体在内、外关系的长期交往过程中习得或积淀下来的、对其关系状况及行动所持有的情感和态度倾向。它不仅有利于有关行动者形成共同语言、共有知识、共有愿景,而且能够促进各行动者对群体愿景和行为的共同理解与支持,从而可以把分散的、自我的个体结合在一起,形成一种大家相互认可的共同价值规范和行为准则。

(2)关系。关系是指大学教师、大学生、行政管理者等有关行动者在内外部反复互动所形成的相互关系。它既包括整体上院校与另一社会组织的关系,也包括个体与个体之间的关系(如一位大学教师与另一位大学教师之间的关系)。发展资本是通过关系发生和运行的,没有关系,大学内外部的社会资本也就无从谈起。关系越强,大学内外部的既有或潜在资源就越有可能转化为各方希望占有的社会资本。

(3)结构。结构是指关系连接可使用的组织、场所,也包括关系维护所需要的

---

① 钱海梅. 城郊村级治理与社会资本的运作——对上海市嘉定区江桥镇T村的实证研究[D]. 上海:上海大学, 2008.
② 哈皮特和戈沙尔早在一项经济学的研究中就分析了社会资本与企业发展之间的关系,并将企业社会资本分为结构、关系和认知三个维度。所谓结构,指企业与外部环境之间的联结模式,具体包括网络联系、网络配置形式等,它们为企业获得信息、知识和互补的资源提供了良好的渠道;所谓关系,指通过关系创造和利用的资产,包括信任、规范、认同等属性;所谓认知,指双方之间可通过通用语言、编码和叙述进行沟通的通用理解、解释和含义系统的资源,具体包括共同语言、相似的价值观[Nahapiet J, Ghoshal S. Social capital, intellectual capital, and the organizational advantage[J]. Academy of Management Review, 1998,23(2): 242-266]。本书虽然借鉴了这一框架,但在具体的解释上却有所不同。例如,本书认为,关系只是各节点之间的链接;信用、规范并不是社会资本本身,也只不是关系的产物,而是结构、关系和认知三个维度综合作用的结果。

规范和情境氛围。有价值的资源都嵌入在结构中[①]，没有组织、场所、规范以及一定的情境氛围，各方之间也就无法形成且维系所需的关系，各方所拥有的既有或潜在的资源也就无法转化为他们所需要的发展资本。而就某一行动者而言，他(她)拥有的组织、场所越多，规范越完备，所处的情境氛围越浓厚，发展资本的流动性就越大，就越容易获得更多或更好的发展资本。发展资本是流动的、动态的，作为大学内外关系的资源，它不是一成不变的，行动者可以利用社会资本的流动性发挥对社会资本的建构和选择作用，获得新的或更多的发展资本。

总而言之，大学内部有效的治理过程可以看成是有关主体把各种类别、状态的相关资源转化为能满足有关各方发展需要的社会资本的过程，大学内部有效治理的结果则可以看成是大学内外有关各方都能充分且持续占有满足自身发展需要的社会资本。在大学内部治理的三个维度中，认知维是其内在精神联结，它能够促进各方对群体愿景和行为的共同理解与支持，从而把分散的、自私自利的个体(行动者)结合在一起，形成一种大家相互认可的共同价值规范和行为准则；关系维是其载体，关系的广度与强度决定着有关资本量的空间分布及可能存量；结构维是其外在保障，它是指关系连接可使用的组织、规范、场所以及所营造的情景氛围，决定着社会资本是否能被激活，以及其获得的方式和获取量。三者互为条件，缺一不可。

三、大学内部有效治理的总体路径

如前文所述，在高水平大学所需的发展资本中，一部分是先赋的(存量资源)，另一部分是后致的(增量资源)。本书研究的中心问题是，大学如何通过有效治理，动员相关行动者，从而将现存的或潜藏在内外部关系中的资源转化为满足各方发展需要的发展资本。后文将依据高水平大学内部有效治理的分析框架，结合大学这一组织的实际状况，探寻高水平大学内部有效治理的具体路径。

(一)认知维

在认知维层面，需要在高水平大学内部治理过程中，引导行动者正确、理性的价值判断，影响和改变其潜在的价值观念，以使他们形成开放的心态、共同的语言、共同的愿景以及更高层次的信任，从而形成有利于发展资本生成的行动者相互认可的共同价值规范和行为准则。但是，开放的心态、共同的语言、共同的愿景及信任都是在互动中产生的，行动者之间的交往越频繁、联系越紧密、彼此间共识越多，这些条件就越有可能产生，且越持久。为此，就需要在行动者之间多方创造持续性沟通的机会。

---

① 刘少杰. 以行动与结构互动为基础的社会资本研究[J]. 国外社会科学，2004(2)：21.

1. 持续性沟通有利于行动者形成开放的心态

在大学的关系网络中,持续性沟通有利于行动者形成开放的心态。这种开放的心态,一方面能使行动者更乐于在各种场合下交换意见,避免不必要的误解,得到更多的机会自由交换信息等资源,进而形成良好的关系;另一方面也能够加速资本的流动和扩散,形成良好的共享氛围。

2. 持续性沟通有利于行动者形成共同语言

语言是关系中行动者讨论、询问、沟通的基本方式。在大学的关系网络中,尽管行动者都拥有各自的资源,却不一定能给整个关系带来所期望的发展资本,造成这一结果的原因可能有很多种,其中之一就是沟通障碍。只有在对方对他们经由传递过程所获得的知识具有共同的语言(或编码)基础时,即在认知框架上接近时,对这一知识的利用与进一步的开发才有可能变为现实。而如果沟通基础不存在或不一致,关系中行动者的接触和沟通会受到限制。也就是说,一方面,共同的语言能为行动者互惠和交换提供可能,为资源的整合和共享提供一个共同的概念基础;另一方面,共同的语言也为行动者提供一种规范的约束力,决定活动将会如何被组织。例如,寇伽特、桑德尔等学者在研究企业间合作问题时就认为,企业作为致力于知识创造与交流的社会团体来对外开展活动,既需要关于成员动机和对外合作选择,也需要成员与外部单位和个人之间存在(共同)社会知识基础和对共同知识的理解[1][2],这种论点也适用于大学治理框架,即大学发展资本的生产需要各相关行动者在互动中使用双方都能够理解的共同的语言。

但是,共同的语言不能自然形成,需要关系网络中的行动者在频繁相互作用中(即持续性沟通)才能形成。

3. 持续性沟通有利于行动者形成相互的义务关系

行动者之间的义务关系可以促进彼此的长期交往和紧密联系,并相互帮助。在大学发展资本的生产过程中,当拥有某一异质性稀缺资源的行动者感到有义务时,则会向对方提供或共享,这是出于整体利益的考虑,同时也是期望对方对自己持有义务并能够在未来履行此义务。为了创造更多的社会资本,各行动者之间需要进行持续性沟通,因为只有这样,才能在频繁的沟通中维持共同遵守的规范,即便在复杂、多变的环境中也能保持长期的义务关系。

4. 持续性沟通有利于行动者形成相互信任

普特南认为,人们之所以选择合作而不是对抗,原因首先在于彼此之间的相

---

[1] Kogut B, Zander U. Knowledge of the firm, combinative capabilities, and the replication of technology[J]. Organization Science, 1992, 3(3): 383-397.

[2] Zander U, Kogut B. Knowledge and the speed of the transfer and imitation of organizational capabilities: an empirical test[J]. Organization Science, 1995, 6(1): 76-92.

互信任,是既定的信任使自发的合作成为可能①。信任往往被行动者认为是对某种结果的期望,可以缓解对彼此合作中机会主义行事的担心,能够鼓励其对合作抱有更积极的态度以及实现更高的水平。在大学治理中,由于大学组织的特性,多数合约其实是不完整合约,即便是一方有违反合约的行为,另一方也很少且很难诉之于法律解决,这就意味着维持彼此的信用更为重要。因此信任关系的建立可以成为大学治理结构的一部分,当关系中的行动者相互信任程度比较高时,行动者更乐意去合作和共享不同的资源。特别是在不确定和模糊的环境下,信任就更为重要。

5. 持续性沟通有利于行动者形成共同愿景

共同愿景能为关系中各行动者提供合作的方向,还有助于推动其相互理解以及想法和主意的交换。在大学内外关系中,各行动者之间往往具有不同的语言,如教学管理部门通行的是教学方面的技术语言,财务部门会使用会计方面的专业术语,这些相互区别的语言或编码经常会阻碍大学内部不同部门之间的交流,造成其隔阂,诱导行动者只关注本部门的利益,从而抑制资源的共享。所以,当资源在这些部门之间共享时,就需要存在一系列超越部门利益和部门观点的共同愿景,这些共同愿景能够作为一种机制来促使行动者尽最大努力把行动语言及方式转化为(编码为)彼此可以理解的形式。也就是说,当行动者拥有共同愿景时,他们就能够知悉彼此的行为,减少沟通中的误解,增加资源交换、整合的机会,从而增进资本生产的发展。

(二)关系维

认知所需的持续性沟通需要建立在"关系"这一维度的基础之上。大学本身就是各种关系的结合体,即关系网络。良好关系网络会给行动者带来发展资本,如物质、信息、情感等支持。大学组织正是通过关系网络在其内部、外部与其他个人或组织发生联系:外界通过关系网络支持大学、影响大学,对大学的发展起作用;而大学通过关系网络谋求发展资本,从而获得发展。在大学的关系网络之中,关系与资源密不可分,建立各种关系的过程既是获取新资源的过程,也是对已有资源进行整合的过程。大学从外部关系网络中不断寻求自身需要的有价值资源,并将这些资源转化为自身能够利用的资源。对高水平大学治理来讲,就是要不断拓展各种关系项目,以获取更多、更有质量的资源。

1. 以学科为"结点"建立各行动者之间的关系

大学最基本的要素无疑是知识,而知识的载体是学科,所以大学应以学科为

---

①罗伯特·D. 普特南. 使民主运转起来[M]. 王列,赖海榕,译.南昌:江西人民出版社,2001.

"结点"在行动者之间建立关系。"当我们把目光投向高等教育的'生产车间'时，我们所看到的是一群群研究一门门知识的专业学者。这种一门门的知识称作'学科'，而组织正是围绕这些学科确立起来的。"①对于学科，科研要保存、提炼、完善和创造它；教学要传播它；社会服务要应用它。无论是大学组织内部关系还是外部关系，其产生、形成乃至起作用都与学科紧密相关。如果说企业的内外部关系一般是与人力、物力、财力、业缘等联系在一起，家庭社会关系一般是与血缘、地缘、亲缘等联系在一起，那么大学的内外部关系常常是因"学科"结缘，因"学科"往来，因"学科"获利，因"学科"发展。

一方面，学科之间的关系是大学组织最重要的内部结构框架。大学组织的学科结构通常决定了大学组织的功能特点，围绕着学科体系的划分，大学组织内部形成了不同的关系网络。另一方面，大学组织的学术活动与社会形成了多重联系。大学组织从学科出发，围绕学科的产生与发展，与外部的政府、企事业单位组织、学生及其家长群体、科研单位组织、校友群体、中小学和社会其他组织之间发生了广泛的联系，这些联系构成了大学组织的外部关系网络。

为此，学科不仅是大学组织的基本学术单位，也是大学内外部关系网络的"结点"。之所以这样讲，是因为学科是大学各种资源的聚合体，其聚集资源的成分决定了学科的地位和水平，其聚集资源的规模决定了学科的范围和边界，其聚集资源的稳定性决定了学科的稳定性，其聚集资源的结构决定了学科的发展，其聚集资源的质量决定了学科的质量。这样看来，优秀的学科通常具备学术资源的各种要素，薄弱的学科通常缺乏一些学术资源要素。所谓重点学科或优势学科，主要是由于其聚集了大师、团队、荣誉和充分的信任，以至于该学科对外有影响力，对内有凝聚力。所谓弱势学科，主要是其缺少丰富且高质量的资源投入、缺乏学科带头人、缺乏学术研究经费、没有高级别科研项目，或者是大学组织对该学科发展前景不抱希望②。

2. 建立各种类别的关系项目

对立志于成为高水平大学的大学来讲，要围绕学科这个基本"结点"，在大学的内外部，在个人与个人、个人与组织、组织与组织之间以"合作项目"为基本形式建立各种关系，即关系项目。如果说关系是发展资本实现的载体，那么关系项目则是关系形成及维持的纽带。以下就以学科、企业关系项目为例来说明关系项目的纽带作用。

如图 2-2 所示，学科-企业关系项目将大学的某一学科与某一企业连接在一起，从而为双方资源交换和整合带来可能。对大学来讲，凭借自身拥有的课程、科研等资源在关系项目的推进中不仅使教师获得了科研经费、取得了科研成果，还使

---

① 伯顿·克拉克. 高等教育新论：多学科的研究[M].王承绪，等，译. 杭州：浙江教育出版社，2001.
② 侯志军. 社会资本与大学发展研究[D]. 武汉：华中科技大学，2010.

学生得到了实践、实习机会,提升了能力;对企业来讲,凭借自身在新产品开发、技术改革方面拥有的资源,解决了生产技术难题,培养了研发人才,从而为企业提供持续发展动力。对大学和企业双方来讲,这种关系项目突破了传统的大学传授知识和企业实践培训的人才培养方式,这样一方面倒逼大学建立更为灵活的学制安排和考核评价机制,使培养对象(大学生)有更多的选择权和职业发展预见性,另一方面也使企业成为人才培养计划制订、人才培养过程实施、人才培养考核评价、人才培养成效验收的真正主体,从而更好地实现大学教育与企业发展、学历教育与在职培训的有机结合[①]。

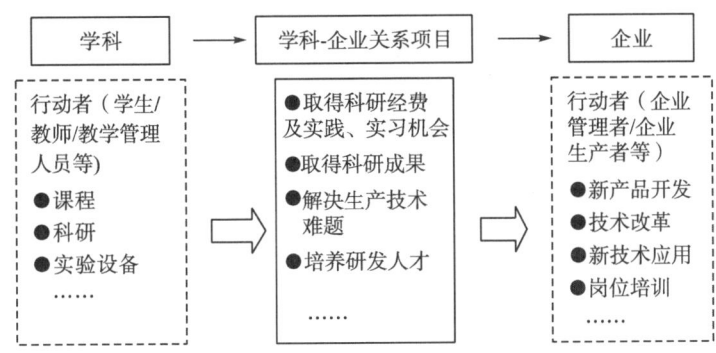

图 2-2 学科-企业关系项目图

从院校这个组织层面上来讲,关系可以从横和纵两个层面进行分类:纵的层面是指学校与上级管理机构、政府部门以及下属部门所形成的各种关系,拥有这种纵向关系网络,目的是从"上"和"下"获取资源;横的层面是指学校与其他学校、科研院所、企业、媒体、政府部门、金融机构、中介组织等的联系,这种横向关系网络越宽广,其获取资源的可选择性和资源量就越大。与此同时,还可以从内外两个层面将关系划分为两大类:一是学校内部关系网络,如教师-教师关系、教师-学生关系、学生-学生关系等;二是学校外部关系网络,如学校与学校、政府、校友、社区、家庭、企业、社会教育机构、科研院所、军队以及兄弟学校等其他组织间的关系等。

为此,建立各种校内外的关系项目,对于扩大发展资本的空间分布以及存量就显得尤为重要。下面以上海大学官方网站对其学校发展概况的介绍[②]为例,来说明什么是关系项目。

上海大学拥有 1 个省部共建国家重点实验室、1 个省部共建国家重点实验室培育基地、1 个科技部国际科技合作基地、1 个国家体育总局体育社会科学重点研

---

① 张爽. 以攻关项目为纽带:校企合作培养人才的新模式[J]. 教育发展研究, 2013(19): 10.
② 上海大学. 学校概况[EB/OL]. [2015-05-31]. http://www.shu.edu.cn/Default.aspx?tabid=10591.

究基地、2个省部共建教育部重点实验室、1个教育部工程研究中心、3个国家级实验教学示范中心、4个国家级工程实践教育中心、4个教育部特色专业建设点、2个上海高等教育内涵建设"085工程"项目、2个上海市协同创新中心、8个上海市重点实验室、2个上海工程技术研究中心、2个上海市专业技术服务平台、1个上海市人民政府决策咨询研究基地、2个上海市社会科学创新研究基地、2个上海市高校E-研究院、1个上海高校智库建设项目、1个上海高校人文艺术创新工作室、2个上海高校人文社会科学研究基地、3个上海高校重点实验室、1个上海高校工程研究中心……

上海大学积极推进开放合作，开展了广泛的国际国内交流与合作，中外合作办学稳步发展。目前，学校已与40个国家和地区的151所大学或机构签署了校际合作协议。在校就读的外国留学生有3896人，其中学历生622人，学校被教育部评为来华留学示范基地单位。学校建有3个中外合作办学学院，并已与北美洲、欧洲、亚洲等地区的大学合作建立了5所孔子学院。学校与中国科学院长三角地区研究所、中国社会科学院、中国艺术研究院、宝山区人民政府等开展了包括科学研究、人才培养、队伍建设在内的全面合作。

从以上信息中可以发现，省部共建国家重点实验室、省部共建国家重点实验室培育基地、科技部国际科技合作基地、国家体育总局体育社会科学重点研究基地、省部共建教育部重点实验室、教育部工程研究中心、国家级实验教学示范中心、国家级工程实践教育中心以及教育部特色专业建设点等属于学校-国家政府关系项目；上海高等教育内涵建设"085工程"项目、上海市协同创新中心、上海市重点实验室、上海工程技术研究中心、上海市专业技术服务平台以及上海市人民政府决策咨询研究基地等属于学校-地方政府关系项目；学校与40个国家和地区的151所大学或机构签署的校际合作协议、建立的中外合作办学学院以及孔子学院等属于学校-学校关系项目；学校与中国科学院长三角地区研究所、中国社会科学院、中国艺术研究院、宝山区人民政府等机构的合作则属于学校-科研院所关系项目、学校-地方关系项目。

但凡高水平大学都有种类丰富的关系项目，这些关系项目为发展资本的生产提供了多样的载体，满足了不同人群的发展需要。

（三）结构维

在一定的空间范围内，各类行动者以及每一类行动者中的各种成员，由于其角色以及拥有资源的不同，都处在不同的网络位置上，这时就需要一定的结构安排作为介质，打破相关行动者之间的壁垒和边界，将其关系"联结"起来，使其为共同的目标而行动。在高水平大学的有效治理框架中，结构是发展资本生产的外在保障，是指关系连接以及维护所要使用的组织、场所、规范、通道以及情境氛围，离开了一定的结构，发展资本就无从谈起。

1. 建立多种组织

组织是关系维持与发展的保障。大学除了应有的维持型组织(如教学、科研、人事管理机构)，还应为各种关系的形成以及维护建立各种正式和非正式组织，同时要鼓励校内人员以某种方式加入或参与校外的有关组织。更为重要的是，要建立跨单位、跨学科、跨地域的协调性组织，以积极协调不同部门之间、机构之间的关系，化解它们之间的矛盾和冲突。

这种组织可以根据行动者的需求以及关系项目的性质和特征的不同采取不同的组织运作模式。例如，就大学-大学关系项目来讲，就可以采取学分互换式、共同开发项目式、合作办学式等组织模式。再如，就学校-科研院所-企业关系项目来讲，一些高校创立的协同创新平台就是一个能促进发展资本生产、流动和共享的组织模式，这种组织模式以学科为中心，采用市场化经济运作的形式，促进大学与科研院所、行业企业、地方政府以及社会组织的深度融合；通过校内外有关人员的合作和交流，促进平台内部和外部之间的资源交换，最终实现互利、共赢和共同发展的良好局面。

2. 提供多种交往场所

拥有行动者交往的场所是发展资本产生的物理空间。目前，我国大学倾向于被认为只是一个承载"教学"与"科研"的场所，偏重对学生和教师的管理、管制，学生和教师的学习与生活大多遵循着"三点一线"的规律，他们的生活、工作和学习都被梳理得清清楚楚甚至相互独立，这种明确的功能划分似乎能提高效率，却忽略了各种活动之间的过渡和融合，也不利于有关人群的互动交往(如知识交往、信息交流、网络交往、餐饮交往、社会交往、娱乐运动交往、休闲活动交往等)，信息沟通和传递当然也受到了阻碍。而无论是学生的价值观、人生观的形成和健全心理素质的建立，还是教师教学能力以及科研能力的培养和提高，不只来源于课堂、实验室，其更多地来源于课外、实验室外与他人、社会的交往活动。与此同时，丰富的交往活动还能促进行动者建立良好的人际关系，发展友谊，增进互动和了解，丰富知识和提升经验，获得心境愉快的体验和交流。

为此，应提供充分、网络化的场所，以诱发多样化的诸如自由交流、课外休闲、思考互动、洽谈合作等交往活动，在促进发展资本流动的同时使有关主体获得发展资本。与此同时，这种场所的建立不仅着眼于校内，还要放眼于校外。

3. 建立完备规范

在基于发展资本的大学有效治理框架中，规范是指有关行动者正在使用的规则，也是一种解决集体行动问题的行为准则和活动模式。作为被某一关系中各行动者在集体行动中共同遵守的规范,其能够以契约的形式使松散或之前从不来往的行动者组成优势互补、共担责任和风险的联合体,促进双方或多方之间的信用与合作,节约信息搜集、谈判签约和交易监督的费用。规范不仅能够增加异质性资源在行动者之间流动和交换的机会,而且能增加合作的频率;不仅能影响通过交换和组合可实现的价值,还可增强交换和组合的激励。若规范是模糊或矛盾的,则会阻碍信息的共享、学习和知识创造。

也就是说,规范有助于行动者用自觉的方式形成发展资本。规范的形式多种多样,主要包括道德性规范(如舆论、习俗、道德)、契约性规范(如合同、组织规则)和行政性规范(如规章制度)。在诸多规范中,能够促进群体成员合作的规范都可以视为社会资本的表现形式。

4. 建立多种连接通道

(1)在大学有效治理框架中,既需要信息能顺畅传播,也需要各行动者都能自由流动。为此,首先应打破人事流动的壁垒,解除学科限制、系别限制、学院限制,以促进多学科的交叉融合,实现学科、专业、院系之间的学术协同发展效应。

(2)需要在校内建立信息沟通的渠道。例如,创建好包括校园网在内的一些网站,要以有关行动者(如大学教师、大学生、校友)为中心,同时把其他群体(如学生家长、雇主等)都能吸收进来,从而使其成为相关主体互动交流的一个永久据点。

(3)要综合利用各种媒体。综合利用网络、报刊、电视等社会媒体,一方面可以扩大和增强大学学科文化辐射的范围和力度,另一方面可以有效加强相关主体成员的互动和交流。

5. 营造情境氛围

在高水平大学有效治理框架中,情境氛围属于大学文化的范畴,但是由于大学文化需要长时间的努力才能培育而成,其范围又太大,涉及面较广,管理者往往无从着手,为此可以把对具体某一情境氛围的营造作为培育大学文化的一种基本方式。

情境氛围,简单地说就是指具有感情的环境,是指行动者的情感与某一外部环境空间因相互影响、相互交融而产生的一种意象,也是主观情感与客观物境有机交融、契合统一、交往需求可得到满足的一种氛围,从而使行动者不由自主地被吸引而与空间中的其他行动者互动。一个具有情境的环境空间必然是高品质、充满活力与人气的,人与空间在互动中达到和谐统一。

情境氛围能引导行动者的心理、行为,激发情感,同时又能体现行动者的意图、目标和态度。德国心理学家卢因(Lewin)的群体动力理论就能很好地解释情境氛围的这一作用,该理论认为,人的心理和行为取决于其个人的内在需要与周围环境的相互作用,是内在需要与周围环境相互作用的结果[1]。情境氛围可以看成是

---

[1] 周晓辉,韦成龙. 创新型科技人才培养中协同体协同机制研究[J]. 高教探索,2013(6): 60.

人的内在需要与外在环境的综合体。为此,大学要以行动者的需求和心理为依据,尽可能地创建一个被人所需、与人的行为相符的客观存在,赋予行动特定的意义,这些意义通过话语载体(语言、文本等)传递给关系中的各个行动者,从而让行动者在进入这个环境空间时,能通过自己的感知、认识定义这个情境空间。在这个空间中,相关行动者被吸引或者主动走入情境空间,感知与体验情境空间,体会到与他人交往活动的魅力与美好,在对该空间产生认同感、归属感以及组织支持感的同时,萌生与他人交往的强烈期待。

四、大学内部有效治理的评价评测

作为一个实践性操作框架,大学内部治理的有效与否自然需要也必须进行衡量和评价。因为只有这样才能判断一所大学的治理方式是否是科学、合理且完备的,进而衡量其是不是高水平大学。本节将结合大学内部有效治理的分析框架,从认知、关系和结构三个维度出发,力图对大学内部有效治理的评价维度以及指标体系进行简要的介绍和分析(表 2-2)。

表 2-2 大学内部有效治理的衡量指标体系

维度	一级指标	二级指标	二级指标描述
认知	价值认同	1.接近性	是否具有开放的心态;是否具有共同的语言
		2.一致性	是否拥有共同的愿景;是否形成了相互的义务关系;是否形成了相互的信任关系
关系	关系状况	1.强度	成员联系的频繁程度、密切程度和互惠程度
		2.规模	所拥有的社会关系的多少
		3.异质性	社会关系网络的类型的丰富程度
		4.稳定性	关系项目中成员的变化程度
结构	结构状态	1.组织	已有关系项目是否建立有组织,是否有为之工作的人员
		2.规范	已有关系项目是形成比较完备的规范
		3.场所	是否多样;是否便利;是否舒适
		4.通道	是否有便捷的由此达彼的通道
		5.情境氛围	是否具有感染力

对大学来讲,为了鼓励和支持相关行动者组成并维持发展资本生产所需的各种关系项目,就需要营造崇尚团结合作、积极有为、创新、创造的氛围,消除论资排辈、嫉贤妒能、保守消极等落后习惯势力的影响。

(一)认知维

在大学内部治理的认知维上,可以从某一关系中的相关行动者在对待某一特定关系项目上所持的价值取向与校友文化基本价值观的接近性和一致性程度予以衡量。就其接近性来讲,是就个体而言的,指各行动者能否认同或在多大程度上认同这一关系项目,并愿意为之采取行动;就其一致性来讲,是就群体而言的,指各行动者是否能普遍地认同这一关系项目,并愿意为之共同采取行动。

由于人的价值取向抽象、内隐,可以从相关行动者在对待某一具体的关系项目上是否有开放的心态、共同的语言、共同的愿景以及是否形成义务和信任关系来予以衡量。

(二)关系维

相较于认知维,大学内部治理的关系维比较具体,可以从以下方面予以衡量。

(1)关系的强度。关系强度体现了某一关系中各成员联系的频繁程度、密切程度和互惠程度。如果行动者之间互动次数多,关系的强度就强,表现为关系越密切,内聚度越高,就越容易在相互协作和资源共享过程中获取发展资本。越是在不确定性的环境中,关系的强度就越重要。

(2)关系的规模。关系的规模是指行动者所拥有的社会关系的多少。拥有较多社会关系的行动者其社会关系的规模越大,其可能动员的资源就越多。学校要满足生存与发展的各种需要,就需要与社会建立广泛的联系。关系的规模对某一行动者来讲,是指其参与的合作项目(正式或非正式)的数量;对院校来讲,是指其拥有或参与的双方或多方合作项目的数量。

(3)关系的异质性。关系的异质性是指行动者的社会关系网络类型的丰富程度。对院校的外部关系网络来讲,如果其关系广泛分布在政界、商界、教育界、文化界、科技界,这种异质的关系网络就可以满足其多元化资源的需求,从而满足行动者的发展需要。

(4)关系的稳定性。关系的稳定性是指在一个关系中成员的变化程度。频繁地更换合作伙伴、短暂单次的合作交往,不仅不利于彼此信任的建立,还会徒然增加行动者的寻找成本、监督成本和维护成本,甚至对自身的声誉造成不利影响,这自然会限制生产发展资本的机会。因为关系中的成员需要一段持续的时间与其他成员进行多次的交互行为,这样才能建立自身的信誉,考察对方的可信赖性,降低机会主义行为和倾向,帮助成员建立起共享资源的信心,从而有利于发展资本的积累和获得。而稳定的关系意味着成员有充足的时间来建立一个良好的交往记录,有相对稳定的连接与交往、逐渐加深的信任和渐进的多方面合作,保障和

(三) 结构维

大学治理的结构维包括组织、规范、场所、通道以及情境氛围，具体衡量标准如下。

(1) 组织：就某一关系项目来讲，是否建立有组织，是否有为之工作的人员。

(2) 规范：就某一关系项目来讲，是否形成比较完备的规范。

(3) 场所：①多样性，既有有利于开展集体活动的公共性较强的场所，也有供单人或少数人活动的私密性场所；②便利性，越接近师生活动的空间，就越容易发生相应的交流活动，如在教学楼入口处设立师生交往的空间，有利于师生停留并进行愉快的交流活动；③舒适性，一个舒适的场所能引发行动者的交流行为，这种舒适性主要体现在这个场所内有可供交流者靠坐的条件(如栏杆、座椅、草坪等)，供学习交流的场所还需要可放置书籍、学习物品的平台或者桌子，以辅助交流的顺利进行。

(4) 通道：是否有便捷的由此达彼的通道。

(5) 情境氛围：是否具有感染力。

媒体发声：高校转型要坚守"育人为本"底线

近期教育部等四部门联合印发指导意见，要求地方本科高校通过与地方对接、与市场对接、与工作岗位对接等途径和措施，逐步转型为应用技术类高校，这说明在推动地方本科高校转型发展这个问题上，国家的目标已定，决心已下，已开始步入实施阶段。这一政策举措，被广泛认为是急国家产业结构升级之需，急大学毕业生就业之需，有利于解决地方本科高校在办学中存在的定位不明、专业特色不显、与地方经济社会发展脱节等弊端。对此，一些地方本科高校积极响应并已着手展开行动。

地方本科高校要转型发展，意味着某些传统的打破，也预示着某些固化的办学思路、模式的改变。但是，学校在改革实践中无论能争取到多么大的政策或市场红利，也无论会遇到什么样的难题或者阻碍，都要始终抱有一种发展的理性，即坚守"育人为本"的底线，否则就会容易在谋求与地方、市场、工作岗位对接的过程中违背大学教育的本质规律，将学校办成纯粹为大学生就业的"就业教育"或"地方就业培训机构"，这不仅与大学的使命格格不入，也难以契合市场经济的发展规律，最终因为有违转型的初衷而导致改革的失败。

不管是地方本科高校还是其他类别的高校，转型都不是此次改革的目的，其目的在于通过转型培养符合社会发展需要的人。因为就大学的使命而言，从中世纪欧洲创立的第一所大学开始一直到现在，虽然大学的组织形式、发展方式等都随着社会的不断发展而发生了深刻变化，但培养人这一大学最重要的使命却始终没有改变。大学之所以成为大学而与其他社会机构区分开来，就是源于大学这一本体价值。而就地方本科高校转型的指向（即应用技术类高校）来说，其主要培养的也绝不是一般的技术工人，而是具有一定的理论基础和创新意识、能胜任一线的技术开发和应用工作的应用型人才。作为有别于职业教育、就业培训机构的地方本科高校，一定不能像一个"急于把学生安排出去"的职位介绍场所或一个迎合企业的"订单"生产厂商，更不能像一个饭店或超市那样，为满足社会的某种实用性需要而提供各种各样便捷的快餐和购物条件。对接地方、市场、工作岗位需求对于地方性高校的生存与发展固然必要，但最终决定其社会存在必要性的还是其培养的人到底怎么样。大学若在其改革实践中丢弃了"培养人"这一本体价值的关注和追求，其发展就没有了魂魄，从而必然会泛化为某种附属性的机构，也使得其学科和专业最后沦落为"仅为养家糊口的学问"，而大学本身就会在这种泛化过程中堕落甚至消失。

以上说明，地方本科高校在转型发展过程中要始终明确自身所肩负的使命，不能一味地听从市场、行业需求的摆布。因为从市场经济的发展规律来看，就业市场所能提供工作机会的"质"与"量"与人们心目中的"工作"永远存在着差距，而且，在一定的社会发展水平下，就业市场所能提供的就业岗位总是一定的，一些高校毕业生的就业率高，势必会使其他高校毕业生的就业率低。此外，就业市场是变化多端的，职业也是轮番更替的，而这一切又恰恰是市场的常态。在这种情况下，不可能也没必要保证人人毕业就能就业，也不可能保证人人时时都要有工作，更不可能保证人人都能终身从事某一职业，这也意味着高校专业设置的调整速度永远跟不上就业市场变化的速度。如果高校办学一味跟随就业市场，必将导致各高校办学方向和专业调整上的"一窝蜂"，最终会造成又一波的"就业难"和高等教育资源的大浪费。所以，基于人才培养的长期性，地方本科高校不能沦为市场的"跟屁虫"，盲目追求市场热点办学，随意开设专业，临时拼凑课程，这些做法不仅和大学的使命相违背，也迟早会被市场所排斥。

总而言之，处在转型关键期的地方本科高校，一定要理性而不盲从，笃定而不冲动，有所为有所不为，把培养有充分的心智和能力准备以应对当今及未来社会发展需要的人才作为其改革实践的出发点和落脚点。否则，高校的转型发展就会异化成"促销式的""临阵磨枪型的"办学模式，在短期内或许会给学校和学生带来一定利益，但从长远看，会动摇办学基础，使学校丧失发展后劲，由此培养出来的学生也会因为在知识、能力和素质方面的先天不足而难以成为社会真正的有用之才。

注：原文标题为《地方高校转型要坚守"育人为本"的底线》，刊登于《中国教育报》2014年9月10日（理论版），作者为罗志敏。

第三章　大学内部治理的组织机制

如果说中国前一阶段的大学治理改革侧重于理念精神的宣传、管理体制的设想和确认，那么，下一阶段也就是新时期的大学治理改革则需要进入深层的实践期。由此需要深入思考并予以回答的问题是：当前格局下创新大学治理面临的最大挑战是什么。这一问题若获得回答，那么接下来的问题就是，应对这一挑战的途径以及所急需的机制性条件又是什么。对第一个问题的回答，既涉及我们能否找到困扰当前中国大学治理的症结所在，也关系能否避免陷入诸如"创建现代大学制度"的理想与"适应中国国情"的现实之间无休止的争论之中；而就第二个问题来讲，若不能就此分析清楚，则会"胡子眉毛一把抓"，什么都重要，结果什么也解决不了。有鉴如此，本章尝试超越已有研究侧重宏观结构或概念阐释的现状，从中观的研究视角出发，以组织的视角对以上问题做出分析和解答，并梳理出新时期中国大学组织机制改革的一些脉络。

一、大学内部治理的两种组织机制

对中国大学内部治理的传统考察路径，不仅存在着一些问题与困惑，还往往暗含着这样一种设想：通过大学制度建设促成大学组织的逐渐变革，进而构筑起多主体参与的大学发展机制。但如果仅仅基于这个认知来建构大学治理的制度环境，仍很难具体回答诸如"如何构筑有效的多元治理机制"等现实问题。因此，如果要在操作层面把握好国家政策层面已明确的"依法办学、自主管理、民主监督、社会参与"这一中国大学发展机制，还需要转换这种考察问题的路径，即以新的思维方式来整体筹划大学治理的制度环境，引入一些中观的分析视角。

但是，从组织视角透视当前中国大学内部治理变革面临的深层次挑战以及目前的机遇，一般会提出三种需求：一是要突破一般性的"大概念"的简单阐述（如目前学界热议的"现代大学制度"）；二是需要找出并聚焦于大学治理中的一些最基本的组织机制；三是需要结合中国大学治理的历史进程和实践来分析这些机制之间的相互作用过程以及解决现实难题所急需的机制性条件。

基于当前中国的社会政治生态，结合学界已有的理论共识，本书认为，现实中的中国大学内部治理的构成应被看成是两种基本的组织机制：一种是纵向的整合机制，另一种是横向的协调机制。

纵向的整合机制从党中央一直到大学校长再到学校各职能部（处）的科层管理

系统，通过垂直的、自上而下的资源配置系统，把有着强烈资源需求的各个高校纳入其中，同时把各个相关主体的诉求纳入相对标准化的轨道。1949年以来高等教育的发展历程证明，这种机制可以更有效率地组织和动员全社会的高等教育资源，并满足绝大多数社会成员对高等教育的需求（如1999年开始的高校扩招）。但这种机制并非适合所有的情景，只有当其面对的是一个相对封闭的社会且人们对高等教育的诉求具有较高的一致性时，才能发挥出较高的整合效果。

横向的协调机制是指高等教育界近些年来一直倡导的"大学多元治理"结构，也是一种开放式的协调机制。相对于纵向整合秩序，横向协调机制在大学内部治理上看似效率不高，却是适应当前社会发展格局、塑造或维系现代大学理念与精神所需要的重要路径。但是，这种机制的运作也需要一些重要的条件，如要得到纵向机制的认可和支持，要有必要的支撑机构，其内部各方相对独立并有参与协商共治的心智因素等。否则，各方要么"搅"在一起而使一方独大，要么皆以己为中心或互不关心，横向协调达成有效结果的效率很低。

基于大学生存与发展的角度，两种组织机制都不可或缺，而从中观的视角出发，大学内部治理创新其实就是如何促进这两种机制之间有效匹配的问题。解决这一问题的结构性困境或悖论性的事实是：这两套机制中各自暗含着一些相互矛盾的诉求，并在各自运作的领域中自发地排斥另一套机制的涉入。例如，纵向的整合机制需要的是相对封闭的组织环境、一元化的等级权威组织和技术化的命令执行体系，而横向的协调机制则要求开放的制度环境、平等多元的参与主体以及各方表达与实现诉求的心智因素。

二、大学内部组织机制改革面临的大挑战

1949年以来历经几次高等教育体制改革，大学内部治理中的纵向整合机制不仅在结构上得到不断完善，而且在机制保障、工作思路乃至方式方法等方面皆形成一套自我强化机制；与之相反的是，横向的协调机制始终薄弱，在实践层面所依赖的组织条件极为匮乏。这就意味着纵向的整合机制与横向的协调机制始终处于一种不衔接的状态，其相互匹配问题仍在很大程度上停留在理念和认知层面，而缺乏实际政策工具和制度安排的支撑。与此同时，随着社会民主化程度的逐步加强，高等教育社会化、大众化逐步推进，两种机制的匹配会随着大学各相关主体之间日益松散的依赖关系而变得越来越困难，并且它们各自变化的方向和逻辑还将继续加重这种不匹配程度，如教师来源的逐步市场化、学分制的全面实施，将使大学经久使用的人事、学籍管理体系出现松动乃至错位。从这个意义上讲，大学治理问题中的这两种机制的有效匹配的确是一个既重要又充满挑战的过程，这绝非一句"大学多元治理"的宣示性语言或认知上的统一就能解决得了的。

为了解决上述两种机制能否有效匹配这一棘手问题，本书认为有必要将其纳

入一个共同的治理框架之中，以形成两种机制上下贯通、内外复合的"共治"结构。这种"共治"结构与以往的大学治理模式相比，最大差别在于利益的客体都需要变为利益的主体，不同利益主体相对平等，是相互提出权力要求、相互履行责任的关系，权力分配模式也由政府及其代理人独自行使向政府及其代理人同其他主体在沟通与协商的过程中实现转变。与此同时，通过各主体之间的积极互动，激发相关主体主动参与大学的组织活动，主动识别和解决大学在发展过程中出现的问题，从而避免大学滑向僵化和失序两个极端。

但在具体的大学内部治理实践中，完全可以预测到这种"共治"结构又必然会面临过去早已强化了的"路径依赖"或"制度惰性"问题。例如，单就某院校推行一项教学改革措施来讲，一般都会采用大致相似的基本做法：主要领导(如分管副校长)带领政策研究部门(如发展规划办公室)和相关部门负责人(如教务处长)对问题进行调研，在此基础上形成实施意见或工作方案的讨论稿，在行政系统内部通过座谈会、研讨会等形式征求相关人员(如某些学科专业负责人)的意见和建议，形成审议稿后提交校务会议进行讨论，最后形成正式的政策文本。在实施政策之初，通常召开所涉及部门负责人(如学院院长)参加的动员会或工作部署会，明确各自任务。如果在政策执行过程中遇到矛盾和问题，则由校长等行政领导出面进行协调，以平衡利益冲突。在政策运行到一定阶段后，就会召开总结会或表彰会对政策执行过程和效果进行总结与宣传。这种管理模式的基本特征是：以调研、会议、文件等为主要载体，借由校官方网站、校报等新闻媒体掌控舆论主导权和引导权，吸收行政系统外的少数精英(如一些大牌教授)参与，替代管理对象(如大学生)完成利益表达与利益实现过程。于是，在这种单一的、与上述那种"共治"结构相距甚远的整合机制下，不仅教学改革中的重要相关方——大学生的权力诉求难以与行政主体建立起稳定的动态链接，而且任何个人或组织的自主性都意味着存在不确定性和风险或破坏上行下效这种约定俗成的规则。

以上事例表明，如何通过新的制度安排建立起两种机制间的有效匹配关系，以激发大学内外部多种力量对这一"共治"结构长期、积极、有序、自主的支持，应是当前格局下中国大学内部治理创新所面临的一个最大挑战。

三、创新大学组织机制改革所急需的条件

本书认为，现阶段要创新大学治理，在上述两种机制之间建立起有效的匹配关系，急需提供一些必要的机制性条件，以破除长期累积的思想惰性和体制惯性，这些条件可以概括为两条相互影响、互为因果的主线：第一条主线是如何适应当前大学发展所面临的客观情境，合理梳理并区分相关主体的边界和角色，这是建立起有效匹配关系的基础；第二条主线是如何保障划分出来的主体成为大学"共治"结构中真正起作用的一分子，这是建立起有效匹配关系的关键。着眼于这两

条主线,现阶段应着重从以下三个方面入手。

(一)把不同的治理主体从体制上设法分开

大学治理主体的多元化有可能使主体的责任界限趋于模糊,因此如何把不同的主体切实分开,应是当前中国大学内部治理变革下一阶段首先需要解决的问题。但目前国内一些院校进行的所谓管理变革,大多只触及已有体制中的工具和操作层面,充其量只能算是管理技术和方法的进一步精致化,而未从根本上改变大学权力运行的布局和架构。有鉴于此,现阶段急需从当前大学治理实践中最突出的两个问题着力,即把大学权力关系中的政治主体与行政主体分开、把学术主体与行政主体分开。

(1)把政治主体与行政主体分开。这不仅是国家在明确大学自主办学权后亟待解决的一个问题,也是落实国家教育规划纲要"坚持和完善党委领导下的校长负责制""落实党委职权"的一个基本的前提条件。但目前的状态是,政治主体的校内代理人——校党委却往往与以大学校长为代表的行政主体混淆。对校党委来讲,虽然其处在大学内部科层系统中的最高地位,但在实践中其权力要么被架空而难有大的作为(如政府往往越过校党委对大学实施直接管控,从而使大学沦为政府的一个部门机构),要么为了寻找出路而跨越其权力边界,进入行政或学术领域,从而加重了大学的"行政化";对以大学校长为代表的行政主体来讲,行政主体的主动性和积极性往往难以彰显,并时常在管理责任方面存在推诿现象[①]。为此,当前需要以国家颁布的有关党委领导下校长负责制的实施意见[②]为契机,从健全党委常委会和校长办公会的议事规则入手,把政治主体与行政主体分开,明确各自的议事范围("做什么")、议事人员("谁来做")以及议事程序("如何做")。需要补充说明的是,把这两种主体从体制上分开,并不是弱化或剔除政府及其代理机构、校党委所体现的权力,分开后反而更有利于强化和发挥其独有的职责与作用。

(2)把学术主体与行政主体分开。机构臃肿、官本位、人浮于事等现象成为近年来大学最为人诟病的问题,其原因却往往被归结于"行政权力的恶性膨胀"[③]。本书认为,解决这一问题的基础和关键,不是去除或弱化行政力量,而是把行政主体与学术主体从体制上分开,在大学治理结构中赋予其各自相对独立的位置。因为现实中两者往往纠缠在一起,互相介入其权力内部,互相占用、借用或代替对方的一部分权力内容,以实现特定人或人群的不当利益。例如,一些行政部门的负责人集行政管理与学术事务于一身,以使其管理看似"更专业",这自然就影响了行政管理的效能发挥,也"绑架"了学术自由;而一些官员学者借用行政权力带来的地位,以使其从事的专业看似"更权威",这就可能会出现学术霸权、

---

① 罗志敏. 我国大学治理的制度供给逻辑[J]. 教育发展研究,2014(5):5.
② 见《关于坚持和完善普通高等学校党委领导下的校长负责制的实施意见》(中办发〔2014〕55号)。
③ 王英杰. 大学学术权力和行政权力冲突解析:文化的视角[J]. 北京大学教育评论,2007(1):55.

学术腐败①。目前,一些高校试行的职员制改革只是部分地解决了中下层行政管理人员的主体身份问题。湖南大学等高校的新任校长许诺任职期间不带研究生、不申请科研项目的做法②虽令人感到鼓舞,但毕竟只是个人作为。《光明日报》头版头条曾报道的山东临沂大学仅通过一项倾斜性的政策,就使该校八位在职处长"辞官从教",并"一心一意当起了教授"③。本书认为,这种把行政主体与学术主体从体制上分开的尝试引发的积极效应以及后续的政策跟进都很值得期待。

还需要补充说明的是,要在以上分开的基础上,着手建立能供有关各方展开沟通与对话的协调议事机构,并以制度化的形式保障这种沟通与对话能够经常进行,以使他们之间既存在着"建设性的冲突"(constructiveconflict),又能相互合作。

(二)把主体拥有的权利切实转化为权力

2012年教育经费占GDP 4%的目标实现以后,我国高等教育由一个以资源为中心的时代进入一个以权利为中心的时代。但从历史上来看,不论是大学的自主办学权利、教师的权利,还是大学生作为学习主体拥有的权利,早在1998年颁布的《中华人民共和国高等教育法》中都有比较明确的规定,近些年国家颁布的一些政策也进一步明确或扩大了这些权利。但权力是权利的基础,没有体现为某种影响力和支配力的权力,何来实现自我利益的权利?这正如有学者在比较一些发达国家的高等教育体制后所总结的那样,"在大学及教授所拥有的权利方面,我们与欧美大学相比并不逊色,但关键是权利与权力并不匹配"④。还有学者在细究西方大学的权力制衡机制后感叹道:"如果教师评议会没有足够的权力,那么它就很快沦为一个可有可无的机构。行政人员很可能绕过它自行做出决策,而教授也不会愿意花时间参与这一组织。"⑤于是,本书认为,当前尤其需要从解决处在弱势一方(如大学生)的主体权力问题入手,逐步把各主体应拥有的法定权利转化为实实在在的权力。

(1)培养相关主体行使权力的意识与能力。由于我国大学治理改革长期采取的是政府主导的、自上而下的改革,再加上制度保障的不稳定,相关主体形成了依赖性,其参与大学治理的精神与价值基础长期缺位,如教授对院校事务的冷漠、大学生对自身学习权益的忽视等。即便是发生在校园中的某些权力诉求,也主要是以保护个人的私有利益为前提,而不是着眼于维护整个主体的权益。这种状况的存在,不仅导致其主体性不能充分发挥,也在一定程度上助长了其他主体的权力"越位"。另外,仅有行使权力的意识而没有相应的能力也是不够的。例如,作为大学权力关系中的重要一方的大学生,即使为其建立最完善的表达权力诉求的通道,如果缺乏

---

① 罗志敏. 我国大学治理的制度供给逻辑[J]. 教育发展研究,2014(5):6.
② 侯琳良. "两不"校长的为与不为[N]. 人民日报,2011-12-29(10).
③ 周华,赵秋丽. 打破"官本位"、回归"学本位"——临沂大学八位处长辞职当教授[N]. 光明日报,2012-11-25(1).
④ 李立国. 国际视野下的中国高等教育体制改革[J]. 大学教育科学,2012(1):50.
⑤ 熊万曦. 论美国大学教师评议会与行政人员之间的权力制衡机制[J]. 高教探索,2013(4):56.

与其他主体(如行政主体)沟通的能力,其诉求也往往只能处于一种被遮蔽的状态。为此,目前尤其需要政府除了连续性地向外界公布诸如院校办学绩效等相关数据以接受相关主体和外界的监督,还必须花费时间和金钱在相关人员中间进行开放式的组织宣传和动员,唤醒处在弱势一方的主体行使自身权力的意识,让他们不再是仅仅听对方如何说,还应看其如何做,如何使自己满意,由此构成院校治理自我改进的压力和动力[①];与此同时,还要想办法降低参与者在道德、组织以及物质上的负担,并允许他们自由流动和退出[②]。如通过校园网开辟类似"校情评论"的专栏,建立校舆情收集、分析及反馈机制。如此,大学生等参与者可持不同动机且无须背上思想包袱或道德压力,其参与的预期效能也能得到提升。

(2)建立相关主体权力实现的支持系统。要使处在弱势的一方在院校治理中具有独立角色,成为真正的权力主体,除了培养其行使权力的意识与能力,还要为其权力实现建立一个支持系统,具体包括两个方面。一是拓展权力行使的渠道。每一主体若不占有充足的行使权力的方式,就不能有效维护其内部成员的权利。例如,当前本科教学之所以容易受到忽视,不仅是因为大学生常被视为学校"来去匆匆的观光客"[③],更重要的是其参与院校治理的途径、方式非常单一。例如,学校在推动教学改革等这些涉及大学生利益的政策时,往往没有大学生或其代理人的参与,这难免会使学校对学生提供的教学服务打折、缩水。而理想的状态应是大学生除了可通过校理事会中的学生代表直接参与院校事务,还可凭借新闻媒体、家长组织、雇主协会等方式表达其权力诉求。二是建立权力能得以有效行使的配套组织机构。任何行使权力的渠道都必须在获得系统性支持即配套组织机构支撑的条件下才能保证畅通。例如,目前大学生参与院校治理只局限于如满意度测评(如学生评教)等少数环节,即便是参与,由于缺乏配套组织机构的保障,其难以对院校的公共政策发表实质性且有影响力的意见。再如,学术权力之所以在学术委员会的组织框架下难以得到彰显,其问题的关键不在于"校长退出学术委员会",而在于其缺少相应的下属咨询机构和支持机构[④],从而导致学术委员会的很多职责不得不由行政机构来行使。

(三)顺势使社会组织成为所能借力的重要主体

至少在目前看来,成立一个与大学治理相关的社会组织并不算什么难事[⑤]。但

---

① 罗志敏. 高校改革:好政策要执行到位[N]. 光明日报,2014-05-13(13).
② 李友梅,肖瑛,黄晓春. 当代中国社会建设的公共性困境及其超越[J]. 中国社会科学,2012(1):136.
③ Jerome K. The Three Cultures: Natural Sciences, Social Sciences, and the Humanities in the 21st Century[M]. Cambridge: Cambridge University Press, 2009.
④ 本书认为,目前大学已有的教代会、学代会等组织本应可以作为校学术委员会的咨询机构和支持机构,但现实的情况是其仅充当了校党政系统的"帮手",而不能起到对党政机构工作进行评议、监督和问责的作用。
⑤ 常有学者用教育中介组织面临宏观制度约束(如登记注册门槛高)来解释社会监督主体发育缓慢以及由此引发的大学多元治理面临的困境。但是实际上教育中介组织并不少,而且政府在实际操作中已经采用了一些变通手法(如一些省市采用备案制度以降低《社会团体登记管理条例》所规定的注册条件等),成立并运作一个中介组织在实践层面并不难。

问题是，如何才能保证这些社会组织真正成为大学"共治"结构中的一分子，并能为其中弱势的一方提供外在的力量支持呢？

在过去发展起来的相关社会组织中，一种是依附于政府、以为政府服务为己任的社会组织(如各省市设立的教育评估院)，另一种是由大学党政领导或个别学术精英把持的、类似俱乐部的各种委员会、学会、协会，还有少数主要以市场化模式运作的中介组织(如麦可思研究院)。从目前情况来看，它们的力量极为有限，没有形成显而易见的意见中心，更没有发挥或完全发挥其应有的表达相关主体诉求、行使评议和监督、参与大学治理、提供公共教育产品等功能，甚至只是少数人"表演""自娱自乐"的舞台，也就是说，它们还远未成为大学"共治"结构所能借力的重要主体。

这同时也表明，大学多元治理所倚重的社会组织还处在培育和发展的阶段。在这一阶段，政府作为第一责任主体或第一逻辑主体，必须在大学权力向社会部分转移的过程中起关键性的主导作用。本书认为，现阶段政府有必要顺势而为，利用国家近期推动新一轮事业单位改革的时机[①]，成立类似于"教育行业协会发展领导小组"的组织，负责相关社会组织培育及发展的指导协调工作。可着重从以下几方面着手。

(1)划清其与政府的边界，在经费、人员编制、财务、业务、名称等方面与政府"脱钩"，并防止其借助政府的权威谋取私利。

(2)促使其改革内部组织形式(如实行内部法人治理结构)，建立信息披露制度，并将其纳入国家民政、税务、金融、审计、纪检、监察与预防腐败等部门的综合监管和联合执法行动中，防止和惩治其在参与大学治理过程中可能出现的摊派会费、收受好处、出具虚假报告等违规行为。

(3)建立制度化的转移目录及转移时间表，按照由易到难、循序渐进的原则逐步把一些社会性、技术性、服务性的大学治理事务从政府机关分离出来，由相关社会组织来承担。在此基础上，政府要以竞争性委托协议形式向其购买服务(这实际上也是政府以资金投入的形式扶持社会组织发展)，并对此过程中的操作流程(如支付方式、职责分工、绩效监管等)做出具体规定。

总而言之，新时期中国大学治理的创新，其关键还在于如何处理好纵向整合与横向协调这两种机制之间的有效匹配关系。对政府来讲，当前要从简单的"给予空间"和"放权"过渡到为相关主体对大学"共治"结构形成的稳定预期创造制度性条件[②]，并促进多层面、多方位的院校问责机制的形成；对大学来讲，则意味着今后院校领导者不能再像以往那样只"盯"在上面，而是结合当前业已颁

[①] 如2011年3月23日中共中央国务院发布的《中共中央　国务院关于分类推进事业单位改革的指导意见》就明确提出了诸如"进一步落实事业单位法人自主权""积极探索管办分离的有效实现形式"等一些指导性政策措施。
[②] 郁建兴，任泽涛. 当代中国社会建设中的协同治理——一个分析框架[J]. 学术月刊，2012(8)：30.

布或即将出台的综合治理改革方案或院校体制改革方案①，勇敢地承担其自身的历史责任，以"领天下风气之先"的雄心和胆略打一场院校治理改革的硬仗，最终形成主要依靠其内部生成和驱动的质量保障以及持续自我改进和创新的院校文化。

媒体发声：大学须接好国家高教改革的"接力棒"

自国家教育改革和发展规划纲要颁布以来，我们欣喜地发现，高等教育改革的目标逐渐清晰，步伐也明显加快了，从两三年前有关高等教育体制改革试点、大学章程制定、教职工代表大会制度等政策的相继推出，到今年年初以来有关大学学术委员会规程、高等教育结构调整综合改革试点等政策的出台，再到教育部最近放出口风说要进行高考模式的分类改革，种种迹象表明，我国的高等教育已迎来一个改革的深化期。一些有关"试点""意见""治理"等隐含着将给高校更多、更大自主权的政策话语，越来越明确地告诉我们，在一阵密集、快速的政策供给之后，政府将会很快把改革的"接力棒"交到高校手中，也就是说，我国高等教育的改革将从国家层面的宏观改革走向高校层面的中观改革，从高校的外部治理走向高校的内部治理。

但是，难免让人担心的是，高校也许会在这一过程中只汲取政府释放出来的"政策红利"，而对触动相关人群利益的改革则采取太极推手式的回避或消解。结合过去高校在教学、科研等方面改革的经验教训，这样的担心不无道理。近年来，高校都在异口同声地强调改革，也没有哪一所高校说它没有在改革，但事实上仍是一种"无改革"。所谓"无改革"，按照学者的说法，是指一种没有改革的客观局面，这不是说高校的领导者不想改革，而是想改革而没有推行或执行得很差，从而导致"无改革"局面。

我国的高校并不缺少改革的话语，很多人都在谈论高校内部改革的重要性，同时也不缺乏改革的动力，因为当前高校面临的问题和挑战就足以构成改革的动力。之所以会导致"无改革"局面，就是因为缺乏能把改革话语、动力转化为改革行动、成效的顶层制度设计以及相应的操作思路和执行能力，从而在实践中要么演化成"今天一个规定、明天一项措施"式的"碎片化"改革，要么沦为某些领导者个人推动的、某些部门单独热衷的"从高调开场、以失望收场"式的表象改革。例如，近年来一些高校为革除行政管理效率低下、学术行政化的弊端所推行的职员制改革，不仅步履艰难，而且最后只是在抱怨和不满中部分解决了下层行政管理人员的身份问题。以上这种所谓的改革，大多只是技术层面的细化或局部调整，越来越难有以往的那种成效，也难以解决那些早已累积而成的由各种问

---

① 2014年12月以来，清华大学、北京大学、上海交通大学先后发布了综合治理改革方案并获得国家教育体制改革领导小组办公室的正式批准，复旦大学则于2015年1月开始启动校院两级管理体制改革。

题盘根错节地搅缠在一起的结构性难题。

为此，要突破这种"无改革"局面，接好国家高教改革的"接力棒"，就需要高校的领导者有果敢的勇气和意志，敢于打一场高校内部治理改革攻坚战，能紧紧围绕目前格局下出现的改革难题，以当前国家高等教育体制改革、大学章程制定为契机，整体思考，系统推进，把顶层制度设计以及相应的操作思路和执行能力的优化与提升统一起来，寻找能为解决问题提供建设性制度力量的"抓手"。具体可从以下三个方面着手。

一是"要分权"。以治理主体多元化为主要标志的高校治理改革很有可能带来的一个负面效应就是使各主体的责任界限更加趋于模糊，因此当前最关键有三点。①把高校实施政权中的校党委系统与校行政系统在体制上区分开来，明确其各自的权责范围。因为在实践中本来处在大学内部科层系统中最高地位的校党委要么被架空（或被无视）而难有大的作为，要么为了寻找出路而跨越其权力边界，进入行政或学术领域，从而加重了高校的"行政化"。大学校长往往就此在高校管理责任方面存在推诿现象，如把自身工作的低效说成是校党委对其权力的越位。②把校行政系统与以大学教授为代表的学术系统区分开来。评上教授后虽然可以做官，做官后也可以评教授，但一定要在体制上逐步消除所谓的"双肩挑"现象，坚决防止行政权力和学术地位之间的"通兑"现象。之前媒体报道湖南大学等高校的新任校长许诺任职期间不带研究生、不申请科研项目的做法虽令人感到鼓舞，但毕竟还只是个人作为。③要在学术系统中突出学生的学习权，将其独立出来，使学生成为高校多元治理框架中平等的一方。所谓学习权，就是指学生基于满足自身基本学习需求这一目标，通过对学校的招生、教学、课程设置、教师评价、教师聘任、学生生活等事务发表意见和施加影响所体现出来的一种权力。实践已多次证明，教授有自己的利益，他们代表不了学生的权力，指望他们在学术委员会、教学指导委员会等场合中维护学生的利益，那本身就不靠谱。

二是"有参与"。在高校治理中扩大并容纳有序参与，各有关方都能无阻碍地、有效地参与高校治理的进程，都能发表实质性且有影响力的意见，即高校的每一位成员都能参与或有代理人参与会影响其自身利益的、以公共决策为主要内容的权力运行过程。例如，学术委员会的委员不能再仅仅作为一种"荣誉头衔"，而必须拥有发挥其维护和促进学术健康发展、维护教师基本权益的实质权力，要真正起到其在制度中规定的作用，千万要防止其成为一些学校规章制度"被合法化"和"被合理化"过程中的"摆设"。①通过宣传和培训，增强有关各方尤其是处在传统弱势的一方参与高校治理的意识和能力。目前的重点就是唤起教授对学校事务的热情，激发学生对自身学习权益的重视，其权力诉求不再仅仅以保护个人私有利益为前提，而应着眼于维护整个群体的权益。②要给他们创造便于参与的通道和方式，如当前本科教学之所以总是容易受到忽视，不仅是因为大学生常被视为学校"来去匆匆的观光客"，更重要的是他们参与教学改革等这些涉其自身利益的政策的通道和方式非常少，即便其拥有的类似学生评教制度这样单一的方式也很不完善，这难免会使学校对学生提供的教学服务经常打折、缩水。而理想的状态应是，大学生除了可通过校理事会中的学生代表直接参与大学事务，还可凭借新闻媒体、家长组织、中介组织、雇主协会等方式来表达其权力诉求。③建立权力能得以有效行使的配套组织机构，如学术权力之所以在学术委员会的组织框架下难以得到彰显，其问题的关键不在于"校长是否退出学术委员会"，一个重要的原因就在于其缺少相应的下属咨询机构和支持机构，从而导致学术委员会的很多职责不得不由行政机构来行使。

三是"能监督"。无论是在校内还是在校外，任一群体及其成员的行动都能得到有约束力的监督。一方面，在校内，由于管理是一个整体性的工作，高校的"分权"绝不是自弹自唱、各霸一方的诸侯思维，而是各相关方要通过相互监督，形成一种既相互制衡又互为"利益攸关方"的关系。与此同时，还要想办法降低监督一方在道德、组织以及物质上的负担，允许他们自由流动和退出。例如，通过校园网开辟类似"校情评论"的专栏，建立舆情收集、分析及反馈机制，如此，大学生等群体就可持不同动机而无须背上思想包袱或道德压力，对有关机构及人员展开广泛的监督，从而提高其参与学校治理的预期效能。另一方面，随着我国高等教育大众化、社会化程度的不断提高，高校的办学质量诸事项已不再是其内部的"私事"，而必须本着为社会负责的精神勇于随时亮出"家底"，以接受社会大众、社会媒体等"看不见的眼睛"的关注、审视及对其道德的、制度的乃至法律的评价和拷问，让他们不再仅仅是听高校如何说，而是看其如何做，如何使自己满意，由此形成一种由外至内的压力和期望，从而促使高校往更加注重办学绩效的方向转变。与此同时，高校只有敞开式地接受外界的监督，才能争取到社会最大范围的理解和支持，有关改革才能顺利而持久。

当然，"刀总是难以削自己的刀鞘"，政府在现阶段还要继续发挥自身的主导功能，并从当前的"给予空间和放权"过渡到"为强化高校内部改革的预见性和持续性创造制度性条件"，如花费时间和金钱在相关群体中进行有关高校治理改革的、开放式的组织宣传和动员，连续性地向外界公布诸如办学绩效等相关数据，培育相关社会组织以使其成为高校"共治"结构所能借力的重要主体等。如此这样，才能触动那些高校领导者的"灵魂"，使他们有进行实质性改革的意愿和决心；也才能"顺藤摸瓜"，为高校近些年来累积起来的诸多结构性难题提供解决的倒逼机制和自我强化动力，从而向着《中共中央关于全面深化改革若干重大问题的决定》（2013年）所提出的"深化教育领域综合改革"的目标迈出坚实的一步。

注：原文标题为《告别碎片化、表象化，高校改革：好政策要执行到位》，刊登于《光明日报》2014年5月13日13版头条，作者为罗志敏。

第四章 大学内部治理的制度供给

当前，中国大学的内外部治理改革即将迎来一个改革目标逐渐清晰状态下的制度快速供给期，为了避免改革碎片化、表象化的风险，有必要围绕新格局下出现的大学内部治理难题寻找制度供给背后的逻辑，从而找到能为大学内部治理改革实践提供建设性制度力量的抓手或切入点。本章尝试建构一种以权力主体为分析工具的解释框架，以命题推演的形式探讨新时期我国大学内部治理改革的制度供给逻辑。

一、制度视角的大学内部治理研究概况

21世纪以来，有关大学内部治理制度的研究集中于"现代大学制度"这一概念，其成为高等教育界最热门的话题之一，已引起越来越多学者的关注。例如，仅基于中国知网以"现代大学制度"进行题名检索，就检索到577条相关文献（检索时间为2012年1月23日）。其中，2000年仅5条，2001年17条，2002年11条，此后逐年有所增加，从2003年的20条增加到2009年的65条，在2010年增加到93条，2011年更是猛增到122条。笔者对所检索到的文献进行整理分析后发现，学界在十年来的研究与探讨中逐渐形成了一些具有明显研究套路的研究取向。笔者依据研究者所使用核心概念的不同，将其划分为四种。

(1) 聚焦于起源与本质的历史学取向。该取向从现代大学制度的起源及本质出发来分析现代大学制度，主张通过重温过去大学制度的精华来重塑当今的大学：有认为应以19世纪初洪堡创建柏林大学时所确立的大学精神与学术制度为基础的，有以第二次世界大战以后美国大学建立起来的大学制度（主要是指威斯康星大学的办学模式）为模板的，有以20世纪30年代蔡元培在北京大学的办学理念为样本的，也有以抗日战争时期西南联大的办学实践为范例的。例如叶隽就认为，蔡元培开创的中国大学制度即为现代大学制度，其主要内容包括：大学教育的宗旨在培养学术人才、学术研究应遵循"兼容并包，思想自由"的原则、在校内实施"教授治校"的民主管理制度等[1]。杨东平则认为19世纪洪堡创立柏林大学时奠定的"学术自由""教学自由""学习自由"的原则就是现代大学制度的基本价值和基本准则，是否确立了这一价值和这一制度，决定着一所高校是大学还是一

---

[1] 叶隽.中国现代大学制度的构建与蔡元培留学德国[J].德国研究，2003(4)：38-45.

个培训机构或教育工厂,是古代大学还是现代大学①。基于这种研究取向,不少学者认为,现代大学制度的构建就是应该回到大学最初的学术本质上来,具体来说就是大学自治、学术自由、教授治校等。

(2) 聚焦于理念与精神的文化学取向。该取向从大学传播知识、传承文化这一功能出发,把大学视为一种文化组织,认为要建立现代大学制度,就是要维护和体现先进的大学理念或精神,从而影响和引导大学发展的变革与实践。龚静认为,现代大学制度的建构应关注大学组织的文化特性,以现代大学理念引导大学制度的构建②。邬大光也认为,大学制度的选择和建立,在更深层次意义上,是对大学理念的一种选择。大学制度只是大学理念的表现形式,大学理念才是大学发展的根基与核心。我国现代大学制度的缺失,在本质上是大学理念的缺失。现代大学制度构建的迷茫,其实是大学理念的迷茫③。董泽芳认为,"以生为本"是大学重要的办学理念,现代大学主要遵循"自主自治""服务性""开放性"三个基本理念④。张应强等认为现代大学制度建设在于对内营造良好的文化氛围,维护大学优秀精神和传统;对外协调大学与社会的价值冲突,保障大学的文化地位⑤。

(3) 聚焦于组织与制度的管理学取向。该取向从大学这一特殊的社会组织出发,认为大学的有效管理有赖于规范的组织建设和一系列制度的巧妙安排。蒲蕊从制度分析的视角探讨了现代大学制度建设中政府与学校关系重建问题,认为制度创新是新时期政府与学校关系重建的基本路径⑥。王凤秋等基于新公共管理理论,认为现代大学制度建设需要全面提升组织和管理水平,努力协调权力二元结构,建立有效的激励制度,强化成本意识,实施明确的绩效目标控制,并关注学生的需求⑦。此外,还有学者借助公司治理理论、委托代理理论、无边界管理理论以及知识管理理论建构、解析现代大学制度的分析框架。近年来,一些研究者基于国内创建现代企业制度的改革背景,把一些有关企业管理方面的理论知识或实践经验运用到现代大学制度的研究中来,如马子辉等认为大学可以借鉴现代企业运行的一些实践成果,现代大学制度应有自主运转权特别是学术自由权,有明晰的举办者、管理者和办学者的责权利关系,有一套严格、科学、系统的组织管理制度等⑧。李晓波更是认为在大学实行股份制是一条深化高等教育体制改革、探索建立现代大学制度的重要途径⑨。

(4) 聚焦于法治与权力的法理学取向。该取向要么集中于探讨学术权力与行政

---

① 杨东平. 现代大学制度的精神特质[J]. 中国高等教育, 2003(23): 15.
② 龚静. 组织文化: 现代大学制度建构取向[J]. 教育研究, 2005(7): 55-58.
③ 邬大光. 论建立有中国特色的现代大学制度[J]. 中国高等教育, 2006(19): 3.
④ 董泽芳. "以生为本"是大学办学的第一理念[J]. 中国高等教育, 2002(12): 30-31.
⑤ 张应强, 高桂娟. 论现代大学制度建设的文化取向[J]. 高等教育研究, 2002(6): 28-33.
⑥ 蒲蕊. 政府与学校关系重建: 一种制度分析的视角[J]. 教育研究, 2009(3): 81-85.
⑦ 王凤秋, 郑凤霞. 新公共管理对我国高等教育内部管理改革的启示[J]. 黑龙江高教研究, 2008(8): 56-59.
⑧ 马子辉, 孙燕. 现代企业制度对现代大学制度的启示[J]. 国家教育行政学院学报, 2005(2): 1-4.
⑨ 李晓波. 以股份制为契机建立现代大学制度[J]. 中国高教研究, 2003(6): 31-33.

权力或者二者之间的关系，要么围绕监事会、董事会、理事会或大学章程的设立或建设展开讨论。许杰认为学术权力的弱化、异化是中国现代大学制度的诟病，彰显、复归学术权力则是中国现代大学制度构建的根基。而就大学的权力关系来讲，对外主张大学自治，对内主张强化学术权力[①]。祁占勇等分析我国政府与高校的行政法律关系，认为应在法律法规的框架内，以"平衡理论"作为权力分配理论，实现对政府与高校权限边界的法律确认与规制[②]。陈鹏等结合我国公立高校法人内部权利配置失衡与运行紊乱状况，认为应建立公立高等学校监事会制度，从外部对公立高校的运行进行监督，从而促进高等教育在法制轨道上健康运行[③]。陈德文则认为大学章程建设是探索建立现代大学制度的一项战略举措，他认为制定大学章程有助于确立和明晰高校内部治理结构与管理体制，并能引领中国现代大学制度文明[④]。此外，王义全等围绕大学建立理事会和董事会制度展开了探讨[⑤]。

除上述几种主要的取向，还有主张根据生态整体观、系统观、动态平衡观、和谐价值观等生态观建立现代大学制度的生态学取向[⑥]；有把大学作为社会的第三部门，强调以"自治""非营利""非政府"作为建构现代大学制度的核心观念的社会学取向[⑦]；有以某种人性观或知识观为基础建构现代大学制度的哲学取向[⑧]等。

以上几种取向，实质上都是一种以学科定思路的研究模式，即倾向于站在某一学科的立场上，以阐释现代大学制度为中心，探讨目前我国大学制度存在的问题、危害、成因以及解决问题的策略，这对于从某一方面来认知现代大学制度并在建构现代大学制度的过程中考虑到某一学科视角的可取成分显然是很有价值的，但仍存在着一些无法回避的问题和困惑，而且随着目前我国经济社会发展导致的高等教育社会化、多元化程度的不断提高，大学各利益相关方的地位及其之间关系的变化等问题就显得更加突出。其主要表现在以下四个方面。

(1) 研究与探讨的问题集中但视角狭隘，使建设现代大学制度这样的系统工程容易局限于片面性的思维之中，从而无法为目前处在发展与变革中的大学提供科学、全面的指导。基于历史学的这种取向对于重塑大学的理念精神、强调大学发展的本质规律固然必要，但具体到现实中的大学管理却又是另一回事。目前大学的内外部环境已发生了很大的变化，其办学职能与目标也趋于多元化。处在这种情境下，从历史上一些理想的范式出发提出的一些现代大学制度的构造方法必然缺乏现实的根基。再如，基于法理学的这种取向，往往脱离中国的政治现实，如把党（指中国共产党，下同）的权力与行政权力混同起来，把行政的低效率说成是

---

① 许杰. 彰显、复归学术权力：中国现代大学制度构建的根基[J]. 高教探索，2011(1)：34-39.
② 祁占勇，陈鹏. 转型期政府与高校的行政法律关系及其权限边界[J]. 中国高教研究，2009(6)：35-38.
③ 陈鹏，刘献君. 我国公立高等学校法人治理结构的缺陷与完善[J]. 教育研究，2006(12)：45-50.
④ 陈德文. 大学章程引领现代高校制度文明[N]. 中国教育报，2011-06-06(5).
⑤ 王义全，朱世宏. 理事会制度：完善现代大学制度的一种模式选择[J]. 中国高教研究，2011(1)：5.
⑥ 李青合. 生态学：研究现代大学制度的新视角[J]. 辽宁教育研究，2007(1)：23-25.
⑦ 王建华. 第三部门视野中的现代大学制度[J]. 高等教育研究，2007(1)：1-6.
⑧ 朴雪涛. 后现代知识观与现代大学制度的变革[J]. 复旦教育论坛，2006(6)：29-32.

党的权力对行政权力的越位,从而使以"权力"为基础建构起来的现代大学制度缺乏适用性。

(2)注重理论基础的建构,但却往往不能兼容大学这一组织的特殊性。一些研究者虽然有意识地基于某一学科理论建构问题的分析框架,以使其对现代大学制度问题的分析与解决都建立在更加科学的基础上,但其意义却往往限于多提供了一种分析问题的角度,而无法为大学的改革与发展提供全面的指导。例如,有学者以新制度主义理论为基础来分析与寻找大学制度生成与发展的一般规律,但制度形成的"经济人假设"并不能说明大学的许多行为并非建立在经济利益之上,其制度的生成也并非都是各自的成本与收益情况之间的博弈结果,其视外部环境为既定的理论假设也与目前大学内外部环境的复杂多变不相一致。再如,建立在新公共管理理论基础上的现代大学制度有着诸多难以克服的弊端,如其强调的工作效率与大学的理念格格不入,对竞争的强调却有时与大学知识生产的规律相违背。

(3)提出观点大都理想化,无法提供解决问题的突破口和着力点。例如,有学者基于知识管理理论建构的现代大学制度实现框架和操作模型看似完美,但在实践中却必然会遇到诸多的矛盾和困惑,如知识整合模型与大学相对封闭的个体化知识生产之间的矛盾、知识共享模型与学术资源竞争以及知识产权保护之间的矛盾等。这些矛盾的存在使该理论所要达到的"知识增进"的理想难以实现;再如,基于第三部门理论建构的大学制度改造模型是建立在改变大学与政府的关系之上的,由于大学(尤其是公立大学)与企业有着本质的不同,政府不可能像对待企业那样来对待大学,政府与大学的关系在可预见的将来也不可能得到根本性的改变,更不可能以"平等"的地位出现,所以其提出的一些对策由于缺乏必要的现实政策依据而缺乏可操作性。

(4)专注于制度本身,从制度谈制度,缺乏对制度操作者(也就是人)的作用的探讨,也缺乏对制度生成机制的探讨,更缺乏对现代大学制度内外部之间关系与连接的分析和探讨,这不仅难以建立起一个具有统合性的全面分析框架,也往往对于提出的一些对策性措施要么只是罗列式的泛泛而谈,成了简单的拼凑,要么忽略其之间的内在联系,造成具体责任对象的泛化、空洞化。

二、大学内部治理的解析框架及其命题

本书志在建构一种考察问题的新路径,即确立一个新的理论解析框架,为解释和应对我国大学当前改革与发展过程中面临的问题提供科学的智力支持。因此,就在中国创新大学制度而言,该框架的建构应解决好三个问题。①本土化。该框架最终要为中国大学制度问题提供有价值的分析工具,其有效性取决于对中国大

学面临问题的独特解释力。当然，这并不排斥国际对话，中国大学面临的一些问题也是世界许多国家共同面临的。②综合化。但凡好的大学制度，既要处理好大学与外部（政府和社会）的关系，也能有效应对学校内部的各种关系。该框架能消除以往研究中存在的二元对立现象，把大学内外部的关系统一起来。③开放性。该框架不是静止的、封闭的制度体系，而能够主动识别和解决大学在发展过程中出现的问题，以求得大学的渐进、协调发展。

从方法论的视角来看，框架的成熟与否主要取决于该框架对现实的解释和预测能力。因此，就新格局下中国大学治理问题而言，该框架的建构应至少符合两项要求。①可操作性。该框架能对中国大学治理面临的问题有独特的解释力，即必须关照中国大学特定的社会现实（如党委机构在大学组织中的存在）。②预见性。该框架能基于中国大学治理改革的总目标，把大学内外部的关系统一起来，预测到当前制度供给的轻重缓急和先后顺序。

纵观近年来一些相关研究取向或理论范式，尚难同时满足上述两项要求。如前文所述，基于历史的、文化的、比较的研究取向，虽对于强调大学发展的本质规律、重塑大学的理念精神、借鉴先进国家大学的发展经验有帮助，但因为无法关照中国大学所处的独特生态（如党委领导下的校长负责制）而缺乏实效；基于知识管理理论建构的大学制度实现框架看似完美，但却无法解决诸如知识整合模型与大学相对封闭的个体化知识生产之间的矛盾，而使"知识增进"的理想难以实现；基于新公共管理理论的大学治理策略，其对效率和竞争的强调与大学知识生产的规律相违背，等等，都在表明以上研究的意义仅限于多提供一种分析问题的角度，而无法为新格局下中国大学治理问题的解决提供全面、科学的指导。

基于当前中国大学的治理问题已经累积成结构性的难题这一现实，本书主张跳出某一学科视野的藩篱，从结构的视角出发来审视和分析问题。对某一社会组织来讲，结构性视角的本质就是权力问题①。同为社会组织的大学，就其内部逻辑关系而言，既不能说成是一种行政隶属关系，也不单单是一种管理与被管理的关系或合作关系，而将其表述为一种权力关系更为全面、妥当。提及权力，一般是指特定主体拥有的某种影响力和支配力，即能对自身价值资源和他人价值资源进行有效的影响与制约。与权利（与义务相对）一般体现为私人利益不同，权力（与责任相对）往往体现的是一个团体或组织的公共利益②。大学作为社会体系中的一个重要组织，同样存在着权力问题，并且其权力关系较一般社会组织更为错综复杂。

大学治理框架下有关对权力关系的探讨学界早有涉及，本书的不同之处有以下两点。①从主体的视角来界定权力。有学者在谈到学术权力时，认为当行政机构或行政人员被授权管理学术事务时，他就获得了学术管理权力，即学术权力。

---

① 王诗宗，宋程成. 独立抑或自主：中国社会组织问题重思[J]. 中国社会科学，2013(5)：51.
② 吕世伦，宋光明. 权利与权力关系研究[J]. 学习与探索，2007(4)：99-106.

行政机构或行政人员也就成了学术权力的主体①。上述说法显然不是根据主体而是根据客体(即管理对象)来界定学术权力的。②不再囿于目前学界惯常的"二元权力关系"(即学术权力与行政权力)的探讨或伯顿·R.克拉克提出的"国家权力、市场力量和学术权威"经典三角模型②,也不同于一些学者要么在纳入政治权力的研究中忽略学习权力③,要么在顾及学习权力的探讨中漏掉政治权力④,而是完全依据大学本身的运行生态,把其中存在的权力关系划分为四种最主要也是最基本的权力——政治权力、行政权力、学术权力和学习权力⑤,其分别对应四个权力主体——政治主体、行政主体、学术主体和学习主体(图 4-1)。

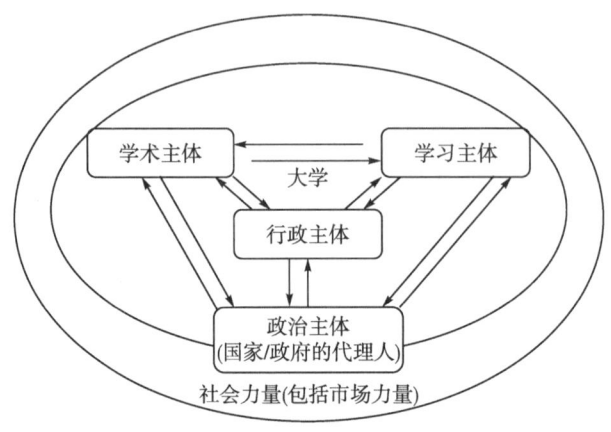

图 4-1　大学权力关系图

注：①在四个权力主体中,政治主体既能在校外通过教育主管机构(如教育部)对大学施加影响,又可以在校内通过校党委对大学施加影响,其他三个权力主体都处在大学内部;②四个权力主体都会受到社会力量(包括市场力量)的影响。

(1)政治主体。政治主体表现为国家的各级政府组织。在我国大学,政治主体的权力内容是大学政治事务,其目标是追求、维护和促进社会的公共利益(即为全体民众负责),其运作方式一般通过规划、授权、审批、监控、信息披露等确保党和国家的教育方针在大学的贯彻执行。在有关大学治理的探讨中,政治主体往往不被关注,要么将其与行政主体混为一谈,要么用行政主体代替政治主体。事实上,尽管各个国家的政府对大学的控制程度各异,但政治主体一直有足够的理由存在于大学治理的权力关系之中,并在大学的变革与发展中扮演着关键角色。

---

① 别敦荣. 学术管理、学术权力等概念释义[J]. 清华大学教育研究,2002(2)：44.
② 伯顿·R.克拉克. 高等教育系统——学术组织的跨国研究[M]. 王承绪,徐辉,殷企平,等,译. 杭州：杭州大学出版社,1994.
③ 高赟. 大学政治权力、行政权力、学术权力的关系及协调[J]. 甘肃政法学院学报,2007(1)：72-74.
④ 胡先锋. 多元权力主体与大学组织均衡发展[J]. 黑龙江高教研究,2005(5)：16-18.
⑤ 本书主张使用"学习权力"而不是"受教育权力",意在彰显在校大学生的主体性,强调目前教育民主化的价值取向。

(2) 行政主体。行政主体是以大学校长为首的各级行政组织,其权力内容是学校的行政事务(行政、后勤、公共关系等),其目标是追求高的办学效益和效率,其运行方式是按照科层化组织起来的等级制系统,主要依靠法律、法规、政策、指示等自上而下贯彻执行。

(3) 学术主体。学术主体是指以那些代表大学学术水平的学者为首的、掌握专业知识或专业技能的教学、科研人员及其学术组织,其权力内容是学术事务,包括教学活动、科学研究、学科建设与评估、课程设置与开发、专业技术职务评聘、学位授予以及招生等方面,其目标是追求知识的传播与增进,主要是凭借学科及专业标准(即学术标准)来运行。

(4) 学习主体。学习主体是指在校学生。由于在校学生属于社会公民、高等教育的重要投资者,自然有权力。学习主体的权力内容是管理自身的学习事务,其目标是满足自身的基本学习需求,其运行方式主要是通过对学校的招生、教学、课程设置、教师评价、教师聘任、学生生活等事务发表意见和施加影响。

在选定以上四个基本的框架分析工具的基础上,可以结合中国特殊的大学治理环境,探究其中存在的逻辑关系。本书以提出命题的形式来展开这一阐述。限于篇幅,以下无法详细论证命题的推演过程,大多只是把握其中的关键点,有关推演思路如图 4-2 所示。

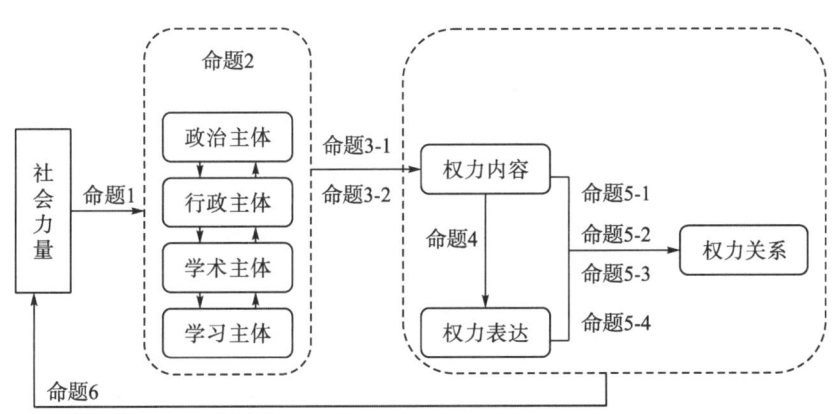

图 4-2 中国大学治理的推演思路

首先,本书考察大学四个基本主体的权力来源。大学不管是作为一个整体的国家机构、社会组织,还是作为几个基本主体的联合体,其拥有的权力虽然是发挥其主体性的前提,但都不是其固有的,而是社会基于自身长期发展需要的一种信托。换句话说,四个主体权力来源于包括市场力量在内的整个社会力量的信用和托付,如政治主体和行政主体的权力来源于社会对其大学治理目标与效率的认同,学术主体和学习主体的权力则来源于社会对其知识传播与增进的认同,即它们的权力必须符合当时环境条件下社会整体的价值取向。基于此,本书可得出首个命题即命题 1：大学四个基本主体的权力都来源于社会，需得到社会力量的支持，否则就会在丧失其现实存在必要性的同时失去合法性。

但"多元治理"等中观理论又提醒我们，必须明确各主体的独特性及其之间的界限，以此照应各主体独有的价值诉求和权力运作逻辑，这样才能满足目前我国大学利益分化背景下多样且不断提高的需求。也就是说，对任一主体来讲，都需要被明确并界定各自的主体身份，这是实现和发挥其主体性的基础。基于此，本书可得到命题 2：大学管理中各主体必须保持其充分的独立性。

大学任一主体要保持其充分的独立性，还必须被明确地赋予实质性的权力，如通过法规明确某一主体究竟拥有哪些权力，即权力内容，而不能仅仅停留在理念或学理的层面上。主体拥有某些权力，才能获得相应权力特征，才能有发挥其主体作用的空间，其成员的权利才能有组织上的保障。因为"权力是权利的基础，也是权利的保证"[①]。与此同时，权力也必须被正确配置，即某些权力必须配置到其对应的主体手中，否则就会造成权力错位或错置，其突出表现就是大学的治理秩序会变得混乱。于是就有命题 3-1：大学治理中各主体必须被赋予或配置相应的权力。只不过，不同层次、类别的大学，某一主体权力的配置量会有所不同，如私立大学中政治权力会弱一些，研究型大学中的学术权力会强一些。但是，每一主体的权力一旦被赋予或配置，就必须要体现出来，而且要完整地体现出来，不能放弃，不能转让，不能与另一方交换，否则不是放弃了应得的权利，就是对另一个或另一些主体权利的侵犯。于是又有命题 3-2：每一主体的权力必须予以完整地体现。

但主体拥有的权力要得到完整体现，还必须通过一定的渠道或方式表达出来，即四个主体都必须拥有各自独立、规范的权力表达方式：就其合理性来讲，要根据每一主体的特点及权力内容配置其行使权力的相应渠道。例如，政治主体由于其自身的非专业性，决定了其只能通过其代理人——校党委运用监督、协调等方式来掌控大学的发展，对社会负责；就其足够性来讲，每一主体必须占有充足的行使权力的方式，方能有效维护其内部成员的权利。例如，学习主体除了可通过校理事会中的学生代表直接参与大学事务之外，还可凭借新闻媒体、家长组织、雇主协会等方式来表达权力诉求。基于此，本书可得到命题 4：每一主体都要有自身合理、足够的权力表达方式。

在大学治理实践中，相对于各主体的权力内容和方式，各主体之间的权力关系显然要复杂得多，其不仅是大学治理结构的核心，而且内在地规定着各主体的权力内容和方式，决定着各主体的命运。一方面，各主体是相互提出权力要求、相互履行责任的关系，如自由地从事科学研究既是学术主体的一项重要权力，也是行政主体需要给予保障的一项重要责任。也就是说，每一主体体现的不仅是权

---

① 包心鉴. 全面深化改革与推进"总体布局"[J]. 江西社会科学，2013(3)：5-8.

力,也是相应的责任担负。于是,可得出命题5-1：各主体是一种相互约束的权力联合体,某一主体拥有的权力往往是另一个或另一些主体所应担负的责任。根据这一命题,在大学治理中,虽然各主体相对独立,但绝不允许有不受责任制约的主体存在。某一主体必须最终对另一个或另一些主体负责,而不是对制度负责,制度只是行使权力或享受权利的一种手段。需要补充说明的是,主体的责任并非平均分摊在其内部的每一成员身上,成员承担的责任量取决于其在主体范围内的角色定位,否则,就会造成责任泛化、空洞化。例如,大学校长(而不是一般的行政人员)需对大学行政管理负主要责任,这种责任既有伦理和道德上的,也有制度和法律上的。另一方面,某一主体履行的责任就是另一个或另一些主体应当享有的权利,反之亦然。但是,与强调权利与责任对等的法律关系不同的是,大学治理在本质上要求的并不是主体为维护自己的权利去承担责任,相反,主体承担责任的前提和出发点都是为了维护对方的权利,即各主体成员必须首先按照自己的主体身份履行相应的职责与义务。于是,可得出命题5-2：某一主体责任的履行,不以他方对等履行责任为条件。例如,大学校长不能因为缺乏政府赋予的自治权而不去履行有效管理大学的责任,大学教师也不能把科研条件落后、教学任务重作为其实施学术不端行为的理由。

　　命题5-1和命题5-2从客观的角度来界定大学各主体之间的关系,但作为某一主体内各个成员来讲,当主体能从客体那里直接或间接获取某种收益时,主体才会从主观上忠诚于客体。这种收益可以是实体性的(如金钱或物质利益、地位的巩固或提升),也可以是虚体性的(如社会美誉)。为此,得到命题5-3：权力主体对权力客体的忠诚度来自其从权力客体那里获取收益的大小。此外,当某一主体的权力与另一主体的权力出现重叠时,其不能单独行使这一权力,而需要与对方进行公开透明的权力对话,达成共识后方可进行。当双方的权力对话涉及第三方的权力即对第三方的权力产生影响时,需要在对话过程中纳入第三方。例如,当大学行政管理机构在与学术机构议定任何涉及教学方面的政策时,都必须有代表大学生利益的组织参与。基于此,得到命题5-4：当一方权力要求与另一方或另几方权力内容出现重叠时,需纳入双方或多方权力对话。

　　在提出以上命题的基础上,本书可以对大学治理诸主体及其关系做一总结：大学治理中四个基本主体,虽然需要具有很强的自主性,但无论是其权力内容,还是其表达权力的方式,都是社会赋予大学及其相关主体的一种功能与责任,即"权力来自社会,又服务于社会,同时受社会监督,最终回归社会,这是一切权力运行的本质与轨迹"[①]。基于此,本书可推出(总)命题6：大学四个基本主体在从社会汲取力量的同时也必须接受社会监督,最终为社会负责。例如,大学中政治主体必须履行有效统筹大学发展的责任,行政主体必须履行有效管理大学的

---

① 包心鉴. 全面深化改革与推进"总体布局"[J]. 江西社会科学, 2013(3)：9-12.

责任，否则就会因得不到社会力量的支持而丧失其合法性。

三、基于命题的大学内部治理制度供给逻辑

前文所提出的解析框架具有建构性色彩，其命题虽然抽象但却高度顾及已有的经验研究。为方便理解，也为了检验该框架的解释力，以下结合现实存在的一些问题，探讨新时期我国大学内部治理的制度供给逻辑。

(1)根据命题1，大学四个基本主体的权力都来源于包括市场力量在内的社会，都必须得到社会大众的认同，这就表明无论是代表政府的教育行政主管部门还是院校自身，在进行任何有关大学治理方面的制度供给时，都要做到尽可能公开透明，要善于通过细致而广泛的社会调查从社会大众中汲取改革与创新的经验和智慧。只有这样，制度的供给才有广度、有深度、有力度；另一方面，大学治理要善于从社会中汲取力量。但从目前情况来看，社会力量的利用极为有限，一些教育类的社会中介组织没有形成显而易见的意见中心，更没有发挥其应有的表达相关主体诉求、提供公共教育产品等功能，也就是说，它们还远未成为大学"共治"结构所能借力的载体。在这一阶段，政府作为当前大学治理的第一责任主体或第一逻辑主体，必须首先在借助和汲取社会力量方面加大制度供给。

(2)根据命题2，大学治理有效性的一个重要基础就是明确并界定各主体的身份，以保证各主体能相对独立地行使权力，并承担相应的责任，但从目前我国大学治理的现状来看，一些主体由于身份不明确而相互混淆或纠缠在一起，这种局面在导致主体的主体性不能充分发挥的同时，也在一定程度上助长了其他主体的权力越位，从而使大学的办学秩序显得杂乱。例如，学术主体本应由具有专业技术职称的专家学者构成，但现实中却充斥着行政管理人员，其权力也往往由行政主体代为行使。目前，一些高校试行的职员制改革只是部分解决了下层行政管理人员的主体身份问题，中高层行政管理人员往往集行政人员身份与学术人员身份于一身。再如，作为政治主体的校内代理人——校党委在大学治理实践中往往与行政主体混淆。对校党委来讲，虽然其处在大学内部科层系统中的最高地位，但在实践中其权力要么被架空(或被无视)而无所作为，如政府往往越过校党委对大学实施直接管控，从而使大学成了政府的一个部门机构，要么为了寻找出路而跨越其权力边界，进入行政或学术领域，从而加重了大学的"政治化"和"行政化"；对行政主体来讲，行政主体往往在大学管理责任方面存在推诿现象，如把自身工作的低效说成是校党委对其权力的越位。以上这些例证表明，我们亟待在"明确不同主体的身份"这方面加大制度供给。

(3)根据命题3-1，权力必须配置到其对应的主体手中，但我国大学现实的情况是，四个主体的权力内涵及其边界不甚明确，存在与其他主体的权力相互交叉、

混淆的现象，从而导致不同主体之间的冲突或内耗。如院校行政机构的行政权力与学生的学习权力之间的冲突、校党委的宏观管控与行政机构的日常事务管理之间的内耗等。此外，一些主体的权力往往还跨界行使，互相占用、借用或代替对方的一部分权力内容，以实现特定人群的不当利益。此种现象的存在，显然破坏了大学几个主体之间的权力均衡关系，使大学的办学秩序变得杂乱。为此，要在进行广泛社会调查的基础上，研究某一主体所应拥有的权力哪些是应该给予并且明确保证的，哪些是应该坚决剔除的。例如，政治主体在大学具体行政事务管理方面的权力，应通过制度规范，退回到其应有的权力范围中来；行政主体在大学治理过程中所拥有的有关学术方面的权力，也要坚决地予以清退。再根据命题3-2，每一主体的权力必须得到完整的体现，如现实中常被人诟病的大学缺乏自主权问题，实质是大学行政主体的权力受到其他主体侵占或剥夺而没有得到完整体现的一种表现。

(4)根据命题4，每一主体都要有充分行使自身权力的渠道或方式，但现实的情况是，目前我国大学治理中的各主体在作用于共同对象——大学活动时，尚未形成各自独立的、规范的权力运作模式。例如，党委如何统一领导学校工作？校长如何独立行使行政职权？时常处在弱势一方的在校学生如何成为真正的权力主体？就第三个问题来讲，就要在今后的制度供给中，除了加强宣传和培养在校学生的主体意识之外，还要为其权力实现建立一个支持系统，具体包括两个方面。一是拓展权力行使的渠道。每一主体若不占有充足的行使权力的渠道，就不能有效维护其内部成员的权利，如当前本科教学之所以总被忽视，一个重要的原因就是学生参与学校管理的途径、方式非常单一，即便有途径和方式，也很不完善。二是建立权力能得以有效行使的配套组织机构。任何一条行使权力的渠道，都必须在获得系统性支持即配套组织机构支撑的条件下才能保证畅通，如目前学生参与大学治理只局限于诸如满意度测评等少数环节(如学生评教)，即便是参与，由于缺乏能相应起咨询和支持作用的配套组织机构，使其难以对大学的公共政策发表实质性且有影响力的意见，其很多职责也不得不由行政机构"代为"行使。

(5)根据命题5-1和命题5-2，权力关系能对其涉及的每一主体形成结构性的影响，如果说个人的命运带有一定的偶然性和随机性，那么，群体的命运在很大程度上则是由各主体之间的权力互动关系结构所设定的。美国学者罗伯特·伯恩鲍姆在《大学运行模式》一书中提及一个很有名的公式：有效地制定政策=1/3的信息资料+2/3的相互作用。对此，他评论道，等式右边的任何一方都不能孤立地制定政策，任何情况下都应当保证代表不同利益团体的人们能够相互作用[①]。为此，如何处理好大学治理中四个基本主体之间的权力关系，应是目前大学制度供给的

---

① 罗伯特·伯恩鲍姆. 大学运行模式——大学组织与领导的控制系统[M]. 别敦荣，等，译. 青岛：中国海洋大学出版社，2003.

重点和难点。一方面，根据命题 5-3，要通过制度供给在各主体之间形成相互制衡但又互为"利益攸关方"的关系。因为现实的情况是，一些权力主体不能从其权力客体那里直接或间接获取某种收益，从而导致其难以忠诚于权力客体。例如，教师需要在职称、学术地位和社会声誉等方面获得认可，这是他们生存发展的基石。而上述需求在现有体制下都难以从权力客体即学生那里获得满足，因此，教师对关切学生切身利益的教学就缺乏热情，甚至认为"全身心投入教学就是自我毁灭"①。另一方面，根据命题 5-4，还要通过制度供给多方创设相关主体进行权力对话的通道。因为现实的情况是，一些主体的利益虽然在另一个主体行使权力的过程中或在另一些主体之间的权力对话中屡被涉及，但往往被无视或忽略。例如，当行政机构与学术机构在制定有关教学政策时，往往没有学生或其代理人的参与，这难免经常会使学校对学生提供的教学服务打折、缩水。

总而言之，根据命题 6，任何有关大学治理方面的制度供给操作都要本着为社会负责的精神，接受社会监督，这样才能争取到社会最大范围的理解和支持，有关改革才能顺利而持久。例如，目前尤其需要政府除了连续性地向外界公布诸如院校办学绩效等相关数据以接受相关主体和外界的监督，还必须花费时间和金钱在社会相关群体中进行开放式的组织宣传与动员，让他们不再只是听院校如何说，而是看其如何做，如何使自己满意，由此形成院校治理压力，以促使其往更加注重绩效的方向转变。此外，还可通过建立院校舆情收集、分析及反馈机制，提高社会人士参与大学治理的预期效能。

四、大学内部治理制度改革的紧迫议题

大学治理是一个自成体系的复杂系统，其内部的每一主体都应有独立的价值、要素、运作逻辑和制度载体，并与其他主体互为制衡。当前，我国大学行政化、学术腐败等问题的发生由于体制惯性、利益刚性和思想惰性而具有结构性的特点，一些问题还会随着社会转型而处于动态的演变之中，远不像欧美发达国家大学那样早已进入比较常态的稳定期。这表明，"摸石头"式的制度供给模式已难以应付当前层出不穷的治理难题，因此需要从中观层次上明确制度供给的策略和路线图，并强化其可操作性和可预见性。

基于此，本书从结构性的视角出发，构建了一个专门针对中国大学治理问题的分析框架，并据此提出了一系列可检验的命题，从而可以很好地勾勒出目前新格局下中国大学治理的制度供给逻辑，即以符合社会需求和回应社会关切为出发点与落脚点，在体制上界定四个基本主体身份的基础上，明确各主体的权力内容，建立健全其行使权力的渠道或方式，并重点处理好各主体之间的权力关系。与此

---

① 朱建华. 云南大学副教授：教师全心全意投入教学是自我毁灭[N]. 长江日报，2011-05-22(7).

同时，围绕"主体""内容""方式""关系"这些名词，本书也提出了今后亟待解决的四个紧迫议题。①就其权力主体来讲，当前以制定大学章程为起点的大学多元治理改革，有可能使主体的界限更加趋于模糊，如政治主体与行政主体、行政主体与学术主体、学术主体与学习主体。如何采取措施界定各权力的主体身份，并不断提升以往常处在弱势一方的主体意识（即参与大学治理的效能感），以造就一个各主体本质力量都能得到释放的、充满活力的大学。②就其权力内容来讲，如何在确立各主体权力内涵及边界的基础上，既汲取传统大学理念与精神，又倾听来自实践的呼声，把大学权力合理、均衡地分布于四个权力主体手中，从而实现制度化的合作、有序治理。③就其权力方式来讲，各主体权力的正当性如何转换为具体的实现路径。即如何给各主体建构多渠道行使权力的机会和途径。如何推动处在权力弱势的一方从社会汲取力量以有效维护自身的权利。④就其权力关系来讲，如何平衡各主体的利益且通过各主体之间的积极互动和约束监督，主动识别和解决大学在发展过程中出现的问题，从而使大学对社会需求的回应能够平稳有序地体现到大学每一个角落。

以上四个紧迫议题又可以进一步地浓缩为三个关键词：一是"要分权"，即基于四个基本主体划分各自的权责范围；二是"有参与"，即各主体都能无阻碍、有效地参与大学治理的进程；三是"能监督"，即无论在校内还是在校外，任一主体及其成员的行动都能得到有约束力的监督。

以上这些紧迫又关键的议题的启动乃至最后解决，可以推动生成大学内部治理改革的内在逻辑与动力，倒逼一些制度的渐变，即通过几个具有"抓手"作用的制度供给推动该制度的变化传导到其他制度的变化，从而形成大学内部治理结构转型的传递倒逼机制和自我强化动力。具体而言，启动以上几个关键议题，应该可以达到以下目的：往前看，能直接或间接推动上述大学治理结构问题的逐步解决；往后看，可以传递和倒逼相关领域问题的解决，由此做到改革一旦启动，"开弓没有回头箭"，只能步步推进，难以退缩，从而做到"顺藤摸瓜"，为大学近些年来累积起来的诸多结构性问题提供解决的内在动力。

基于此，本书认为，代表政府的教育行政主管部门应该充分发挥自身现阶段的主导功能，要从当前简单的"给予空间"和"放权"过渡到"帮助大学建立起能促进其自我协调的支持系统"，即在大学治理四个基本主体中创设有利于各种制度相互促进而非相互抵触的基本制度框架，并为相关主体对大学"共治"结构的稳定预期创造制度性条件。对院校的领导人来讲，当下的大学治理改革已不是"盘整"和"修复"的阶段，而是在果敢勇气支配下的改革突破阶段，应大胆地寻求与各种制度逻辑的契合点，寻求各相关主体能够相互发生作用、各得其所的自主发展空间，以激发各主体的建设性力量。就此而论，建立基于四个基本权力主体的大学制度体系，已经是当前格局下中国大学内部治理最重要的任务。

媒体发声：高校治理改革需要"真"的改革

当前，众多高校大学章程的相继核准通过以及清华大学等部分高校综合治理方案的颁布，表明我国高等教育已进入新一轮的"综合改革时间"，即高校治理改革开始步入细化和落实阶段，这意味着今后在对待如何实现高校的现代化治理这一问题上，已由过去的"怎么看""怎么办"走向现在的"怎么做"。针对我国高校业已累积的改革难题以及过往改革实践中存在的"高开低走"的历史教训，能解决问题的改革才是真的改革，但要实现"真的"改革，当以"自上而下"的改革为主，继续强化和落实政府作为改革推进者的主体地位，并建立以大学校长领导力为主要驱动力的问题突破机制。

一、高校治理需要能够"解决问题"的改革

目前，我国的高等教育迎来了再一次不可多得的发展机遇，同时面临着一个酝酿下一步行动的、异常关键的改革窗口期。一方面，伴随着高等教育体制改革、大学学术委员会规程、理事会规程以及党委领导下的校长负责制等政策的相继推出，许多高校核准通过了具有"大学宪法"之称的大学章程，清华大学、北京大学等高校还率先推出了具有改革风向标意义的综合治理改革方案。这些改革举措对于理顺政府和高校的关系、改变目前的行政治校模式，从而实现对高校的现代化治理，可以说是重要且关键的一步。另一方面，随着我国高等教育近些年来的快速发展，我国高校成为远比那些西方高校复杂得多的社会化组织，这种复杂是因为其大都有着巨大的办学规模以及众多的部门机构，还是承载着社会各界多元需求和关切的教学科研组织。让人更纠结的是，其普遍留存着常被诟病的"衙门作风"以及与其他事业单位类似的"流弊"，如机构臃肿、人浮于事、教授对教学缺乏热情，等等。与此同时，如今的高校所面临的问题，远比我们想象的要复杂得多，它们盘根错节地搅缠在一起，已很难分得清楚是纯粹的教育问题还是社会问题，抑或是其他问题。

习近平总书记说："改革是问题倒逼而生，又在不断解决问题中深化。"此话富含哲理且切合实际，对目前处在关键阶段的高校治理改革来讲具有重要启示和借鉴意义。也就是说，对于这轮已进入细化和落实阶段的高校治理改革，目前的挑战是，如何利用此次改革的好机遇化解现实中的诸多问题，以实现高校从传统管理向现代治理转变。然而，外部环境的改善并不等于内部矛盾的解决。针对过去高校的治理改革常常被指责为"无改革"或"伪改革"的历史教训，当前最需要的就是把这次比以往明显加快的改革步调转化为实实在在地、动真格地解决问题。因为只有真正解决问题，才能有力回应社会各界对高校治理改革的怀疑和指责；也只有真正解决问题，才能将我国的高等教育事业不断往前推进。也就是说，在高校治理改革实践中，能解决问题的改革才是真的改革，各项政策措施也

才能因此落到实处，最终实现预定的改革目标。

二、建立以政府为第一逻辑和责任主体的问题推进机制

目前在改革已由国家层面的大框架改革转向院校层面的内部运作模式改革的情况下，高校将从中获得更多、更大的筹划自身改革的自主权。但是，大学自治的强调并不意味着政府的缺位，尤其在当前改革的推进期、深化期更是如此。我国高校还远未成为有自主办学能力、能够自我发展、自我约束的主体，其内外部利益关系庞杂，由于政府掌握着改革的资源和权力，还需要继续强化和落实政府作为改革第一逻辑主体和第一责任主体的地位，将政府由过去的"给予空间"和"放权"过渡到建立改革的推进机制，安排、维护好制度，这既是保障改革沿着正确方向行进以及改革效率的必要之举，也是促进改革实践中问题解决的关键。

一是要履行好对改革执行的领导和组织，以强化改革的可持续性。一方面，在目前我国还未能推行大学校长遴选制的情况下，政府须严格按照《党政领导干部选拔任用工作条例》，担负起高校领导人的选人用人责任，保护并大力扶持他们依据大学章程所进行的内部治理结构改革以及治理能力提升的探索和实践，使他们有能力承接政府下放的权力和责任，并树立对改革的信心，同时也要防止其遇到困难"躲着走"、不作为、不担当。另一方面，针对改革越到基层就越难执行的这一普遍性问题，政府还要担负起纠正和监控政策落实情况的责任，要有专职机构和人员直接监控高校的改革进程，评估改革成效，防止高校搞选择性落实、象征性或"走过场"式执行，并强化在放权后容易在招生、项目评审、人员聘用、校园基础设施建设等滋生腐败流域的监督。此外，政府还要通过开放式的组织宣传和动员，营造改革氛围，强化改革成果的可预见性，以赢得公众对高校治理改革的支持。

二是督促高校办学信息公开，以促进高校依法治校、强化自身管理。一项改革的成功，一定要有压力，其压力不仅要来自上下级，还要来自外在的公开、透明的监督，高校治理改革自然也不例外。为此，政府要针对自2010年9月《高等学校信息公开办法》实施以来很多规定形同虚设、没有对高校信息公开起到预期的规范和监督作用的现状，以落实《高等学校信息公开事项清单》为契机，督促高校按照"向谁公开""公开什么""如何公开""何时公开"的具体要求，公开招生考试、财务资产、人事师资、教学质量等相关数据。而就某一类数据来讲，还要明细公开事项，防止高校只是选择性地公开。与此同时，政府还要督促高校利用成立或完善理事会的时机，以开放的心态纳入社会力量直接参与学校的管理、监督和评价，防止理事会成为摆设。

三是积极培育相关社会组织，使其成为改革所能借力的重要主体。针对已有教育评估院、教育研究院、学会、协会等相关社会组织远未成为显而易见的意见中心，且未能有效行使其评议和监督、表达相关主体诉求、提供教育公共产品等职能的状况，政府一方面要利用国家近期推动新一轮事业单位改革的契机，划清

其与政府之间的边界，在名称、业务、人员编制、财务等方面与政府"脱钩"以保持其应有的独立性，并以政府让渡部分职能、购买服务的方式扶持其发展；另一方面要促使其改革内部组织形式(如实行内部法人治理结构)，建立信息披露制度，并将其纳入国家民政、税务、金融、审计、纪检、监察与预防腐败等部门的综合监管和联合执法行动中，防止和惩治其在参与高校治理过程中可能出现的摊派会费、收受好处、出具虚假报告等违规行为。

三、建立以大学校长领导力为主要驱动力的问题突破机制

高校治理问题的解决最终还是要靠作为改革主体的高校，但越来越多的研究及历史经验表明，高校的有效治理不仅取决于治理结构，更与其治理过程有着更为紧密的关联。在这一过程中，大学校长的领导力至关重要，这对于内部运作模式改革开始提上议事程程、处在寻找并应对治理"痛点"阶段的高校治理改革来讲更是如此。为此，对大学校长来讲，要执行已出台的改革方案，意味着今后不能再像以往那样只"盯"在上面，更不能做官样文章，而是到了展现自己改革决心和意志的时候了。

大学校长的领导力不仅体现为一种执行及贯彻政策的力度和效率，也是一种在当前治理困局中的腾挪能力。要保障大学校长有足够的领导力且能正确地体现出来，就要以国家近期颁布的有关党委领导下校长负责制的实施意见以及学术委员会规程、教代会制度、学代会制度为依据，从健全议事规则入手，实行横向分权模式改革，即将校长办公会与校党委常委会、教学科研系统在体制上分开，明确各自的议事范围("做什么")、议事人员("谁来做")以及议事程序("如何做")。与此同时，还要建立能供有关各方就"大事怎么定、资源怎么配"等重大、关键问题展开沟通与对话的协调议事机构，并以制度化的形式保障这种沟通与对话能够经常进行。这种体制上的安排和设计既可以保障大学校长由于其他方的制衡而不至于做错事，又能够在相互合作、形成共识中做大事。在以上基础上，大学校长就要结合当前业已颁布或即将出台的综合治理改革方案，着眼于焦点、节点和难点问题，以舍我其谁的抱负和胆略，以坚决有力的领导力落实行政、学术二级机构治理改革，以最终生成主要依靠高校内部生成和驱动的质量保障以及持续自我改进和创新的院校文化。

首先，大学校长的领导力必须落实到提升行政机构的办事效率上来。一方面，要针对二级职能机构存在的人浮于事、形式主义、苦乐不均、效率低下的现状，面向教学、科研要求和师生需求调整职能部门设置与人员配置，将从中分流出来富余人员添补到教学科研组织中的服务支撑体系以及所建立的横向、纵向协调议事机构之中；另一方面，要领导二级职能机构进行治理能力建设，优化其对教学、科研的支持和服务的机制与流程，即立足师生的发展需求，将改革问题细化并列出问题清单，设计好优先结果性目标以及相应的行动方案、路线图、时间表，明确机构工作目标、行动与总目标实现的关系，做好各机构之间的协同配合。与此

同时，还要做好逐项改革任务的责任分解，明确需要为之负责的机构和个人，把"是不是在改革""改革到底解决了什么问题"作为重要考核内容纳入二级职能机构绩效管理体系中，并在校内建立在改革问题上"不作为"的多层面、多方位的问责机制。

其次，大学校长的领导力必须落实到激发基层学术组织的积极性上来。大学校长首先要针对以往权力过于集中在学校行政管理层、校院两级权责关系不对等的现状，以激励为本，逐步推行院长（系主任）的公开选聘以及有退出机制的教师聘用制，进一步扩大各院系等基础学术组织的自治范围，鼓励并支持其按照各自学科领域的特点和规律办出特色、展现活力，并整合学术资源，在校内外设立协同创新中心。与此同时，针对基层学术组织意见表达比较充分但是意见综合却没有合适的操作平台的现状，打通基层学术组织与学术委员会、教代会以及学代会组织的通道，以便于强化学术治理中的意见综合。这样一方面可防止学术委员会在行政力量退出后成为人们所担忧的虚化的、自娱自乐的"清谈馆"，并防止少数精英以所谓"专家评审""程序正确"的名义瓜分学术资源，使学术委员会真正成为一个发挥学者群体智慧、表达和维护学者权益的机构；另一方面还能促使学术委员会以学生为中心完善内部治理，建立以学生自主学习为中心的资源配置模式和教学模式，扭转一些教授懒散的教学状态，改变教学总不受教师重视尤其是用科研去敷衍教学的现状。

总之，对于目前步入攻坚阶段的高校治理改革，当以"自上而下"的改革为主，既不能搞"弯弯绕""虚晃一枪"或浅尝辄止的改革，也不能搞不注重节奏和分寸、一刀切式的改革，更不能搞仅仅有鼓舞人心的口号和方案、一遇阻力就停滞不前的改革，应该搞敢于直面问题的改革，更重要的是要搞能切实解决问题的改革。否则，就只能永远停留在"问题的边上"，被各方寄予厚望的改革最终也会蜕变成为"无改革""伪改革"。

注：原文题目为《高校治理改革：怎么做才是"真改革"》，刊登于《光明日报》2015年6月23日13版头条，作者为罗志敏。

第五章　大学内部治理的动力机制

本章在第三章、第四章有关论述的基础上，采用一种相对微观的、全新的研究视角，以透析大学内部治理改革的动力机制。

一、大学内部治理研究的传统视角

进入21世纪以来，关于中国大学内部治理的研究聚焦于"大学如何实现有效治理"，即"如何通过完善治理结构来满足大学利益相关者参与治理的民主诉求"这一中心问题，围绕"大学与政府""大学与社会""学术与行政""教学与科研"等话题，分析和论证大学治理的运行机制、存在问题及解决途径，其最终目标就是力求通过制度的多方供给实现大学的善治。由于这些研究大量使用"结构安排""多元治理""权力配置与制衡""制度建设"等关键词，本书将其概括为"结构-制度"的视角。

这种研究视角的理论来自20世纪后期在西方国家社会科学领域中兴起的新制度主义（new institutionalism）的思想和方法，其研究范式则主要来自结构功能主义（structural functionalism），并纳入了治理理论方面的知识。以此为依托，研究者认为，大学治理是各个大学利益相关者的相互关系，核心就是治理结构安排及其运作问题。所谓结构问题，就是各权力主体之间的关系及其配置；至于运作问题，则是各权力主体参与大学事务决策的实施过程。对于当前中国大学治理存在的诸多问题或乱象，究其根源，皆被认为与治理权力错置或配置不合理有关。某一特定的大学治理事件，如学术腐败问题，研究者特别重视这一事件所反映的权力结构关系，认为都是这一复杂权力结构关系的产物，如认为是行政权力与学术权力没有厘清，或者是学术权力没有得到其他权力主体的有效监督和制约；某一特定的个体，如一位教务管理者或一位教授，研究者往往假定，他（她）的行为是被他生存其中的关系结构所刺激、鼓励、指引和限定的。要解决这一问题，就要通过特定的制度（正式制度或类似于大学办学理念、文化的非正式制度）安排或干脆打包成一个整体性的制度（如现代大学制度），以塑造大学和谐的权力结构关系。

基于"结构-制度"这一视角，研究者在考察大学内部治理问题时，以"制度"创造"结构"、完善"结构"，同时又以"结构"来框定"制度"、解析"制度"。该视角对于从宏观层面上把握大学的各方力量格局及转换有很明显的解释力，却难以切入中观乃至微观的大学治理实践，同时忽略了大学内部各个层面行动主体的相互渗透和相互建构关系。尤其是在面对现实情境中的大学内部治理问题时，就会发现这一视角在解释机制上存在着许多认知瓶颈，依本书的归纳，主要体现在如下三个方面。

(1) 这一视角满足于大学内部治理的结构性观察、功能分析和构建，关注治理结构的人员构成、决策权力分配等，这虽然可以在应然、理想或价值的层面为人们思考中国大学治理提供一种分析框架，但往往因为无法关照目前大学内外部环境已发生的巨大变化，其视内外部环境为既定的现实假设也与目前大学内外部环境的复杂多变不一致，从而使其提出的一些制度构造范式与现实不匹配。另外，其所建构的分析框架只能是静态的，过多地强调结构的功能和作用，而忽略主体尤其是个人形式存在的主体的主观作为。研究者假定，可以通过制度安排形成某一固定的结构，而结构决定着做事的规则，进而影响着这一结构中每一个组织及个人的思想和行为方式选择。但是，至于制度是否得到执行或执行效果所造成的差异并不是研究者预设的条件，因为他们并没有预设制度可以不执行或执行不力的情况——在精心构建的治理结构中，这种情况的存在，一定是他们难以理解的事情。

(2) 这一视角往往囿于一种二元论的思维范式，渴望在政府与大学、大学内部各方建立起泾渭分明的关系，而忽略了(事实上也无力揭示)大学内部治理实践中诸多组织之间复杂的因果链条和微妙互动关系。例如，在大学内部关系研究上，这一视角最通行的解析框架是"行政-学术"，这一框架强调行政系统与学术系统之间二元的权力对应关系，同时暗含了以下基本预设：行政权力优于学术权力，行政权力侵犯学术权力。但是，现实的情况是，与行政权力类似，学术权力也总是夹杂在其他权力当中，并非简单的二元对应关系。此外，这一框架往往还忽略了党(中国共产党)的权力，或将其与行政权力混同起来；与此同时忽略了学生的学习权力，或将其与大学教授的学术权力混同起来。这种做法不仅脱离了中国的政治现实，也违背了高等教育的办学规律，从而使其建构起来的大学制度体系缺乏适用性。

(3) 这种视角的理论推导大多以一种"应然"的线性逻辑存在，无法揭示出当前格局下大学内部治理所面临的结构性困境以及这种困境的内在强化动因。常有学者认为要解决大学中存在的"行政化"问题，其途径就在于建立起回归学术导向的现代大学制度，但在论证如何建立这种制度时，又回到问题的原点，主张在大学治理中去除"行政化"。这就难免存在一种循环解释、往复论证的问题。另外，基于这种视角的考察路径往往把目标视为过程，从制度谈制度，缺乏对制度生成机制及其操作者的探讨，更缺乏对大学治理内外部关系及其联结的分析与探讨。这往往不能为当前大学内部治理走出实践困境提供有建设性的思路，使其提出的一些对策性措施要么是罗列式的泛泛而谈，要么只是简单的拼凑，这不仅造成具体责任对象的泛化、空洞化，也无法提供解决问题的突破口和着力点。

随着我国高等教育改革的逐步深入，"结构-制度"视角对大学内部治理改革的解释力更加微弱和难以为继。例如，治理结构相同的大学，为什么其绩效会出现那么大的差异。对于这一问题，这一视角难以给予回答①。其实，国外早有学者的研究表明，大学的治理结构与其治理的结果之间并不是简单的线性关系，改造治理结构未必就会产生想要的效果，完备的治理结构也并不一定就能体现大学和教师的核心价值。大学的善治，往往还与一些非结构要素(如领导力②③、人际关系④)有着密切甚至决定性的关系。

面对以上存在的问题，国内学界随后也同时使用一种互补性或者说是替代性的研究路径，即问责主义研究范式。研究者主张通过发挥政府和社会这两类关键主体的作用，对大学的教学、科研等行为进行问责，从而避免大学以学术自由、大学自主为由偏离权力运行的正常轨道，使大学更好地满足社会经济的发展需要。但是，该研究路径仍然是一种权力结构关系安排，其无非是在"结构-制度"视角所力主的几种权力之外再添加一种权力(外在监督权)而已。换句话来讲，问责主义研究范式并没有脱离"结构-制度"视角的研究路径和方法，最多只能算是它的一种补充或剩余范畴(即不能纳入"结构-制度"视角的都纳入问责主义的范畴)，这也遮蔽了现实情境中大学治理的丰富形态及其内部的复杂构成、冲突和关联。

二、大学内部治理研究新视角的构成

现实中的大学内部治理实践虽然很复杂、烦琐，但可从中看到四个要素：①各种事件流，如校内的干部人事、教学科研、招生工作、基础建设、物资采购等；②各种制度，如教学管理制度、科研绩效制度、学生管理制度等；③各种日常生活规则(包括潜规则)等；④各类行动者，如大学党委书记、校长、部长、处长、教授、大学生等。结合这四个要素，大学内部治理过程中某一事件的推动可以表述为，相关行动者围绕某一目的互为情境的持续互动。即便是组织与组织、机构与机构之间的互动，也是由行动者之间的互动所构成的。在互动过程中，不同行动者对不同制度做情境化的权宜性援引或诠释。而在这一过程中，制度本身在改变，行动者的认知以及与其他行动者之间的关系也在改变，从而推动着大学内部治理在官方和民间两个层面的变迁。

大学内部治理是由制度与行动者共同塑造的，表现为各种制度设计同人们的日常生活之间的相互渗透和相互建构关系。本书就此以"制度-生活"来命名这种相对微观的研究视角，在这一视角构成中，存在着两种秩序，其中也活跃着两类行动者。

---

① 顾建民，刘爱生. 超越大学治理结构——关于大学实现有效治理的思考[J]. 高等教育研究，2011(9)：25-29.
② Kaplan G E. Do governance structures matter[J]. New Directions for Higher Education, 2004,12(7): 23-34.
③ Tierney G W, Minor J T. A cultural perspective on communication and governance[J]. New Directions for Higher Education, 2004, 127: 85-94.
④ Favero D M. Faculty-administrator relationships as integral to high performing governance systems: new frameworks for study[J]. American Behavioral Scientist, 2003, 46(6): 901-922.

(一)两种秩序:"制度"与"生活"

在大学内部治理实践中,"制度"是以学校名义(或以上级教育行政主管机构的名义)制定并支持校内各级机构代理人行使其职能的正式制度,"生活"则指向校内各色人等的日常生活。"制度"与"生活"代表了两种不同的秩序,前者是基于理性主义的,是有着明确的价值导向和工作目标的各种规定与措施,如基于提升人才培养质量而出台的本科教学管理制度,基于科研生产而出台的教师科研绩效奖励办法等,简明化和清晰性是其特点,也最符合行政管理的效率逻辑。后者是基于自然主义的,是伴随日常生活习惯、风俗而日久生成的日常生活规则(如民情、校情或习惯),模糊性和某种程度的合理性是其特点[①]。

在现代大学的早期阶段,"制度"与"生活"并没有根本性的区别。例如,11世纪的欧洲,大学被一群生活在校园里的"散漫"学生以及由学生和校友组成的同乡会(nation)把持着,教师从事的研究也大多基于生活上某种"闲逸的好奇"[②],以获得个人智力上的愉悦,寄托某种情感、理想、信仰等。在当时的情况下,大学并没有多少明确的制度条文,维持校园秩序的大都是一些在私下相互约定的不成文"规则",一些传统习惯很自然地约束着每个人的行为。在当时的情况下,"生活"的秩序占据着大学的各个角落,"制度"只是对"生活"的简单回应,依附于"生活"而存续。只是后来随着大学办学规模的扩大,大学与政治、经济、社会多方联结,才使"制度"与"生活"产生了分离,并逐渐以正式制度的形式清除了与大学发展不相适应的、被贴上"传统"和"落后"等标签的日常生活规则,以维持大学整体秩序的平衡。

"制度"虽与"生活"有着千丝万缕的联系,甚至来源于"生活",但"制度"一经产生并付诸实践,就会形塑"生活"。在现实中的大学内部治理实践中,由于"制度"与"生活"各自的秩序不同,正式制度的逻辑与日常生活的逻辑总是不匹配,其各自暗含着一些相互矛盾的诉求,并在各自运作的领域中自发地排斥对方的涉入[③]。二者越不匹配,二者之间的关系就越复杂。即便是正式制度以程序正义的形式完全否定了日常生活逻辑的"合法性",各种衍生于日常生活中的搭人情、变通、潜规则以及其他日常形式的抵抗或抗争等非正式运作策略仍会大量在私下、半公开乃至公开的场合存在。以上这些策略通过在校园内外的反复实践,会生产出相应的新的日常生活规则,它们虽可以改变甚至替代某些旧的日常生活规则,但其生活逻辑能否切合正式制度的逻辑却是难以确定的,相反,倒可能产生消解正式制度效力的力量,如无视正式制度存在的"制度破坏"、以正式

[①] 肖瑛. 从"国家与社会"到"制度与生活":中国社会变迁研究的视角转换[J]. 中国社会科学,2014(9):92.
[②] 约翰·S. 布鲁贝克. 高等教育学哲学[M]. 王承绪,等,译. 杭州:浙江教育出版社,2002.
[③] 李有梅. 中国社会管理新格局下遭遇的问题——一种基于中观机制分析的视角[J]. 学术月刊,2012(7):23.

制度为局部利益乃至私人利益谋利工具的"制度转换"等①。当然，正式制度为了避免"名存实亡"的风险，也可以出台措施来应对这种被日常生活消解的力量，要么坚定捍卫自身作为科层组织的权威权力，维持制度不变或增加制度供给，要么汲取日常生活的内涵对自身进行自我更新和变革，或干脆采用日常生活中的某些手段来达到目的。

在大学内部治理实践中，"制度"与"生活"之间关系复杂的原因也是多方面的。①无论制度的制定者如何坚持理性化的标准，就如"法律无漏洞"的观念受到的批判那样②，现实中的正式制度很难达到与日常生活完全契合，时空情境条件的变化更是强化了二者之间的不一致，这种不一致自然也为二者之间的冲突以及在其中的各种"变通"式的权宜性行动创造了可能。②正式制度与日常生活之间并非简单的对称关系，正式制度虽以改造日常生活为谋，却被置入日常生活构成的环境中。日常生活是正式制度的改造对象，也是其社会和文化环境，构成制度实践者难以觉察的"前见"。换言之，虽然正式制度有时不承认日常生活规则的合法性，但其在实践过程又在很大程度上不得不依赖于日常生活所构成的社会和文化心理情境③。从这个意义上讲，是"生活"造就了"制度"。

（二）两类行动者："制度人"与"生活人"

在制度与生活并存的秩序丛林中，活跃着各种行动者。行动者的活动不仅构成了现实中的大学治理，也在理论的层面将"制度"与"生活"联结起来，使这些形形色色的行动者表现为两种最基本的形态——"制度人"和"生活人"。

在大学内部治理实践中，"制度人"是执行大学正式制度的代理人，如校党委书记代表着国家、执政党（中国共产党）及政府管理整所大学，大学校长则是大学的法人代表，并在校党委书记的领导下从事着整个高校的行政管理工作，人事处长则是人事机构的负责人。"制度人"存在着明显的上下级关系（即存在科层制特征），有着不同的活动指向以及相应的职责与权力范围。与此同时，他们又受构成科层制的各种制度的约束和保护，对自己的职位有"一种特殊的职务忠诚义务"，以非人格的就事论事作为自己的行为导向④。"生活人"则是以校园为主要活动空间的、日常生活中的人们，是具体民情、校情的承载者和建构者，他们不仅对自己的生活方式、诉求及其理由拥有一定的认知、情感和行为倾向，也具有依情势而生产出的相应的行动能力。就"生活人"而言，他们虽然也隶属于某一个组织或同时隶属于某些组织（如某学院、研究所、研究中心），却相对分散且独立，如大学教师、大学生等。

---

① 蔡欣怡. 绕过民主：当代中国私营企业主的身份与策略[M]. 黄涛，等，译. 杭州：浙江人民出版社，2013.
② Max W. Economy and Society[M]. Berkeley: University of California Press, 1978.
③ 詹姆斯·C.斯科特. 国家的视角[M]. 王晓毅，译. 北京：社会科学文献出版社，2004.
④ Max W. Economy and Society [M].Berkeley: University of California Press, 1978.

一方面，"制度人"和"生活人"这两类行动者都有着各自的活动逻辑，但其在现实的大学内部活动中又是相互关联的。作为具体的行动者，"制度人"同时也是"生活人"，产生并生活于具体的生活规则中，不管他(她)多么用心地划清和坚守其作为"制度人"的角色与作为"生活人"的角色之间的边界，但在实践中很可能不经意地使用(或错位使用)两套活动逻辑和方式；同样，"生活人"也必然对各种正式制度有或多或少的认知，具有一定的因情势和需求援引某些正式制度或者对两类逻辑和方式进行相互解释的能力。也由于这个原因，有了行动者这个复杂因素，正式制度与生活规则之间虽然可能表现为各种正面冲突，但无论是"制度人"还是"生活人"，都不是简单地拒绝制度或者生活逻辑，而是依情势选择性地接受甚至再生产正式制度和生活规则的某些部分而拒绝或者否定另一些部分，从而为自身利益、权力或者权利诉求服务[①]，并不经意地维持着一所大学运行的总体平衡。

另一方面，"制度人"与"生活人"又是可以相互转化的。一位常年在多所高校从事调研工作的研究者在题为《在高校调研，酒桌往往比办公桌更有效》的调研笔记中写道："最近，我们受托深入多所高校调研产教融合、毕业生就业等问题。在座谈会上，我发现这些高校负责教学、就业等工作的处长、副处长们，要么照本宣科地汇报成绩或进行工作经验介绍，存在套话、空话、甚至是假话；要么避重就轻地提出与调研主题相关的共同性或普遍性的问题与弊病，欲言又止或是极力掩盖、回避所在学校存在的特殊性问题和事实性问题。但在饭后、酒后等私下交流等场合，随着我与对方的熟悉程度和亲密度上升，开始深入交流且知无不言、言无不尽，也使得调研获得意外的、有价值的收获。"

从以上这位研究者的心得体会中可以发现，"制度人"和"生活人"是可以相互转化的。座谈会上的他们显然是以"制度人"的形态出现的，囿于自己科层体制内的身份，是难以在代表上级教育行政主管机构的调研者面前道出部分"实情"或全部"实情"的。但在餐桌等很隐性的社交情境中，调研对象在经过心理判断和倾向性选择之后，开始卸下心理防备和抵触情绪，由"制度人"转变为自然属性、感性突出的"生活人"。

三、大学内部治理动力的微观分析

大学内部治理整体上都是在解决老问题而又形成新问题、转变旧机制而又构成新矛盾的曲折运动中展开的。从"制度-生活"框架的构成以及"制度"与"生活""制度人"与"生活人"之间的复杂关系出发，不仅可以勾勒出大学内部治理的轮廓和动力，也可以观察中国大学内部治理演进的一些逻辑。以下就以发生在中国高校内部治理改革进程中的两个典型且具体的事例来说明二者之间的微妙

---

① 肖瑛. 从"国家与社会"到"制度与生活"：中国社会变迁研究的视角转换[J]. 中国社会科学, 2014(9): 95.

互动关系。

(一) 北大人事制度改革: "制度人"与"生活人"是如何妥协的

事例梗概: 2003年5月12日, 北京大学公布了《北京大学教师聘任和职务晋升制度改革方案(征求意见稿)》(简称"一稿"), 主要改革措施一是"引入竞争", 二是"不升即离"。随后校方于6月16日公布了《北京大学教师聘任和职务晋升制度改革方案(第二次征求意见稿)》(简称"二稿")。9~10月, 校方又形成了"三稿", 即《北京大学关于教师聘任和职务晋升的若干规定(暂行)》。2004年2月10日,"三稿"经北京大学第2次党政联席会审议通过,并决定自发布之日起实行。

这次被当时北大教师冠以"癸未变法"之名[①]的改革早已成为历史,其推行的一些改革措施(如在教师职务评聘中引入淘汰机制)在今天看来已无多少奇特之处。但回想起来,该方案的出台在当时并没有那么简单,先后几易其稿,历经改革酝酿、激烈批评、深入争论、争论降温与方案形成、方案通过及施行等阶段,被认为是"自86年前蔡元培着手改造老北大以来,北大内部发起的最激进的一次制度变革"[②]。在笔者看来,北大这次围绕人事制度改革方案产生的数次激烈的冲突实质上是"制度"与"生活"的冲突,源自两类行动者各自不同的活动逻辑(表5-1)。

表5-1 围绕北大人事制度改革方案的"制度人"与"生活人"的活动逻辑

活动逻辑	"制度人"	"生活人"
出发点	政治的正确性("创建世界一流大学");改革的急迫性("不改就是等死")	担心丢掉工作;影响职务晋升
活动方式	利用权威的公共媒体、校内讲座、宣讲会以及外部映衬(如强调与国际规则接轨等)	利用网络空间(北大BBS),公开发表署名文章,借助外部同情者(如北大校友、学术同行)等非正式、变通方式
活动目标	打破以往师资队伍"能上不能下,只进不能出"的弊端,"实现真正意义上的聘任制"	维护职业稳定和发展

从表5-1可以看出,以当时大学党委书记、校长以及校长助理(也是人事制度改革工作小组组长)为代表的"制度人"是管理本位的,强调的是组织发展的利益,而以一些普通教师为代表的"生活人"则是个人本位的,强调的是个人的职业发展利益。虽然历经冲突,但"三稿"的最终出台并颁布实施,意味着双方紧张关系的消除。那么,二者之间的紧张关系是如何消除的呢?换句话来说,二者是如何达成妥协的呢?

结合这一事件流可以发现,"生活人"虽然是基于个人生活逻辑的考虑,但

[①] 郑阳鹏,王婧. 北大"癸未变法"今何在? 人事制度改革引争论[N]. 中国新闻周刊,2010-11-18(6).
[②] 原春琳. 北京大学人事制度改革拉开大幕,"大学堂"震荡[N]. 中国青年报,2003-06-26(11).

却不愿意背上"阻碍改革"或"旧的习惯势力"①的骂名，于是便采取"制度人"常用的制度化逻辑，如对"一稿"出台程序及其内容合法性的质疑，如认为"不升即走"的制度安排是对教师人权和职业权利的漠视，与《中华人民共和国劳动法》相关条款相抵触，同时对其进行公平性批判（"捏软柿子""打击弱势群体"）以及合理性质疑（"教师为公职人员，不能说解聘就解聘"），这些由"生活人"所进行的制度化操作增加了其行动的合法性支持，并通过媒体的传播，最终形成对"制度人"极大的社会性压力。与此相应，"制度人"迫于对方带来的压力，便改变了原有的单纯的制度化操作模式，注重汲取一些日常生活规则并将其制度化，即采取一些变通的手法，如在新方案中给部分副教授终身职位，给老教师终身职位，删除1/3、1/4的淘汰比例等，从而比较有效地化解了"生活人"的抗争尤其是集体性抗争，也最终避免了改革方案被"生活人"强力阻挡、甚至改革失败的命运。也就是说，"制度人"与"生活人"互相借用对方的活动逻辑，最终以几易其稿的方式在二者之间达成了妥协。

（二）"教学型教授"的设立："生活"是如何"制度"化的

事例梗概：2005年媒体披露的"晏才宏事件"②"朱淼华现象"③引发了"讲课讲得好能不能评职称"的大讨论。时隔四年的2009年，沈阳师范大学、江西理工大学等高校开始专设大幅放宽对教师科研任务要求的"教学型教授"岗位，从而也引发了高教界关于教学、科研与职称晋升的大讨论。2014年12月，四川大学教师周鼎的"自白书"事件④，更是引燃了"到底有没有必要设立教学型教授"的激烈讨论。目前，包括一些国内名校在内的众多高校都以"教师分类管理"的模式设立了"教学型教授"或类似名称的岗位，一些高校甚至规定"教学成绩突出的可直接获聘副教授、教授"⑤。

作为高校教师职称的最高级别，教授一直被认为是高深知识和学问的拥有者，所以长期以来其评聘的必要条件也必然跟高水平或高等级的学术论文、专著等科

---

① 在谈到改革引起巨大反弹的时候，时任人事制度改革工作小组组长的张维迎说："之所以改革会遇到强大的阻力，是因为大家习惯了旧的体制。"此言一出，他顿成众矢之的，张维迎不得不在各种场合进行艰难的解释。林楚方，孙亚菲.北大人事制度激进变革[N]. 南方周末，2003-07-10(1).
② 据媒体报道：上海交通大学教师晏才宏，终年57岁，教学水平和师风师德广受学生赞扬，由于没有发表论文，去世时还是一名讲师。李柯勇，刘丹. 晏才宏. 最悲壮讲师的"最后一课"[EB/OL]. [2005-04-08]. 人民网，http://people.com.cn/GB/40462/40465/3305829.html.
③ 据媒体报道：浙江大学教师朱淼华，58岁还是讲师，学生对他的评价是"朱淼华的课是浙大的一道风景线"。2003年，朱淼华因为没有发表论文而被迫下岗。杨婷，陈穆商."朱淼华现象"引热议，教师评价体系遇尴尬[N]. 人民日报，2005-11-25(11).
④ 四川大学历史文化学院讲师周鼎，39岁，该校首届"我最喜爱的十大老师"。2014年12月23日凌晨，他在网络上发表了1225字"自白书"，说"相信教好一门课比写好一篇论文重要的人，今夜死去了。"他自称"冤死的窦娥"，声明要退出公选课教学，"不再自取其辱"。刘建永."自白书"漩涡中的周鼎[N]. 长江商报，2015-01-05(6).
⑤ 李楠楠. 课讲得好，一样能评上教授[N]. 齐鲁晚报，2015-10-09(7).

研成果直接相关。但是弱化甚至剔除科研成果要求的"教学型教授"为什么会被越来越多的高校所接受，甚至成为国家的政策选择？其实，梳理这一事件流可以发现，"教学型教授"之所以会成为一项制度化的规定，是因为"生活"逻辑最终被"制度"化。

这一事件流的成因，是一些在高校主要从事教学工作但却由于科研不符合学校规定要求而迟迟不能如愿晋升等的普通教师希望能走另样通道晋升高一级的、与工资待遇和社会地位紧密相连的职称。基于这一生活逻辑的考虑，他们主要通过如表 5-2 所示的手段来建构自身诉求与行动的合情性、合理性和合法性。

表 5-2 "教学型教授"事件流中"生活人"的活动逻辑

诉求与行动目标	具体手段	代表性话语	主要媒介
合情性	利用一些特定的事件或现象进行悲情化操作	讲课再好也评不上教授	网络
合理性	结合现实案例寻找现有职称评聘制度的现实弊端和危害 以专业论述寻找学理依据	形成重科研、轻教学的倾向 教学也是一种学术 教师需要分类管理	通过一些专家在期刊、报纸上发文，在学术报告等公共场合发声
合法性	援引国家教育行政主管部门发布的政策性文件	把本科教学作为高校最基础、最根本的工作①	同上

如表 5-2 所示，"生活人"一是通过在网络上发布和传播一些发生在校园内的特定事件，如利用"晏才宏事件"和"朱淼华现象"来激发、烘托情感氛围，以获取更多同情者及来自他们的"同情的力量"；二是与媒体、专家建立关系，尤其是与一些能在媒体和刊物上发文的专家学者建立联盟，以获取更多的理性支持力量；三是利用国家开始重视本科教学的契机，援引教育部等机构颁布的政策文件中的某些语句为其诉求和行动背书。以上这些很具"智慧"的操作，就会对"制度人"不断施以情感、道德以及体制上的压力，最终使"制度人"开始与"生活人"互动，并着手通过设立"教学型教授"这一形式关照生活逻辑。随后国家颁布的一系列政策文件②，更是使这种生活逻辑被完全制度化。如此，"生活人"的权力，即具有在一定程度上改变既定事态或事件进程的能力，就被正式地生产出来。也就是说，"生活人"虽然无法通过与"制度人"的正面对抗来实现自身权力的生产，却通过长期的、非正式的操作生产出权力，从而最终使"生活""制度"化。这种转变，对"生活人"来讲，是为其自身的某一生活诉求创造出一种合法性空间；对"制度人"来讲，则是对来自"生活人"的这一生活诉求的制度

---

① 见 2012 年教育部颁布的《教育部关于全面提高高等教育质量的若干意见》第(六)条。
② 2016 年 11 月中共中央办公厅、国务院办公厅印发《关于深化职称制度改革的意见》，将"分类评价"作为一项基本原则，并在职称评价标准中要求"不将论文作为评价应用型人才的限制性条件"。随后，2017 年 10 月，教育部、人力资源和社会保障部印发《高校教师职称评审监管暂行办法》，对高校自主制定本校教师职称评审办法的这一权力进行了再确认。

化承接，从而舒缓或消除与"生活人"之间的紧张关系。

四、新研究视角的现实启迪

在本书看来，"制度-生活"这一相对微观的研究视角的提出，有利于突破一般性"大概念"的简单阐述，也有利于超越"结构-制度"这种结构主义的分析模式，并把人们的日常生活实践同大学治理的发展、变迁关联起来，可为探究中国大学内部治理的微观动力机制提供一种解释框架，同时为洞察新时代背景下大学校园内的"民情"及其变动轨迹和作用机制提供一个切入点。

1949年以来尤其是改革开放40年以来，高校外部以及内部诸关系发生了几次变迁（如1999年开始的高校大扩招），但已有的"结构-制度"视角虽能勾勒出其中的大致路径和逻辑，但未能揭示支撑这一变迁的具体而微观的机制和逻辑。只有进入具体的生活实践中，去洞察"生活人"和"制度人"这两类行动者如何在互动中基于各自的活动逻辑，去生产、诠释、拆解、援引、分化、连接、修正、整合从而再生产出各种正式制度，才能全面且深入地把握大学治理尤其是内部治理关系生成与变迁的具体逻辑，这正是"制度-生活"视角的价值所在。也就是说，中国大学内部治理的变迁绝不仅仅是基于制度逻辑的。今后，大学领导人要顺利推进大学内部治理改革，还必须关照生活逻辑。谈到这里，有几点启示如下。

(1) 由于生活人及其生活逻辑的存在，大学内部治理绝没有一致的或者可以套用的模板或模式，而是一个具有高度校际差异、角色性差异甚至个人性差异的过程，这自然也为大学整体的办学特色、差异问题提供了解释机制，尽管我国公办高校都是基于同一办学体制。比如，同样都是党委领导下的校长负责制，有些高校的党委书记让人觉得"凡事都是他说了算"，而有些高校的校长却显得比党委书记更"强势"。

(2) 由于生活人及其生活逻辑的存在，在大学治理实践中，完全依"制度"行事的管理者不见得就是优秀的管理者，"一刀切"的管理模式很可能就是走了一条很不该走的"捷径"。在现实的大学内部治理实践中，作为"制度人"的大学管理者，为了能尽量消除改革道路上的阻力，需要在把握好制度"底线"的前提下，根据当时情势的变化，对制度进行诠释、拆解或者援引，以对接"生活人"的需要，这种管理模式，本书将其称为"柔性的治理"。

(3) 由于"生活人"及其"生活"逻辑的存在，在进行大学内部治理的制度设计时，若以满足"生活人"的发展需要为逻辑起点，将会是好的制度。由于"制度人"同时也是"生活人"，所以在制度设计上就是以满足"生活人"的发展需要为逻辑出发点。例如，高校在制定人才培养方案时，就应该建立在大学生对自身发展需要的基础之上。现在大学治理中有一种误区，觉得很多时候只要做好"顶层设计"就可以了,这是十分危险的,顶层设计不能脱离群众而必须深入基层,必须基于大量、广泛的调查。

总而言之,本书在前人已有研究的基础上,提出了能关照个人生活实践的、相对微观的研究视角,并做了较深入的分析。若纳入现实中大学内部复杂的治理场景中,这一视角需要解决的理论及应用问题还很多,如行动者是如何利用制度与生活之间的矛盾关系建构自身的自由活动空间的,某一制度设计中的合情性、合理性与合法性之间是如何搭配的……为此,还希望同仁今后能继续完善"制度-生活"这一研究大学内部治理问题的视角,并结合一些具体的个案做进一步的研究与探讨。

媒体发声:大学治理的两种逻辑

近期,大学频繁换将的消息不断见诸报端。对高校领导班子的建设,教育部曾规定了"党政领导班子任期届满应及时换届",这对构建富有活力的干部选任机制意义重大。但也有不少人呼吁应尊重院校发展的规律,推动大学校长的专业化和职业化建设,使学校的改革与发展更有可持续性、可预见性和稳定性。而在现实中,对一些二级院系等科研机构的管理,许多大学硬生生把这一制度硬搬过来,要求院系负责人任满两届后调离岗位,这势必影响学科的可持续发展。

大学属于"科层制"与"学术共同体"的复合共生体。大学的运作逻辑既受制于科层组织制度及权力,又受学科知识生产及相应学术权力的影响,这意味着大学具有政府机构、一般企事业单位所没有的学术性,而这正是其本质属性。至于院系等大学二级单位,学术性以及相应的学术逻辑就更为明显,基本上是一个单纯以知识生产、人才培养为根本任务的教学科研机构。与党政、后勤等不同,院系以某一学科或若干临近学科为准则组建,是学科分化和知识高度专门化的组织。另外,因为学科的差异以及各院系实力、特色状态不一,往往呈现出一种"有组织的无政府状态",其运行逻辑与其他事务性机构迥然相异,也就是说,对于院系,其决策涉及的事务大多以学术为主轴,最有发言权的是专家学者,而不是享有处级待遇的干部。

在行政语境下,院系无非是学校的一个下级单位,在整个学校的利益和目标之下首要强调的是服从;而在学术语境下,院系则是学校内部相对独立的知识单元,注重的是相对平等而自主的决策方式,强调学科发展、知识的价值以及人的培养。以上两种逻辑在实践中会因各方立场、认识等不一致而产生歧见与冲突。但是,这种运行逻辑上的不一致,并不一定意味着问题无法解决或者双方永远对立。换句话来说,基于大学的学术本性,当两者产生矛盾的时候,行政逻辑应该尊重学术逻辑,甚或让位于学术逻辑。

1906年,两江师范学堂(南京大学前身)监督李瑞清聘请国学大师柳诒徵来校执教。但不到两个月，柳诒徵就要辞职而去。李瑞清闻讯即查找缘由，得知两江教习每月须到司库处签字领取薪俸，柳诒徵颇不以为然，觉得有辱斯文。李瑞清随即下令司库按月将薪俸"送至柳府，无须签收"，柳诒徵也欣然续聘，后成为该校首屈一指的名师。

领取薪俸，就要签字，这是大学财务管理所应遵循的基本规则。但是，面对柳诒徵这样的东南鸿儒，深谙办学之道的李瑞清选择了变通，即让标准化、严格有序的行政逻辑服从于个性化、"举贤任能"的学术逻辑。

目前，在既未形成一套成熟、有效的学术领导人任用方式，也不具备"院为实体"以及院长(系主任)职业化二级管理机制的情况下，学校对院系任何层面的改革都切忌简单化，不能以效率、便利以及规章制度甚至领导的喜好来决定学术事务，更要避免以"中国特色"为由违背教育规律。大学作为以知识发展为核心事业的组织，需要尊重和认可各个院系组织对各自学科及组织发展的判断与规划，从而尽可能避免或减少科层行政决定对学术发展的伤害。

注：原文题目为《行政逻辑需要尊重学术逻辑》，刊登于《中国教育报》2016年1月11日第8版，作者为董云川、罗志敏(执笔)。

第六章　大学学术问题治理

谈到新时期大学内部治理面临的问题与挑战，学术治理问题无疑是一个躲不开、绕不过的重要议题：一方面，大学是社会开展学术活动最主要、最集中、最有代表性的机构与场所，其学术状况直接影响办学质量及学校整个学术文化氛围的形成，进而影响我国人才培养的质量以及科技事业发展的未来；另一方面，我国大学近些年致力推动的学风建设工作还远未达到当初所希望的结果，并且正面临来自组织、制度、技术、法律等层面的问题。为此，本章从学术组织建设等方面阐述大学学术治理改革的一些思路和方法。

一、大学学术价值规范问题

价值规范是指实践主体在追求某种"价值"时所把持的内在尺度，也是"一种比态度更广泛、更抽象的内在倾向"[①]。价值规范一旦在组织内达成共识并确立下来，就可成为该组织及其成员处理内外矛盾的主导性原则或准则。对于大学这一社会开展学术活动最主要、最集中、最有代表性的学术组织来说，确立、宣示并践行符合学术本质要求的学术价值规范，无论是对于大学树立好的公众形象、建立起清晰的学术伦理期望，还是完善其学术治理以引导学校形成良好的学术文化氛围、提高学校科研绩效等，都具有十分重要的意义。

（一）大学学术价值规范的缺失表现

本书通过网络，收集到国内一些大学早前发布的《大学学术道德规范》《大学教师学术道德守则》《大学学术道德行为规范》等不同名称的政策文本。这些文本除了多以校学术委员会或学校道德委员会的名义发布之外，有的还以校长办公室、校学风建设领导小组或校科技处和社科处的名义发布。单从价值规范的层面来考察，以上这些文本都不同程度地存在学术价值规范的缺失问题，具体表现在以下几个方面。

1. 学术核心价值取向缺损

学术核心价值取向，是指在学术实践活动过程中没有时限地引领学术人从起

---

① 金盛华、辛志勇. 中国人价值观研究的现状及发展趋势[J]. 北京师范大学学报（社会科学版），2003（3）：57.

点到终点（目标）的指导性原则，也是确立与之相配套的学术基本价值规范体系，进而建立包括学术道德规范在内的制度及操作体系的中心和"灵魂"。但是，在一些大学出台的学术道德规范文本中，学术核心价值取向没有得到充分的体现。

第一，核心价值取向多元化。如某大学《大学教师学术道德守则》（以下简称《守则》）第一章"总则"的第一条内容如下。

> 为促进我校学术事业健康持续的发展，维护**大学的声誉，制定本守则。

不管是什么类型的道德规范，其价值取向都应该是一元的、旗帜鲜明的。但该大学的《守则》显然有两个价值取向，即"学术发展"取向和"维护学校声誉"取向。这在学术实践中很容易出问题、犯错误。如果该校发生了学术不端事件，学校在处理时通常会把"学术发展"让位于"维护学校声誉"，不敢公开处理，往往息事宁人，搪塞了事，为的是"家丑不可外扬"，维护学校所谓的"声誉"。

第二，核心价值取向笼统化。作为大学学术活动的最根本的指导原则，学术核心价值取向应能充分体现学术的本质，虽然跟社会其他行业的职业价值取向在内涵上有所交叉，但必须有不同的地方。如一些大学虽提出了一些学术的核心价值取向，如"诚信""负责""效率"等，但却有些笼统而不能体现出学术的本质特性。因为"诚信""负责""效率"也可以是其他社会职业人士的价值取向，如公务员、工商经营者、媒体人士等。

第三，与基本学术价值规范相混淆。学术核心价值取向不能等同于基本学术价值规范，基本学术价值规范是学术核心价值取向的具体化，是围绕学术核心价值取向从各个角度、各个层面建立的具体价值规范，如学术人在学术组织内要遵守"合作""诚信"等价值规范，在社会层面要遵守"独立""公正"等价值规范。但一些大学把所列举的一些价值规范统统称为核心价值取向，如某大学的《学术行为规范》的"序言"部分把"创新""严谨认真""公开"等价值观念都作为学术核心价值取向。这样做不仅会造成一元价值导向的丧失，而且不利于实践中学术道德的宣传、推广以及学术道德的内化，同时会给学术人个人学术价值取向的错乱埋下"伏笔"。

2. 学术价值规范淡化

许多大学在其出台的学术道德规范中纳入过多与学术无关的内容，有的甚至像是政治或文化宣传，这自然淡化了学校所应表述的学术价值规范，甚至与学术道德要求相悖。如某大学在其发布的《学术道德规范实施细则》的"基本规范"一节中有如下两大段内容。

（一）必须具有强烈的推动学术进步的历史责任感和努力进行学术创新的社会责任感，积极开展科学研究，努力弘扬科学精神、人文精神和民族精神，以促进社会主义物质文明、政治文明和精神文明建设为己任。不允许专任教师和专职科研人员在学术研究上的不作为或懈怠。

（二）坚持正确导向。学术研究应以马克思列宁主义、毛泽东思想、邓小平理论和"三个代表"重要思想为指导，坚持科学发展观，遵循"解放思想、实事求是、与时俱进"的思想路线，贯彻"百花齐放、百家争鸣"的方针。

学术道德的基本规范阐述的应是学术道德的基本原则和要求，以上大多内容虽与学术有联系，却与学术本质没有多大关系，更像是在搞政治或文化宣传。中山大学教授陈少明在《重提对规范的疑虑》一文中曾就此认为，"学术知识同政治宣传混淆，从而扭曲了知识的评价标准，损害了理智的事业，实质上也是动摇了知识分子安身立命的基础"[①]。

3. 学术价值观模糊不清

虽然一些大学的学术规范文本都在"序言"或"总则"部分提出了一大堆需要遵循的学术道德规范，但很难看得出其所倡导的"学术价值规范"是什么。它们要么含糊其词，要么叙述烦琐，要么不得要领，要么干脆不提，只是列举一些学术上需要禁止的行为和处罚的措施。以下是某大学的《学术道德行为规范》所列出的四条基本学术道德规范。

在科学研究与学术活动中，应当遵守以下基本道德要求：

（一）科学研究以探索真理为目的，遵循科学研究的规律，尊重学术自由的原则，维护学术的高尚、纯洁与严肃性；

（二）确立科学研究的历史使命感和社会责任感，以繁荣学术、发展先进文化、推动社会进步为己任，追求学术创新，反对沽名钓誉、急功近利、自私自利、损人利己等不良作风；

（三）坚持实事求是的科学精神和严肃认真、一丝不苟的科学态度，反对一切弄虚作假、投机取巧、抄袭剽窃和粗制滥造行为；

（四）不断提高学术道德素养，倡导求真务实的学术作风，养成恪守学术规范的良好品德。

以上学术道德原则存在条文烦琐混杂这样的缺陷，而且语义重复、不得要领，其所倡导的学术价值规范因此无法得到明确的宣示。如第（一）条、第（二）条、第（三）条语义重复，"以探索真理为目的"难道就不是"确立科学研究的历史使命感和社会责任感"？"维护学术的高尚、纯洁与严肃性"与"坚持实事求是的科学精神和严肃认真、一丝不苟的科学态度"其实讲的都是"学术严谨"。第（四）条甚至是多余的。

学术价值规范是判断学术操作过程中善与恶的一般标准，也是客观反映学术价值关系、激励学术人人心向善的最关键的学术理念，是经得起时间考验的、一旦确定下来就不会轻易更改的精神准则。所以，学术价值规范应使用简单、易懂、

---

① 陈少明. 重提对规范的疑虑[A]. 邓正来. 中国学术规范化讨论文选[C]. 北京：法律出版社，2004：51.

4. 学术价值观层次不分明

学术活动作为一个包含多个主体利益要求的关系整体,其完整的价值规范体系是由一个核心价值取向或核心价值观统领下的诸多价值观构成的。但是,这些价值规范无论从纵向上还是从横向上都必须有一定的层次,这样才能泾渭分明。在大学学术治理实践活动中,把学术价值规范划分为不同的层次,这不仅能使学术人在思想上做到条理清晰,而且在实际的学术治理过程中也更容易着手。但一些大学提出的学术价值规范往往"堆砌"在一起,没有明晰的层次,更谈不上什么是最低层次的"学术道德底线",什么是最高层次的"学术最高追求"。如上文所提及的某大学《学术道德规范实施细则》中"基本规范"的第(一)条中的"不允许专任教师和专职科研人员在学术研究上的不作为或懈怠"这句话,本应属于限制性价值规范,但却与倡导性价值规范放在一起,这不仅与文本下方的有关"罚则"相重复,而且含义模糊,不知所云,成了空话、套话。此外,有些学术价值规范与价值规范之间语义重复,如"准确"与"客观","尊重"与"平等"等。这些缺陷在实践中往往会造成学术人价值观的紊乱而无所适从,也给学术治理工作带来麻烦。

(二)大学学术价值规范的体系构建

大学在学术治理实践中,由于要贴近其成员(教师、研究生等)的学术生活,其提出和倡导的价值规范应该是一个体系[①],即在核心价值导向的基础上有不同的层次和面向,以满足高校内部庞大数量的,具有不同背景、水平和志向的科研人员的不同需求,这样也能在学术治理上做到泾渭分明。在此,本书提出可简称为"一元二层三面"的科研诚信价值规范体系(表6-1),以作为大学学术治理改革实践过程中的价值指引。

表6-1 "一元二层三面"科研诚信价值规范体系

	价值取向/规范	释义
一元	"求真"(核心价值取向)	探求未知的真理
二层	底线:"严谨"	唯实、严肃、严格、严密、审慎
	上标:"创新"	生产新的知识
三面	个体面:"理性"	持有一种自觉状态和实证精神等
	组织面:"合作"	能够坦诚地与他人进行科研交流合作等
	社会面:"独立"	以学术为本位,不随波逐流、颠倒是非等

---

① 罗志敏.学术伦理规制——研究生学术道德建设的新思略[M].北京:知识产权出版社,2013.

1. 一元："求真"

"求真"（being the quest for truth①）中的"真"是指"真理"，求真就是要探求未知的真理。求真，不仅是学术的核心价值取向或核心价值规范，也是维系学术伦理关系的核心所在，是解决一切学术伦理困境的出口，是一切学术活动的中心和灵魂，更是科学进步的动因和科学活力的生命源泉。我国学者彭国华认为："不同的学者尽管可能有不同的旨趣，但往往殊途而同归，都能够在'求真'这个问题上找到共同点。"②

第一，学术是探求"真"的过程。恩格斯指出："在马克思看来，科学是一种在历史上起推动作用的、革命的力量。"③保证科学具有这种力量则要靠学术的力量。科学是以逻辑思维形式表现出来的知识体系，体现着一种"真"的善。这种"真"的善是学术实践活动经验的结晶，也是对社会存在和自然过程的正确反映。而学术是学术人为获得这种"真"的善，在学术实践活动中探索自然世界、人类社会或自身世界，并通过概念、判断、假说和推理等逻辑思维形式来表现其认识程度的过程。这说明，学术是一个不断探求科学的"真"的过程。一方面，由于科学的"真"总是隐藏在事物内部的深处，是难以发现的。对真理的获得绝不可能通过预约的方式来实现，而需要一个探究、摸索的过程。这意味着学术的"求真"就是不接受任何未经实验检验的理论，它怀疑和质问一切，对事物进行谨慎而有保留的判断，并对这一判断的界限和适用范围加以系统检验。很明显，这种"求真"精神保证或促进了理论的真理性，使科学真正具有力量；另一方面，学术不能穷尽真理或占有整个真理，因此就需要学术人不断提高自身学术水平，从而更好地探索真理，接近真理，不断修正和完善真理。亚里士多德认为："对真理的思辨，既困难，又容易。从没有一个人能够把握它本身，也没有一个人毫无所得。"④这句话的意思是，学术是一个不断"求真"的过程，一个"求真"的人不会毫无所得，他总会得到某些真理。

第二，"求真"是"真、善、美"的统一。从伦理的意义上讲，学术价值规范其实就是一个以"求真"为中心任务的价值关系体系。这个"求真"符合科学的"真"，因此其最终也是"善"的、是"美"的。这是因为科学的本质表现为在"真"的基础上的"真、善、美"的统一，真、善、美其实就是科学本质"真"的不同侧面，在实践中是浑然一体的、互补互渗的。如就其反映客观事物的本质和规律而言是"真"，就其表现人的幸福而言是"善"，就其能满足人的感官需

---

① 在本书看来，"求真"等学术伦理价值观绝不是冰冷冷的抽象词汇，而应是具有德性驱动力的动态价值取向。所以，在学术伦理价值观的英文翻译上，本书主张把"求真"译成"being the quest for truth"，而不是"the quest for truth"；"严谨"译成"keeping strict"，而不是"strictness"；"创新"译成"innovating"，而不是"innovation"等。
② 彭国华. 学术研究贵在求真、求新、求深[N]. 人民日报，2008-07-22.
③ 马克思恩格斯全集（第19卷）[M]. 北京：人民出版社，1963.
④ 苗力田. 亚里士多德选集（形而上学卷）[M]. 北京：中国人民大学出版社，2000.

要（审美需要）而言则是"美"。这也就是说，学术虽以"求真"为核心价值取向，但学术"求真"的目的绝不是一种自私自利的享乐，而是以"求真"为基础，力求与"臻善""至美"的统一：从事物的本质出发去看待和建构对象，以真至美，以真臻善；从实用的角度出发去看待和建造对象，这是以善求真，以善得美；以超越功利的目的去追求科学本质的实现，这是以美启真、以美臻真。总而言之，学术的本质就是在求真的基础上，糅合了人类情感、认识、表达、理智、伦理以及审美的需要，这正是给学术以求真臻善至美的动因和目标。

2. 二层："严谨"与"创新"

1）严谨：学术伦理的"底线伦理"

"严谨"（keeping strict）是维系学术伦理关系的最低要求。这也就是说，"严谨"是学术人最基本的学术道德义务，是学术人个人学术德行的最后边界或屏障。需要强调说明的是，设定底线伦理并不是将学术伦理的标准降格以求，恰恰相反，其是学术人追求自己学术理想、最终取得创新性学术成果（求得真理）的基础和前提。

第一，"严谨"是学术活动的规律所决定的。"严谨"之所以是学术活动中的最低伦理要求和必须予以遵守的价值规范，主要基于以下几个方面的原因。①学术活动的对象需要"严谨"。"求真"的过程是主观见之于客观的过程。由于学术活动的对象是客观世界，其活动的产品即学术作品包括论文、论著、研究报告，是严密组织起来的知识，表现为一定的理论、思想和学说、观点或结论。它们是否具有真理性，往往取决于学术人是否具有一种严谨的学术价值观念。②学术活动的研究过程需要"严谨"。学术研究是一种逻辑性、系统性的思辨或求证过程。这意味着学术研究要细致入微，逻辑严密，否则学术产品的质量必然受到影响，甚至走向伪科学，造成破坏性的社会后果。③学术活动所需资源的有效利用需要"严谨"。如果某一学术研究成果由于操作者的疏忽存在差错，那么其他信赖这项研究成果并以此基础上进行研究工作的学者的努力就会付诸东流，这不仅会影响学者之间的信用和合作，更重要的是造成了有限学术资源的浪费。④学术活动外部环境的复杂性需要"严谨"。

目前，学术活动与周围的环境发生着越来越密切的联系（如大学与营利性产业不断加强的合作），并不可避免地受到周围环境的影响和制约。一方面，在目前学术成果与荣誉、金钱联系紧密的学术生态背景下，学术人普遍有一种急于传播自己学术结果的冲动，减少了对研究结果的关注、检查和深思，从而增加了出错的可能。另一方面，学术研究结果一经公布，就会通过各种现代化的交流手段迅速得以传播。在这种情况下，就有可能打乱学术人的研究步调，使得研究结果未经仔细检查和反复论证检验，从而也有可能发生错误。为此，就需要学术人能以一贯的严谨作风抵御周围环境带来的不利影响，始终慎重地对待学术，以避免违背学术伦理价值观的事情发生。

第二,"严谨"需要遵循一些具体的价值规范。"严谨"在《现代汉语词典》中的解释是"严密谨慎;严密细致"①。从学术活动这个角度上讲,"严谨"的价值含义应至少包括"唯实、严肃、严格、严密、审慎"五个方面。①唯实(holding the verity),就是从事实出发,即通过实地观察、实验、论证以摸索、探讨客观事物的规律性,一就是一,二就是二,不能弄虚作假,更不能胡编乱造等。②严肃(keeping serious),就是保持所选研究课题的学术性,拒绝浅薄的东西;维护学术及学术组织的尊严和荣誉,不能出于眼前的利益而滥用自己的学术权力等。③严格(keeping scrupulous),就是要随时修正自己在研究过程中的错误,公开发表成果中的错误需要公开承认,要有监管自己所领导的研究小组成员及其所指导或培养学生的责任,并有义务纠正他们在科研中所犯的错误等。④严密(keeping precise),就是要细心采集数据并妥当储存;验证或多次验证自己的研究成果;不泄露或侵占他人未公开的学术成果等。⑤审慎(keeping cautious),就是要慎重地在公开场合发表言论,不能想当然的主观臆测,尊重他人的研究成果并要正确使用;审慎地评价他人的研究成果,不夸大也不缩小等。

2) 创新:学术伦理的"上标伦理"

"创新"(innovating)处在学术价值规范体系中最高层次,它既是学术共同体得以存在的"社会资本",也是学术人的最高价值追求,是学术伦理的"至善"(exceptionally good),是学术"求真"(探求未知)过程的愿望和归依。

所谓创新,按照一般的说法,就是本着满足社会需求,在已有环境和条件的基础上,提出新的见解、开拓新的领域、解决新的问题、做出新的发现、改进或创造新的事物,从而获得有益效果的行动过程。创新是人类主观能动性的最高级表现形式,是推动民族进步和社会发展的不竭动力。而对创新的主体——在大学从事学术工作的教师、科研人员、研究生等学术人来讲,无论是拥有最高学术荣誉的院士或资深专家教授,还是广大的普通教师和学生,创新都应是其人生追求的最高境界,更是其职业生涯中应始终坚守的"上标伦理"(或"最高伦理")。

第一,创新是学术人所应承担的最重要道义责任。

由于学术人掌握专业科学知识,从而成为国民创新体系的中坚力量。在当今科技发展瞬息万变的时代,人们对科技的依赖越来越大,也相应对学术人寄予了很高的价值期待,特别是一些科技专家更是直接参与国家和社会的重大决策与管理活动,这些意味着学术人在拥有诸多特殊权力的同时还须承担更多的道义责任。在这些责任当中,创新无疑是最重要、最具代表性的,因为科技发展史就是不断创新的历史,创新是科技实践过程的愿望和归依,是维系科技伦理诸关系的生命力所在。一方面,创新处在科学价值体系中的最高层次,是国家和社会赋予学术人的最高伦理要求,也是满足他们自身高层次需要的高尚志业,学术人因此需要

---

① 中国社会科学院语言研究所词典编辑室. 现代汉语词典[Z]. 北京:商务印书馆,1997.

永无止境地追求创新；另一方面，不管是基础性的知识创新，还是应用性的技术创新，都是科技活动的价值依托，是以科学"求真"为基础的"臻善""致美"的统一。如果在科技活动中没有创新，科技发展将会止步不前，科技活动也将会失去继续存在的意义，同时学术人必将在社会上失去生存与发展的条件。

第二，创新源自学术人超乎常人的自觉意志。

创新既是一项艰苦的智力劳动，又是一种高度的理性自觉，其是在独立思考、潜心研究、长期积淀的基础上对已有科技知识的扬弃，也是不辱学术人使命和责任的最好体现。为此，需要科研人员有一种超乎常人的自觉意志，才有可能在自己的科研领域中有所突破。一方面，创新需要学术人有坚定的信念，即坚信事物之间的因果性和规律性，坚定世界秩序和规律的存在与可理解性。另一方面，创新需要学术人有执着的精神。创新没有捷径，而是一个长期、曲折、复杂的过程，在这个过程中，需要学术人对自己的工作有一种不怕挫折与失败、持之以恒、坚韧不拔的执着，甘于寂寞、淡泊名利、潜心钻研、勇往直前，在不断地怀疑、批判、尝试中求得创新性的成果，切忌急功近利、急于求成、粗制滥造。

第三，创新是学术人获取社会承认的唯一媒介。

随着科技在国家及社会发展中的地位日益凸显，拥有创新性的科技成果不仅是科研人员存在价值和生命意义的最有效证明，而且成为他们获取社会承认的唯一媒介。也就是说，如果科研人员想要获得社会承认，唯一能做的就是拿出自己的创新性科技成果。与此同时，其在科技创新方面所做的贡献大小，也决定着其获取社会承认的范围和持续的时间。在科学研究职业化趋势越来越明显的今天，从事科技活动带给科研人员越来越多的金钱从而实现谋生的意义，但科研人员真正看重的还应是以自己有创见的工作为媒介所获取的社会承认，这种承认本质上蕴含着包括科研界在内的社会组织对其所做贡献和科研能力的双重认可，被视为在其领域中最值得骄傲和自豪的资本，也被视为能体面获得名利的最佳途径。在名利与社会承认之间，真正的科研人员衡量得失后的选择永远只会是后者。正是由于社会承认成为科研人员心目中的首要考量，才使得科学研究有了超越名利的更为崇高的目的，才使得人类文明和社会的进步有着永远光明的前景。

3. 三面："理性""合作"与"独立"

至于"三面"，即学术价值规范从横向角度由内及外可大体划分为个体、组织、社会三个层面。

个体层面的价值规范是"理性"，就是指科研人员所持的一种自觉状态，即在"求真"核心价值观的驱使下，对科研有敬畏、虔诚之心，潜心科研，不投机取巧，不浮躁、浮浅、浮夸，对已有的科学知识体系始终保持有一种问题意识，同时具有一种理性的实证精神。

组织层面即科研共同体层面的价值规范是"合作"，如能够坦诚地与他人进行科研交流合作，不夸大、谎报自己的科研成绩，同时能对他人的科研成果做出中肯评价，也绝不掠人之美侵占他人研究成果等。

社会层面的价值规范可概括为"独立"，即科研人员在社会的交往中，以学术为本位，做真理的维护者、捍卫者，不见风使舵，更不随波逐流、颠倒是非。换句话来说，就是"具有独立的价值判断能力，并依据内心准则而自由行动，不为名利和人情世故关系所绊"[1]。

（三）大学学术价值规范的重建之路

目前，一些社会组织部门更是把确立自身的价值规范提到了与其自身发展相匹配的战略高度，价值规范成了其开展活动、赢得社会美誉，进而获得可持续发展的最高指导准则。如IBM（国际商业机器，International Business Machines）公司把"成就客户，创新为要，诚信负责"作为其价值规范，联想公司把"成就客户，创业创新，精准求实，诚信正直"作为其价值规范，路透社把"准确、独立、可靠""开放、及时、创新""以客户为本"作为其价值规范等。作为有着崇高精神追求的大学，也应在学术治理实践中确立并明确宣示、践行自身的价值规范，即学术价值规范。

1. 确立一套完整的学术价值规范体系

美国福特汉姆大学伦理教育中心主任西莉亚·费希尔（Celia B. Fisher）博士认为，目前社会对学术的要求趋于多元化，大学教授等学术人面临的环境也比以往复杂。在这种情况下，必须就建立一套符合职业、教育、法律以及政策要求的学术价值规范问题予以充分的探讨。[2]本书认为，一套完整的学术价值规范应包括两大部分：一是要确立一个能体现学术本质要求的核心价值规范，其必须是一元的、明确的、简洁的。如美国乔治·华盛顿大学把"学术完整性"（academic integrity）作为其学术的核心价值规范[3]，加拿大多伦多大学把"寻求和传播知识"作为本校的学术核心价值规范[4]等。二是要围绕这个核心价值观确立不同层面、不同维度的学术价值观或学术价值规范。如美国滑铁卢大学把诚实、信任、尊重、平等和负责作为其基本的学术价值观念[5]，南非约翰内斯堡大学把自由、民主、平等、尊重人的价值、尊重多样性、追求卓越和竭尽全力作为其基本的学术价值观念[6]等。本

---

[1] 陈亮.学术治理的工具主义积弊及其超越[J].教育发展研究，2018（7）：329.
[2] Fisher C B. Developing a code of ethics for academics[J]. Science and Engineering Ethics, 2003，52（9）：171.
[3] George Washington University Code of Academic Integrity[EB/OL]. [2010-01-14]. http://www.gwu.edu/ntegrity/code.html.
[4] University of Toronto Governing Council：Code of Behaviour on Academic Matters [EB/OL]. [2010-01-17]. www.governingcouncil.utoronto.ca › Policies.
[5] Toward a Level Playing Field：Enhancing Academic Integrity at the University of Waterloo[R].University of Waterloo Academic Integrity Committee，2007-07-31.
[6] University of Johannesburg Senate.Code of Academic and Research Ethics（Amended Code，2007-10-22）[EB/OL]. [2010-01-17]. www.uj.ac.za/.../0/.../Code_of_Academic_and_Research_Ethics.pdf.

书认为，学术价值规范不能随意堆砌在一起，应该有明晰的层次。从纵向层次来讲，学术价值规范既要有限定学术人最基本的学术道德义务的最低价值规范，也要有能体现学术最高精神追求的最高价值规范；从横向层面上讲，学术价值规范既要有个人层面的学术价值规范，也要有院校组织（或学术共同体）层面的学术价值规范，同时要有社会层面的学术价值规范。

虽然学术的基本价值理念在任何国家以及学术机构都是一致的，但由于传统文化的差异，我国大学在建构自身的学术价值规范时，不能简单地从国外照搬，而要在国内外学术机构和学者提出的一些学术价值理念的基础上，进行归纳、整理和研究，并通过专家咨询、组织研讨等民主方法，建立一套符合学术生态需求的、能获得同行普遍认可的、结合我国传统文化的并具有全球时代价值的学术价值规范体系。这一方面可以为我国大学学术人的学术实践活动提供价值理念上的指导，以增强他们的学术自律意识和学术创新精神；另一方面也可以为大学学术制度的存废、完善以及具体的学术治理工作提供实际的指导和解决问题的方法，以营造和谐的学术生态环境。

本书建构了一套立体的即"一元二层三面"学术价值规范体系。这一体系是学术治理的价值基础，也是大学进行学术诚信宣传、教育、查处机制的出发点和落脚点。为此，大学在学术治理实践中，无论是学术诚信教育培训教材的编制，还是宣传文本材料的制作，抑或是对学术不端案件的处理，都必须以上述价值观规范体系为指引并贯穿其中，以推动着学术价值规范在教师、科研人员、学生的自我意识中的生成和建构，推动他们的自我创造，使具有普遍意义的学术价值规范生成于其自我意识之中，以致形成具有较强稳定性的、符合学术伦理关系要求的理性品质。

2. 在文本中明确宣示学术价值规范

大学学术道德规范文本应是最能完整体现学校所倡导的学术价值规范的载体。学术价值规范应该高居于学术道德规范文本的最上方，如果没有这一部分而直奔学术规范这个主题，这个文本就只能算是一份普通的学术规章制度汇编。另外，由于学术规范不可能考虑到每个问题，而且很容易被人忽视或遗忘，这就使简洁明了的学术价值规范从文本中单独列出成为必要。

学术价值规范由一个核心价值观统领下的几个最基本的价值规范组成，每一价值规范下都要有各自的简要说明。这些基本的价值规范内涵丰富，涵盖了学术活动的方方面面，是任何一个大学学术人都应该知晓和追求的，任何学术不端行为（文本不可能将其全部都列举在纸面上）都是对这些学术价值规范（或某一价值规范）的背叛。换句话来说，学术价值规范是判定学术不端行为是否存在的终极标准。凡是符合学术价值规范的，就应该是被提倡和鼓励的，否则，就应该是遭受谴责和被禁止的。目前一些大学为了有效防治学术不端，对学术不端的认定以及防范与惩罚方面都比以往完善许多，但仍有许多学术不端者逃脱了应有的惩罚。这种"道高一尺，魔高一丈"的现象可以说是目前大学学术治理的一大困惑和难题。但是，没有明文规定的并不代表其可以逾越学术价值规范所设立的"门槛"。由于学术价值规范具有无处不在的普适性，任何学术不端都是对学术价值规范的背离，即使其"侥幸"没有受到现有学术规范的具体惩罚，却永远逃脱不了学术价值规范笼罩下的"道义谴责"和"精神惩罚"。

还需补充说明的是，学术道德规范文本的开头部分（或"前言"），即学术价值规范的宣示部分，必须要有该校德才兼备的学术道德委员会主席或校长的亲笔署名，这样做等于为文本的推广以及实施定下了一个很权威的"调子"。

3. 在实践中强化学术价值规范

要想使学术价值规范深入人心，仅在文本上列出学术价值规范是远远不够的，必须通过宣传、教育等途径来加强学术价值规范在大学校园中的内化。

第一，加强学术价值规范的宣传。学术价值规范需要公开的宣传，没有这个要素，学校试图倡导的学术价值规范就永远不会被分享或理解。学术价值规范通过不断地宣传，予以强调，才会让大学学术人感到他们"不得不"做一些正确的事情。如可以把文本所倡导的学术价值规范贯穿在一些典型案例中进行宣传，通过正、反两方面的例子，调动周围舆论荡浊扬清的作用，促使学术人学术道德水平的提高。

第二，加强学术价值规范的教育。不要因为大学教师等科研人员都是高素质的人就认为他们不需要教育。美国大学联合会前主席罗伯特·M.罗森兹威格（Robert M. Rosenzweig）在谈到大学教师学术不端现象时就认为，"他们也不是天生就有什么特别的伦理基因，实际上，他们只不过是选择从事学术职业的人而已。"[①]就目前我国大学发生的有违学术道德的事件来说，许多都跟科研人员缺乏对学术价值观的正确认知和体验有关。所以，必须加强以学术价值规范为基础的方案文本在大学学术共同体内的教育，只有这样，才能把这种静止的价值符号转换成科研人员所熟悉的、动态的文化指令，以指导其实践。

总之，学术价值规范是在长期的学术实践过程中形成的，是一代代学术楷模用自己的道德与智慧浇铸而成的，若将其在大学的学术治理实践活动中精心提取出来、确立并予以强化，其就会具有极大的"无处不在"普适性，这对规范大学的学术治理工作、提高大学学术人的自我管理能力以及激发他们的学术创新精神都具有十分重要的价值和意义。

---

① 罗伯特·M. 罗森兹威格. 大学与政治——美国研究型大学的政策、政治和校长领导[M]. 王晨，译. 保定：河北大学出版社，2008.

二、大学学术伦理委员会的组建

本章要关注和思考的问题是，能不能趁着当前我国大学治理深化改革的势头，设置专门负责学术伦理建设任务的学术伦理委员会。如果回答是肯定的，那么，与大学已设置的相关机构(如科研诚信建设办公室、学术道德委员会、学风建设办公室)相比，其必要性或可替代性何在，具有什么功能和属性，如何设置，人员又是如何配备等。

(一)伦理委员会的缘起及发展

"伦理委员会"一词最早出现在医疗卫生领域，是有关医学研究、健康服务方面的一个组织，如"医学伦理委员会""伦理审查委员会""伦理评估委员会""生命伦理委员会""健康伦理委员会""机构伦理委员会""独立伦理委员会""伦理驱动委员会"等，不同名称的伦理委员会实际上都是医学伦理委员会。目前，国外比较著名的伦理委员会一般都产生在医学伦理领域(特别是基因与生殖技术)，如英国的沃诺克(Warnock)伦理委员会、澳大利亚的沃勒(Waller)和迈克尔(Michael)伦理委员会，加拿大的贝尔德(Baird)伦理委员会，这些委员会的共同特点是其成员由7~10位来自法律、社会团体、医学和教会等不同领域的代表构成，这样也就使得社会中各个阶层与群体的利益和要求在伦理委员会的决策程序里都尽可能地得到顾及和体现[①]。

我国自1989年引入伦理委员会这一组织形式以来，已经得到我国卫生行政部门和医学界的认同，一些医学院和大医院所在的城市都先后建立了伦理委员会，在有关伦理审查、伦理咨询、伦理决策、伦理教育以及维护受试者权益方面发挥了重要作用。与此同时，伦理委员会也是国内一些医学类报纸杂志以及网络频繁出现的一个词语，这足见人们对医学伦理的重视。

目前，随着社会经济的不断发展以及人们的自主性程度、交往机会和范围的不断增强、增大和扩展，人们发现其所面临的价值冲突以及需要解决的伦理问题与伦理困惑也越来越多，而不局限在医疗健康领域。于是，从科技领域产生的"科技伦理"到"工程伦理""网络伦理"，从关注全球生态发展的"生态伦理"到"环境伦理"，从文学影视界热论的"家庭伦理"到"交往伦理"乃至"全球交往伦理"，从产业界关注的"经济伦理"到"企业伦理""管理伦理"乃至"行政伦理"……目前，伦理问题的触角已经延伸到社会的各个层面，这既引起从学界到社会普通阶层的普遍关注，也引发了社会忧患人士对"伦理回归"的呼唤。

---

① 甘绍平. 道德共识的形成机制[J]. 哲学动态，2002(8)：26.

与此同时，一些诸如产品生产销售、金融、新闻出版、物流等社会行业或社会组织为了保持自身的社会美誉度和长远发展，把"伦理"看成是一种重要的"生产力"，成立了类似伦理委员会的组织，如出版伦理委员会(the Committeeon Publication Ethics，COPE)就是出版业成立的一个相关组织。该组织早在1997年就已成立并注册，目前已发展成为一个拥有欧美、亚太(包括中国)会员和理事的全球性组织。出版伦理委员会通过举办论坛、举办研讨会、设立研究基金、建立数据库等多种形式为编辑、编委会成员、出版商、作者、读者以及研究出版伦理的人士提供相关的建议和实用方法，尤其是如何处理出版方面不当行为的案例及解决方案，以应对全球范围内违反科学研究和出版规则的学术伦理问题。为此，其还尝试制定了《科学出版伦理方面的规范指南》(*Code of Conduct for Journal Editors*)[①]。

(二)设置学术伦理委员会的必要性

如上所述，设置伦理委员会已成为一些社会行业维持生存与促进发展的一个重要举措。那么，作为众多大学教授、研究生等学术人群体聚集的高校，显然有必要为其学术活动的开展设置一个类似伦理委员会的组织，即学术伦理委员会。本书认为，与当前一些高校已设置的类似学术道德委员会、学风建设办公室等组织相比，学术伦理委员会的设置绝不仅仅是名称的更换或是盲目跟风，而是既有其内在的价值基础，又有其外在的客观需要。

1)学术伦理的独特理论品性及其规制效应的优越性，是设置学术伦理委员会的内在价值基础

就学术伦理的独特性来讲，一方面，与生命伦理、核伦理、工程伦理以及网络伦理等诸如此类的从科研活动的外围来探讨伦理问题的科技伦理不同，学术伦理是有关科研行为的操作主体，即学术人自身学术品性方面的伦理。郭刚在探讨科技伦理问题时就认为，"科学认识和技术活动没有善恶之分，善恶只在掌握科技的人手中"[②]。也就是说，科学与人类价值观发生冲突的根源并不是科学本身有什么过错，而是行为人有违价值观的操作，在科研活动中肯定还存在着一种先于科技伦理，比科技伦理更为本原、更为基础性的伦理准则，这种伦理准则便是学术伦理，它关注的是学术人自身在从事科学知识的生产、传播、交流以及评价等科研活动过程中所具有的伦理问题，即作为学术人所面临的"何为学术人"以及"学术人该何为"这样的伦理问题。另一方面，与学术道德相比，学术伦理既是学术道德的本质和内核，也是进行学术道德评判的最终标准和依据。它是学术人在处理各利益关系时所应遵循的"理"，也是体现学术本真意义或规律性的"道"，

---

① 褚国飞. 全球出版伦理委员会：更加重视亚太地区[N]. 中国社会科学报，2011-08-25(16).
② 郭刚. 科技伦理化何以可能[J]. 科学学研究，2010(11)：1602.

体现了一种普遍的、客观的、不容违背的"法"的境界，这种境界一旦形成，就有助于形成一种令人反省、敬畏，产生心灵震撼，即使有机会也不愿意去犯错的学术伦理文化氛围。

就其在规制学术人思想与行为方面的效应来讲，与其他手段相比，学术伦理具有更有效的规约力。学术伦理不是纯粹的内心信念，也不是硬性的律条限定，这使其与一般的学术道德和学术制度规范相区别。学术伦理以具有广泛认同性的学术伦理价值观为基础，以外在的制度约束体系为依据和保障，既有一种无形的内在引导，也有一种确定、稳定和强制性的外在约束。正是从这个意义上讲，与法律、行政、道德等单方面的规制手段相比，学术伦理的规制范围更广、规制力度更大。与此同时，学术伦理可以通过内在的价值引导、外在的氛围及规范的影响和制约，形成学术人内在的学术伦理意识。学术伦理意识是学术人融合了自身情感、认知、心理等因素的"自我认同"，也是其内心潜藏最深的学术道德法则，表现为学术人对自身所处的学术伦理关系的认知和内在把握。学术伦理意识一旦生成，就会成为学术人灵魂深处的一种精神评判力，内在地隐含着更原始、更真实并能激发学术良心的内在道德力量，进而成为他们能够自觉地从行为层面上践行学术道德规范的内在动力。此外，作为一种价值性的规制，运用学术伦理进行规制符合学术运作的规律，并契合大学教授等学术人的工作特点。

以上所述，至少在一定程度上说明了设置专司学术伦理建设任务的组织即学术伦理委员会的意义。本书由此认为，近些年人们热议的诸如抄袭、剽窃、造假等学术不端行为实质上是学术伦理问题，是学术伦理关系遭受破坏后的一种表现或结果。其从表面上看是学术人在行为上和道德上违背了学术规范，而从最根本的意义上讲则在伦理上背叛了学术的价值与追求。这就意味着，对这种问题的治理也必须有与之相对应的组织，即学术伦理委员会而不是其他。

2) 当前学术道德委员会等类似机构组织效能的低下，是设置学术伦理委员会的外在客观需要

《国家中长期教育改革和发展规划纲要(2010—2020年)》提出，高校要采取综合措施，建立长效机制，形成良好学术道德和学术风气。随后颁布的《国民经济和社会发展第十二个五年规划纲要》也列文强调，要加强师德师风和科研诚信建设。要达到这一目标，必须具备一个负责师德师风和科研诚信建设的、高效的组织操作平台。就我国高校目前的情况来看，人们对这一组织的认识及其在实践中的运作仍处于混沌状态，其效能自然也很不尽如人意，主要表现在以下方面。

(1) 组织名称不统一。例如，目前我国高校设置的类似机构有学术监督委员会、学风建设办公室、学风建设委员会、学术道德委员会、科研诚信建设办公室、科研道德委员会、科学道德建设委员会、科技工作者道德专门委员会等，可谓五花八门。

(2) 组织地位低下。对于学术道德问题，目前我国许多高校都没有专门负责

的机构,只是将其作为负责教师职称、职务评聘的机构——学术委员会的一个临时的附属职责。即便设有这样的组织,有些高校要么将其划到学术委员会下设的秘书处,要么将其置于科技处或人事处的管理之下,要么仅仅将其作为学术委员会中一个临时组建的、处理学术违规问题的"突击队"。

(3)组织属性不清。例如,学术道德委员会是行政机构还是权力机构,是固定的机构还是一个临时调查小组等,以上这些问题搞不清就会使这些组织在实践中不伦不类。发生在校园中的学术违规事件本是学术权力范畴内的学术问题,却被有些高校移交给行政机构(如人事处、科技处)处理。

(4)组织职能不明。例如,认为学术道德就是学术违规,学术道德问题就是处理下面举报的学术违规案件,所以在实践中,一些类似的机构仅仅作为学术违规事件的"救火队"。例如,我国某名校的《××大学教师学术道德规范》第三章"处理机构和职责"第五条为:"校学术委员会下设专门的学术道德委员会,负责评估学校学术道德方面的方针、政策和存在的问题,接受对学术道德问题的举报,对有关学术道德问题进行独立调查,并向校长提供明确的调查结论和处理建议。"该规定中,学术道德委员会只有评估、处理学术违规问题的职能,至于学术道德的宣传、教育培训则只字未提。

在组织设置上存在问题,自然不会在高校的学术治理实践中发挥出应有的效能,甚至沦落为应付上级教育主管机构检查的一个"摆设",这为设置专门运作学术伦理的操作平台——学术伦理委员会以替换上述相关组织提供了另一个充分的理由。

综合以上两个方面的分析,本书认为,学术伦理委员会是在学术伦理问题日渐受到关注、学术委员会等机构难以"兼管"学术伦理问题、已有学术道德委员会等类似机构存在诸多弊端的情况下提出的一个新的学术组织名称。为此,如何与国际接轨,组建符合我国高等教育特点的学术伦理委员会,实现其应有的职能效应,既是一个需要深入研究的理论问题,也是一个急待解决的实践问题。

(三)学术伦理委员会的属性及职能

学术伦理委员会既是学术伦理精神与理念的重要驱动者,也是高校所有从事科研活动的人员在学术道德上的问责机构,这对于加强高校师德师风和科研诚信的组织建设、提升高校的科研水平乃至学科建设和人才培养质量都具有重要的应用价值。基于此,学术伦理委员会的属性应包括以下方面。

(1)学术伦理委员会是学术伦理运用于实践的一个重要平台,是某一共同体内的成员通过对话与协商,应对和解决其特定实践活动中出现的伦理悖论与伦理冲突,从而达成伦理共识的重要场所。对研究生这一学术群体来讲,学术伦理委员会也是对其进行伦理规制的具体组织者、驱动者、实施者。

(2)学术伦理委员会是依据学术伦理原则组建的,以体现学术伦理价值观要求的特殊组织。学术伦理委员会具有很强的独立性和义务性,它不是行政决策部门,却可以有效影响决策的部门;它不是权力机构,却是权威机构。

(3)学术伦理委员会不仅是解决学术伦理问题(如学术违规案件)的一个"长老机构"和"救火队员",还是一个有着日常固定业务以满足学术伦理建设需要的常设职能机构。例如,与学术不端行为的调查相比,美国的研究诚信办公室(Office of Research Integrity)在教育和普及上花的力气更大。他们的信念是,与其成为"科学界的警察",不如成为一个"为将科学研究的诚信推向前进的组织"[①]。

根据其属性,学术伦理委员会的职能应该包括以下方面。

(1)进行学术伦理制度建设。首先确立一套符合学术伦理关系要求的价值观体系,即学术价值规范,如严谨、诚信、创新、合作等;其次,把这些抽象的、一般的、普遍的学术价值规范转换成具体的、个别的、特殊的贴近个人学术生活的道德选择。为此,应从制定包含鲜明理念的研究生学术价值规范(类似于欧美高校的"荣誉准则")入手,逐步建立与此相配套的学术伦理制度及相关操作细则。

(2)进行学术伦理问题的备询服务。学术人员(如研究生)在学术活动中很有可能会遇到一些学术伦理问题(如是集中精力找一个好工作重要,还是静下心来做好学术论文重要),学术伦理委员会要通过网站、热线电话、志愿者等途径为其提供备询服务。

(3)进行学术伦理的宣传与教育。一方面,学术伦理需要公开的宣传,宣传得再多也不为过。没有这个要素,高校试图培养的学术伦理价值规范就永远不会被学术人员所分享或理解。另一方面,学术伦理价值规范的内化不可能靠行政命令来实现,而必须通过有组织的伦理教育来完成。为此,学术伦理委员会有责任采取策略和一些具体的方式方法推进学术伦理的宣传及教育,力促在高校学术共同体内形成最大限度的道德共识[②]。

(4)进行学术伦理问责。学术伦理问责是学术伦理规制实践中的重要环节之一,一般应由学术伦理委员会负责。其是学术伦理委员会依据学术伦理准则、伦理制度及其操作细则,按照一定的工作程序和原则,对学术行为人做出"善"或"恶"的价值判断并采取相应的后续行动(如取消行为人所获得的学术荣誉等)。与此同时,进行学术伦理问责也是一种强制力的伦理"监督",一方面对违背了学术伦理规范的相关人员进行问责,另一方面也不至于让那些认真、诚实的人处于不利的学术环境。

(5)进行学术伦理评估。学术伦理评估是学术伦理委员会代表所在的整个学术

---

① 山崎茂明. 科学家的不端行为——捏造·篡改·剽窃[M]. 杨舰,等,译. 北京:清华大学出版社,2005.
② 谈到道德共识,我国应用伦理学者甘绍平教授对此有很好的见解。他认为,"要么是将业已为大家所分享、但还没有得到清晰表述的道德共识准确鲜明地阐发出来,要么是通过伦理委员会内部的民主协商与道德权衡程序,将相关的道德共识建构出来"。甘绍平. 道德共识的形成机制[J]. 哲学动态,2002(8):24-28.

机构对学术机构的一个"自我评估",目的是为后期拿出相应的改进方案奠定基础。学术伦理评估一般包括两大方面。一是对机构现有学术制度状况的评估,如学术制度是否有利于激发学术人员的学术创新精神,是否通过正当程序被承认和公布,它与相同体系中的任何一个有拘束力的学术制度有没有矛盾,如果存在矛盾,有没有存在一个解决该矛盾的、被承认的规则等。二是对校内学术人员的学术伦理水平状况的评估。学术人员的学术伦理水平在很大程度上决定着他们以什么态度和行为去对待自身所面临的学术活动,也反映或预示着这一学术机构整体的学术发展状况或将以什么样的状况出现。运用一定的技术手段,通过伦理评估的方法摸清其伦理水平,可以从整体上对学校学术发展现状和今后发展的趋势做出一个评价。

(6)相关材料的保存及数据库(如学术伦理问题案例库)建设、年度工作报告的撰写与提交。例如,美国研究诚信办公室自成立以来每年年底都会向政府提交一份六七十页的报告,该报告在其官方网站上可以下载。报告的内容十分丰富,一般包括:对学术不端行为举报的统计、教育、防止、研究以及信息和保密工作等几个方面,附录里会罗列该年度确定并处理、经过正式调查未导致不端行为以及导致诉讼案例的详细情况[①]。

(7)学术伦理委员会自身的维护。包括工作章程(或工作原则)、会议制度、标准操作程序、档案制度等。

(四)学术伦理委员会的设置及人员配备

以上对学术伦理委员会相关背景、属性及职能的介绍和分析,更加凸显了学术伦理委员会的设置是当务之急,是形势发展的必然选择。

(1)建议将我国各种层级、各种形式的学术道德管理机构统称为学术伦理委员会,以利于加强领导,归口管理,规范职能,提高其工作效能和调控权威。

(2)为了维护校级学术伦理委员会的独立性、彰显学术权力、体现学术自由,建议单设学术伦理委员会,直接对大学校长负责。学术伦理委员会应下设办公室。院(系)层面可根据其办学规模和学科特性,设立院(系)一级的学术伦理委员会,负责本院师生的学术伦理规制工作。就大学教师、研究生这两大类不同的学术群体来讲,也可设立专属于他们的学术伦理委员会。但是这些学术伦理委员会都要接受校级学术伦理委员会的指导和管理。

(3)在高校,学术伦理委员会与学术委员会是并列的、同级别的学术组织。学术委员会主要负责整个学校的学科建设、专业发展、教师职称评聘等工作,而学术伦理委员会只负责校内的学术伦理建设任务。

(4)由于克隆、试验动物优待等科技伦理问题实质上是其操作人也就是学术人

---

① 古继宝,张苗,梁樱.中美学术监督典型机构运行体系的对比及经验借鉴[J].中国科技论坛,2007(8):56-59.

的问题,所以建议把一些已设立的科技伦理委员会或类似的组织并入学术伦理委员会,以精简高校的组织架构。

(5)要有充足固定的经费支持。学术伦理委员会有固定的工作,如聘请工作人员、定期召开会议、进行学术伦理的培训与教育、收集与发放资料等,这些工作都需要经费。

而就学术伦理委员会的人员配备来讲,本书建议如下。

(1)学术伦理委员会可设主席一名。除失职和健康原因之外,学术伦理委员会主席可终身任职。学术伦理委员会主席应由熟悉学术伦理规制工作、德高望重、学术水平高的专家担任,其理想任职条件如下:①在大学里拥有高级学术职位,如院士、资深教授;②在学术领域颇有建树;③与大学校长和其他校务委员会成员的沟通渠道畅通;④在大学高层领导中受到高度信任与尊重;⑤能获得所需的资源进行必要的评估、监督、调查、奖惩以及内部程序的改变;⑥能有效地利用媒体(校内媒体和校外媒体)、公共论坛和法律等手段。

(2)学术伦理委员会可设副主席一名,可由主管科研的副校长兼任。

(3)学术伦理委员会的成员分为专业人员和辅助人员。需要特别强调的是,由于学术伦理委员会的管控范围也包括研究生,所以其在专业成员(学术伦理委员会委员)席次安排上要保证有研究生身份的人参与。①专业人员(学术伦理委员会委员)。根据需要人数可以是 15 名左右(人员数量为单数)[①],他们大都应是一些对学术伦理问题有兴趣,有丰富的实际工作经验,在学校中享有正直、公正的声誉,并有一定的分析、判断、研究以及处理学术伦理问题能力的专家学者。成员来源应多元化,要涵盖相关专业、年龄、性别和代表人群。此外,为了便于信息的收集、交流、处理和反馈,可把科研处的负责人和人事处的负责人纳入专业成员队伍中。②辅助人员。一般都是一些日常办公的专职人员,如资料信息的收集、联络、发布人员及网站的建设维护人员等。

(4)在成员更换上,可实行选举或任命,应实行按期(一般为 4 年)、按比例轮换以保持学术伦理委员会工作的连续性,并不断吸收新思想和新方法。

总而言之,学术伦理委员会是体现学术伦理本质的最重要的学术伦理规制组织。本书只是从院校这个层面,重点就我国高校设置这一组织的必要性等问题做了一些简要的介绍和分析,一些问题在进入高校管理实践层面后还会变得更为复杂,为此希望能引起今后学界对这一问题更深一层次的研究和探讨。

---

① 如美国研究诚信办公室的工作人员由 30 多名博士和专业人士组成;我国自然科学基金监督委员会由 4 名院士带领 19 名博士组成。古继宝,张苗,梁樱. 中美学术监督典型机构运行体系的对比及经验借鉴[J]. 中国科技论坛,2007(8):127-131.

三、大学学科建设与评估问题

学科是大学的单元细胞，学科水平往往代表着大学的办学水平，大学内部治理从某种程度上讲就是学科治理。为此，在新时期"双一流"建设的背景下，如何进行学科建设，又如何看待和把握政府以及其他组织进行的学科评估，对大学今后的发展至关重要。

（一）如何进行学科建设

但凡一流大学，其学科发展水平在整体上都处于世界领先地位，拥有一批世界一流的学科也是一所一流大学最重要的外在标识和内在品质。所以，从一定意义上讲，一流大学建设其实就是一流学科的建设。在国务院印发的《统筹推进世界一流大学和一流学科建设总体方案》（2015年）中也明确指出要"坚持以学科为基础，引导和支持高等学校优化学科结构，凝练学科发展方向，突出学科建设重点"。这是我国一流大学建设的基本原则，也是对"双一流"建设高校提出的共同政策要求，可见，一流大学建设是需要以一些建设为基础并通过一流学科建设来实现的。在42所一流大学建设高校所公布的建设方案中，学科建设更是重中之重，大都从原则、目标、任务上重点规划了学科发展的路径，如清华大学在其建设方案中就提出"以优势学科为基础，融合相关学科的特色与潜力，将建设28个学科或学科群，使若干学科或学科群进入世界一流学科前列，使一批学科或学科群进入世界一流学科行列"。

这些高校所发布的建设方案文本集中体现出两个方面的特点。一是在学科建设模式上，开始摆脱原有的学科发展模式，如在学科布局上突出学校已有的优势与特色学科，将资源更多地集中到已有相当实力和具有发展潜力的学科中去，同时也注重通过若干个集中打包处理的学科群建设带动其他相关学科的发展，以形成学科综合集群的资源优势和竞争优势[1]。例如，北京大学提出"30+6+2"学科建设布局，四川大学提出要打造12个学科（群）。这正如一位建设高校校长所表述和形容的那样："学科建设是集体舞，单靠某个学科难以支撑。只有百花齐放，才能酿出蜂蜜来。"[2] 二是在学科建设思路上，既体现出了学科逻辑，如强调通过一定阶段的学科建设以符合某一个或某些指标要求，最终达到国际一流；又着重体现出了学科建设的社会需求逻辑，如强调"中国特色""国家需要"，注重科研成果的转化及与社会的联系和对接。其中，有一个很明显的表现就是，这些高校普遍都很重视通过学科建设来顺势推进智库建设。究其原因，就在于学科的实

---

[1] 殷忠勇. 基于学科，重建大学：一流学科建设高校的建设方略[J]. 江苏高教, 2017(12): 34.
[2] 高毅哲. 一流学科建设"硬仗"怎么打？[N]. 中国教育报, 2018-01-16(4).

力也可以通过智库在国家经济建设和社会发展中所发挥的作用的大小体现出来。

那么，大学尤其是"双一流"建设高校，如何进行学科建设呢？在本书看来，学科建设不能单一注重硬性的量化指标。提升学科实力（重视科研水平、科研成果转化以及智库建设）的学科发展目标的确是一个值得建设高校努力的方向，但单纯地以"进入 ESI（基本科学指标数据库，Essential Science Indicators）学科排名前 1% 或 1‰"作为学科建设的衡量指标，不仅过于生硬和单一，而且容易忽略高校内涵建设和内在品质的提升。这正如有学者所批评和怀疑的那样："有些高校在建设目标的定位上似乎太过具体和精准，比如到某个阶段要进入世界前多少位排名、有多少学科进入排名前千分之一等。虽然从常规意义上，规划越具体越好，越量化越好，但这些指标的设定有没有科学的论证？"[①]

学科建设是一项日常性工作，也是一个漫长的不断累积的过程，高校要能够潜下心来，从学校整体的、可持续的发展出发，以"三个面向"引领学科发展，即面向国际科技前沿、面向国家重大需求和面向区域经济社会发展主战场。高校要按照"紧要性+重要性+发展性"三个指标维度，对全校的学科建设任务进行判断，并以此确定有限资源投入的方向以及多少，不仅要激励排在最前端的学科，也要托底排在尾端的学科，千万不能为了一时的指标排名而扼制那些目前处于相对弱势但长远看很有希望的学科，也不能仅仅凭借学科在排行榜中的名次来考虑学科留存问题，而是应该统筹考虑学校的办学理念和整个的学科结构。与此同时，还要实施"优势学科争第一、交叉学科国际领先、支撑学科做优做强"的学科协调发展战略，实施"鼓励自由探索、鼓励交叉融合、聚焦重大需求"的科研发展思路。

（二）如何看待学科评估

1. 学科评估"糖果+大棒"，难以置之度外

要谈及 2017 年发生在我国高等教育界最有影响力的事件，除了九月下旬政府震撼发布的"双一流"建设名单，就数在年终岁末公布的学科评估结果了。

尽管此轮学科评估被标有"第三方""自愿参评"等属性，以弱化其行政指向意义，但不可否认的是，组织这次评估的教育部学位中心难以回避的官方属性以及上一轮学科评估至今还留存的记忆（如"双一流"名单的诞生被认为使用了第三轮评估结果），使高校"争先""恐后"的心理在滋长、骚动，很难以平常心对待，不仅在评估前倍加重视，在评估过程中也不敢怠慢。在评估结果出炉的当晚，全校上下都在关切自己学校学科排名的次序、等级、上榜情况，尤其是 A 类学科数量，以及与同区域、同省、同城、同类学校的对比等，欢喜、夸耀、疑问、担

---

① 姜朝晖. "双一流"建设更要脚踏实地[N]. 中国教育报，2017-10-11(2).

心、失落、调侃等各种情绪充斥着校园内外。

这次被称为"全国总动员"且充满"浓浓火药味"的学科评估被组织方填塞了更多的正向意义且宣扬采用了比上一轮更为全面、科学的评价指标和评估手段，所以完全可以预料，这轮新的学科评估所产生的外溢效应将会持续到之后四五年甚至更长时间。对政府尤其是地方政府来讲，它很可能会成为今后左右办学财政资源调配、挪移的"探测器"，如与今后的学位点调整、精品课程建设、研究基地增设等高校最为关心的事项"硬对接"；对企事业单位及社会组织来讲，它或许将成为其今后招人用人的一个可以随手拿来的便捷标准。相应地，广大考生及其家长也最有可能将其作为填报志愿时援引的信号工具。若将以上这些都考虑在一起，那么这轮学科评估所带来的影响难免不会传导到校园内，成为挑动全校师生情绪的一个重要事件。

学科被认为是大学教学、科研、服务社会、文化传播的基本单元，学科水平是一所大学核心竞争力的最集中体现。从一定意义上讲，一所大学综合实力的竞争，实质上也是学科的竞争。我国当前进行"双一流"建设，归根结底也是一流学科的建设。基于此，对于这次被认为既有"糖果"又有"大棒"、被高校"又爱又恨"的学科评估，人们如何关注和重视，都应该有他们自己说得出的理由。

2. 做不到气定神闲，但也不能"太当真"

这轮学科评估，有几家欢喜自然就有几家愁，北京大学、清华大学、中国人民大学、浙江大学等几所高校的领先地位得到了进一步的强化，相反也有一些传统名校由于这轮学科评估成绩"意外"的不理想甚至"断崖式下跌"，而被投递到极其尴尬和不安的位置。所以，从某种意义上讲，相对于这次评估的"胜利者"，"失败者"或者说"排名滑坡的一方"如何淡定地、全面客观地看待这次学科评估，不仅有利于平复自己的焦躁心态，对今后如何谋划自己的发展也更为重要。

相对于社会上流传的各路大学排行榜，学科评估被认为是更具体、更具针对性的；相对于有些政策照顾性质的"双一流大学建设名单"，学科评估则被看成是更为客观、更体现大学发展规律的。但是，任何评估都不是"万能药"，无论怎么完善也有其功能上的限度。作为涉及更多主观、客观指标要素且针对有着不同办学传统、特色以及不同层次类别学科的学科评估，虽可以大致反映出一所高校某一学科的水平，但自然也存在着许多难以回避的缺陷。因为任何学科评估都是一次对既定(限定)指标的外部测量，对一个学科有利的打分未必能囊括其已有的特色和优势；同样，对一个学科不利的打分，也未必能反映出存在的问题和缺陷。于是，对于历史上已有三轮学科评估所起的作用，高教界和学界除了"功过难以评说"这句最为常见的评语之外，恐怕再也找不到更为合适的话语了。此外，还有学者认为，世界一流的学科都不是"评"出来的，要不然怎么会有出"类"、拔"萃"的表述。

至于这轮学科评估,首先要说的是,虽然其指标体系由第三轮学科评估时的7类拓展到9类,但仍是一种很粗的分类评价,而不是分层评估。例如,用某一门学科或者某一类学科的要素、特点去打量其他学科缺乏灵活和变通,仍存在"用一把尺子来衡量所有学科"的问题,如将博士点学科和硕士点学科一起评,这对一般学校显然是不公平的,也不利于高校学科的特色发展。就评估所采用的技术方法,仍大体沿用上轮评估的办法——ESI,这一方法对自然理工学科尚可,对人文社会学科则不一定科学。

其次,由于本次学科评估所秉持的价值立场及功能定位并不明确,如在启动过程中对于"学科评估结构是否与双一流建设名单挂钩"这一最为重要且敏感的问题一直不置可否、语焉不详,或者是秘而不宣,从而导致这轮评估被灌入了过多"短期功利化"的要素。于是,一些高校在惶恐中便采取了"策略性"手段,如砍掉一些弱势学科。这种做法以"砍杀"或拆并非重点、非特色、非优势学科为代价,来确保重点报评学科的优势地位,由此在抵消了捆绑式评估技术效用的同时,也弱化了其应予以强调的学科诊断功能。而对于那些按部就班的学校来讲,显然是"吃了亏",即如果某些学校没有在评估前砍掉一些弱势学科,就势必造成整个学科排名的下降。此外,此轮评估许多不可量化指标的应用,以及充满争议的学术刊物的认定方法,都使评估的结果又打了折扣。

于是,作为在这轮学科评估中成绩不甚理想的高校,虽然难以在别人都呼喊"狼来了"的时候做到气定神闲,但也不能"太当真",更不能囿于不利的评价等级而悲观丧气、自乱阵脚、丧失定力。至于政府和社会,也决不能以"毕其功于一役"的态度,仅凭这一次评估,就给某一学校某一学科做定论,那是很不公允的。

3. 被评高校需要借势而为,化"危"为"机"

对于学科评估成绩滑坡的高校,与其说是面临着一次"排名危机",不如说更像是一次"信心危机"。它不仅考验着校园内师生对自己学科的信心,也考验着校园外社会对自己学校的信心,对此,高校首先需要通过舆论引导等手段做好危机公关,多渠道、积极回应各界关切,以确保维持学校及学科发展所必需的信心支撑。与此同时,高校很有必要将其作为自己成长道路上一次好的提醒,作为梳理家底、明确定位和发展方向、规范学科建设管理、增强学校改革急迫感,获取改革共识、谋划今后发展路径的一次契机。

(1)要主动迎合学科评估的规则。高校只要从外界接受哪怕一丁点的资源,就得接受对方的评估。作为有着一定雄心壮志的高校,既不能在此轮学科评估后当"缩头乌龟",默不吭声,也不能将总结会搞成"批斗会""揪斗会""抱怨会",而是要在反思中找到问题所在以及解决之法,要广开言路并组织专家进行研究,通过对评估大数据的详细核查和比对,找出每个学科在建设中存在的"短板"以及国内同类学科的位置,并以此作为督促职能部处和院系开展学科建设、发挥建设主体地位的外部推进机制。在这一过程中,要诊断本校学科建设中的问题,扪心自问:是否有足够的投入,是否对一些弱势学科不重视,是否缺乏原创性及是否满足国家重大需求的成果等。与此同时,还要从中寻找科学的学科建设规律和谋略,从而真正达到"以评促建"的目的。此外,要在平时做好档案管理,围绕学科评估以及教育部绩效考评制度的实施,研究大学如何结合自身的使命与定位规划自身发展,如何自我设置考核指标并按照先前承诺向政府和社会描述自己的办学业绩。

(2)以学科为核心和基础,但绝不局限于学科,应从学科评估中反映出的阶段性得失中努力找出系统性的成因。因为学科既是知识与科研的体系,也是一套人与组织的体系,涉及理念定位、科学研究、人才培养、经费资源、社会服务等方面,为此,首先就需要从人、财、管理几个方面的问题入手:所谓人,就要看学校能否吸引并留住一批批最优秀的教师和科研人员,能否招到并能培养好一批批在社会上获得好口碑的优秀学生;所谓财,学校是否有可观、稳定且持续增长的办学资金,是否采用欧美一流高校那种"高预算—高收入—高支出"的财政管理模式,师生是否有几乎无阻碍的校内外学习或工作交流机会,校园内是否有丰富且便利的学习、工作及休闲设施;所谓管理,高校核心领导层是否有前瞻性思维并有一以贯之的领导能力,中间管理层是否有调配资源以对快速变化的内外部需求做出快速反应的协调能力,基层管理层是否有维护学术规范和学术自由的管理能力。如果上述问题或某一问题是存在的,那么就要研究如何解决问题,以破除阻碍学科发展的一切体制机制因素。

世事如棋,一步一变幻;人生如戏,一出一轮回。对于学科评估,竞争如棋,排名如戏,高校不能不对弈,但也不能太入戏。此轮学科评估过后,不论成绩高低,高校既要有有所保留的战略定力,也要有有所舍弃的勇气,要将每一轮学科评估进一步转换为自我改进性评估。只有如此,才能放眼长远,一步一个脚印地做好学科建设,以最终带动大学整体的发展和进步。

四、大学基础科研发展问题

继党的十九大报告强调要"强化基础科研"之后,国务院印发的《关于全面加强基础科学研究的若干意见》(以下简称《意见》),针对制约基础科研发展的问题,从五个方面提出了20条重点任务,同时明确了我国基础科研"三步走"的发展目标,这是首次从国家层面专门就加强基础科研进行全面部署。那么,对于即将迎来发展春天的基础科研,有着较强科研实力和优势的"双一流"建设高校应在其中扮演什么角色?又该如何作为?

(一)"双一流"建设高校在基础科研转型中面临大机遇

基础科研是指揭示某一自然或社会规律,获取新知识、新原理、新方法的研究活动。基础科研很重要也很关键,打个比方,在整个科技创新链条中,与应用科研解决从"1到∞"的问题不同,基础科研解决的是从"0到1"的问题,即解决从无到有的问题。此外,还有很多贴切的说法以示基础科研的地位,有人说它是高新技术的"地基",引发人类经济和社会翻天覆地变化的新兴产业都与基础科研紧密相关,如量子论和相对论的产生,促成了半导体技术、微电子技术、信息技术、激光技术以及核能源与核技术等新技术和新产业的发展,遗传定律和DNA(脱氧核糖核酸,Deoxyribonucleic Acid)双螺旋理论的发现,奠定了现代遗传工程和生物技术的基础;也有人说基础科研是科学之本、技术之源,是提升创新能力的"供给侧",是引领我国经济新常态的"发动机"。

近年来,随着科研投入的持续增加以及几代科研人的奋斗和积累,我国基础科研实现了较快发展,在全球科学排名榜中的位置也迅速上升,无论是研发支出、产出数量还是质量均是如此,但也存在一个不容忽视的问题,那就是缺乏能开拓前沿的原创性科研成果。例如,仅就常被用来度量基础科研成效的重要指标SCI(科学引文索引,Scientific Citation Index)论文来讲,2017年我国发文量、被引用次数虽然均跃居世界第二,但与排名第一的美国差距明显,各学科加权影响力指数也低于世界平均值。此外,同期全球创新指数我国也仅排名第22位,这一大的反差,反映了我国基础科研的薄弱,表现在科学的理论、原创的思想由我国科学家提出的还非常少,能长期稳定深耕基础理论的人才队伍还不够多,大部分学科和领域还处在跟踪追赶的水平,开创新的学科和新的研究方向的能力还尚未显现。

当前,我国启动的经济社会发展转型相应地也倒逼我国在全球竞争中从"跟跑""并跑"向"领跑"跃进,倒逼科技创新从"跟随模仿创新"向"引领创新"和"原始创新"跃进,这自然也相应地引发了对原创性研究的海量需求,意味着我国基础科研将面临一个转型期,按照科技部基础科研司司长叶玉江的说法,已处于从量的积累向质的飞跃、从点的突破向系统能力提升的重要时期,这对有着较强基础科研条件和实力、已纳入一流大学建设的42所高校和一流学科建设的95所高校来讲,实现在基础科研领域以"跟踪"为主转向"跟踪"和"并跑""领跑"并存的新阶段,应是未来5~10年发展的一个重点。

(二)"双一流"建设高校是基础科研的绝对主力

如果说高校是我国基础科研的生力军,那么,"双一流"建设高校便是主力军。依托研究型高校开展基础科研,是发达国家的通行做法,也是成功经验,它们虽有各自的科技体系和结构，但在基础科研方面却存在一个通用模式，即研究型高校是基础科研的主要执行者，因为这样做，还可以很好地解决科学研究与人才培养如何紧密结合的问题，发挥高校既出高水平成果又出高层次人才的双重效能。"双一流"建设高校，都是我国的研究型高校或是以研究为主的高校，按照国际上的通行做法，它们理应是基础科研的中坚力量。之所以这样，还在于一个国家的科学发展水平直接取决于研究型高校的基础科研水平。以美国为代表的一些发达国家之所以能保持其科技发展的国际领先地位，主要在于其拥有一批一流的研究型高校。迄今为止，影响社会发展进程的重大科技成果，有70%甚至更多都诞生于研究型高校。

研究型高校之所以能影响社会发展进程，从某种程度上说，正是其基础科研引领着科技进步与经济发展。也就是说，研究型高校理应作为主要领域的还是基础科研，这是其科研不同于企业、科研院所的主要原因。事实上，研究型高校所擅长的也只能是基础科研。之所以这样，就在于与其他科研机构相比，研究型高校在人才、学科、设备、信息等方面具有适应基础科研的综合比较优势。如我国"双一流"建设高校，大都拥有一支老中青相结合的、包括大批本科生和研究生的科研梯队，拥有有利于产生新思想、新理论、新方法且有利于组织跨学科团队实施基础科研重大课题攻关的多门类学科专业，拥有包括国家重点实验室在内的先进的基础科研基地和科研设施等。

目前，处于我国科学、人才和创新交汇点的"双一流"建设高校，不仅在基础科研方面具有其他高校和机构所不具备的条件与能力，也有巨大的发展潜力。例如，其拥有的基础科研队伍、国家创新团队、中国科学院院士以及"国家杰青""千人计划""万人计划"人数占全国总数都超过半数乃至80%之多；依托它们建立的国家重点实验室就有302个，占总数的60%，覆盖了我国主要重点基础学科点；在国家重点基础科研计划项目和重大科学研究计划项目中，其作为牵头单位的项目均占半数以上；在国家自然科学基金的各类基金项目中，它们更是处于绝对的优势地位。在科技部公布的"2017年度中国科学十大进展"中，就有8项是由高校完成的，且都是由中国科学技术大学、清华大学、北京科技大学等这些"双一流"建设高校完成。

（三）"双一流"建设高校须耕好基础科研"自留田"

世界一流大学都拥有居世界领先水平的基础学科，基础科研实力雄厚可以说是世界一流大学的普遍特征。虽然人们对于世界一流大学和一流学科的评价标准看法不一，但对其要有国际一流的基础科研能力和水平却是基本共识。我国高校阵容虽很庞大，但却鲜有世界一流大学，这与我国高校基础科研薄弱不无关系。

"双一流"建设高校作为我国高校中的佼佼者，作为重在原始创新的研究型大学，应该基于科学发展进程中涌现出的原理性、前沿性问题做基础前沿研究，这不仅是一种任务安排，也是一种责任担当。习近平总书记在全国科技创新大会讲话中强调，研究型高校是我国科技发展的主要基础所在，要重点开展自由探索的基础研究。国务院下发的"双一流"建设总体方案以及后来教育部等三部委印发的实施办法，都就基础科研从"研究水平""科学前沿""原始创新能力""影响力"等方面提出了任务要求。因为，"双一流"建设高校需要成为我国原始创新能力的重要策源地，提高基础科研整体实力和水平是推进"双一流"建设的必由之路。但从以往的情况来看，我国研究型高校在处理基础科研与应用研究的关系上，存在比较严重的错位，被过多地引导和诱惑到产品开发或机构咨询中去，既显得力不从心，又导致方向迷失，结果使学校走上了"避长扬短"的弯路。按照一个很形象的说法，高校这样做是"耕了别人的地，荒了自己的田"，做了大量本该由设计院、产研院和企业研发机构做的工作。在校园调查中还发现，许多研究人员对于需要打持久战的基础科研做着做着就放下了，转而跑去搞"出活快"的应用研究。这样做，长此以往就会导致学校基础科研薄弱、原始创新能力不强。

近年来，我国高校每年主持获得的国家三大奖占全国总数的 2/3 以上，发表 SCI 论文数占全国总数的 80%以上，但是标志性创新、颠覆性创新不多，真正具备国际引领性、开创性的原创研究尤其缺乏。例如，有研究者将国内 9 所顶尖名校近年的基础科研水平与美国、英国、澳大利亚、新加坡等国家的一流大学进行了量化比较，发现其虽然在论文产出差距上迅速缩小，但在影响力指标方面差距却十分明显，不仅低于参照系基准值，也低于各参照系的最低值。这一现实，表明我国高校的基础科研虽然初步改变了以往社会公众对其"量大质劣""论文工厂"的不好印象，但与我国建设世界科技强国的目标相比，基础科研依然是短板和痛点，是高校整个创新体系中的"结构性矛盾"。为此，今后要推进"双一流"建设高校的科研工作，应回归大学科研的本位，结合学科建设和人才培养工作，加大基础科研领域的力度，保持定力，以早日进入国际基础科研领域的"领跑者"和"举旗者"行列。

（四）"双一流"建设高校需用活基础科研政策

"双一流"建设高校在推进基础科研时，不能全寄望于研究人员的兴趣和毅力，需要学校根据《意见》的精神和要求，用足用活政策。就当前来看，建设高校急需针对以下三个方面的突出问题开展改革实践。

(1)针对基础科研长期存在投入不足、缺乏稳定支持且过于依赖财政资金的问题，学校需多方利用社会资源，抓紧建立私人捐赠渠道。我国基础科研经费占研发总投入的比例很低，多年来一直徘徊在 5%左右。相比较，OECD（经济合作与发展组织，Organization for Economic Co-operationand Development）经济发达国家基础科研经费占比则达 15%~30%[①]。另据科技部提供的数据，我国基础科研投入

---

① 赵展慧.基础研究经费，该涨了[N].人民日报，2014-03-28(11).

的经费从2011年的411亿元增加到2017年的920亿元，增加了一倍多，但政府投入一直占到90%以上，企业投入所占的比例很低，来自基金会及个人的捐赠几乎是空白，这与美国等国家存在巨大反差。2016年，加州理工学院获得了中国企业家陈天桥及其夫人1亿美元的首笔捐赠，以用于该校脑科学的跨学科研究。2017年，华盛顿大学卫生计量与评估研究所收到了比尔·盖茨2.79亿美元的赞助[①]。

(2)针对研究人员难以真正"沉"下来长期集中精力搞基础科研的问题，学校一是要调整"一刀切"式的科研绩效评价办法，如改变在基础科研人员评聘、收入分配的过程中过分依赖项目、论文、专利等数量指标的做法，降低短期绩效奖励所占比例，延长考核周期，以引导和鼓励更多有潜质的科研人员去从事基础科研工作；二是将重点学科评选、科研经费、个人升迁以及学术成果评价与人才称号脱钩，同时对有明确科学问题的项目都要考虑进行持续、稳定的支持；三是做好后勤保障服务工作，如通过扩大年薪制的适用范围为基础科研工作者提供基本生活保障，通过增加非竞争性或保障性科研经费支持以减少"跑经费"所带来的压力，通过简化项目管理环节减少科研人员用于课题申请、经费报销等环节的时间和精力，以让他们把更多的时间花在研究上。

(3)针对研究机构和科研人员各自为战、难以形成合力的问题，学校一是要建立起基于科学发展需要和学术贡献的、公开透明的资源与荣誉分配制度，同时打破其中的潜规则(如学术的"山头文化""近亲繁殖"的问题)，让研究团队中的每一成员都能劳有所得，平心静气地投入共同的目标任务中；二是多方搭建学科与学科、基础科研与应用科研以及校内与校外、境内与境外之间的联络合作渠道和平台，进而组建成人才、资金、项目、设备四位一体的基础科研创新基地，以实现互助互惠、资源共享、协同攻关、共同发展。

五、大学学术"近亲繁殖"问题

2006年，一份来自人大教授的研究报告引爆了高教界、社会媒体对我国大学"近亲繁殖"问题的广泛且持续的关注。由于解决这一结构性、体制性难题被认为需要20年乃至更长时间，所以近年来，围绕这一问题的探讨并没有消退。当前，随着我国高等教育事业的发展，大学"近亲繁殖"问题在一些量化指标上有所改善，但其存在的阻碍学科、学术健康发展的因素却并没有因此减少，且变得趋于复杂化。那么，在当前国家推进"双一流"建设的战略背景下，如何有效治理大学校园存在的"近亲繁殖"问题以及其背后的问题就显得尤为必要。

[①] 罗志敏."双一流"高校，耕好基础研究"责任田"[N].光明日报，2018-04-10(13).

(一)对于大学校园内的"近亲繁殖",现实远比想象的要复杂

谈及存在于大学校园内的"近亲繁殖",目前比较通用的说法是"本校毕业生留校任教的现象"。至于一些社会媒体所描述的诸如"从助教到教授,从普通教师到学科带头人,都几乎清一色地毕业于本校",甚或"三代同堂""四代同堂""五代同堂",应该算得上比较严重的"近亲繁殖"了。这一现象之所以会成为问题,就在于"近亲繁殖"被广泛认为可造成大学学缘结构单一,教师之间缺乏竞争且充满惰性,学术研究的视野封闭僵化,学术创新力由于生辈对师辈的逢迎而受到抑制等问题。基于此,人们普遍拿动植物近亲繁殖造成物种退化这一生物学事实来描述这一现象,并呼吁大学师资队伍建设要"远缘杂交""异缘杂交",也就不难理解了。

在我国,越是名校、研究型大学,"近亲繁殖"的问题越严重。近年来,国内一些名牌院校虽然通过限制本校毕业生留校、吸纳归国留学生等措施,使其"近亲繁殖"的比例从20世纪90年代初的约80%降到目前的50%左右,但其比例仍然偏高。因为无论是哈佛大学、剑桥大学这些老牌世界名校,还是香港科技大学、韩国浦项科技大学等这些建校不到50年就跻身世界大学排行榜前列的后起之秀,其"近亲繁殖"的比例都很低,有的甚至连2%都不到。大学"近亲繁殖"之所以存在,简单点看,就在于校园里的某一院系、学科存在着一些彼此有着某种学缘关系的教师,他们要么毕业于同一所学校、同一个院系,要么来自同一师门。如果对此不加以控制,这种彼此存在学缘关系的"近亲者"就会通过类似徒子、徒侄、徒孙、徒侄孙、徒曾孙等不断"繁衍",变得越来越多,"近亲繁殖"的程度也就越来越严重。

那么,大学"近亲繁殖"是如何形成的呢?除了一般常提及的因为接收本校毕业生造成"留校型"的"近亲繁殖"之外,其实还有近几年才开始露出苗头的"培养型"和"引进型"。"培养型"是指大学普遍实施的"本硕连读"或"本硕博连读"的人才培养模式,造成这些后来成为大学师资的学生"近亲繁殖",这也就是说,他们的本科、硕士甚或博士阶段都是在同一学校、同一院系完成的,听同一老师的课,按同一模式接受培养和教育;"引进型"则是由于聘用了与本校有学缘关系的求职者,如一些博士毕业生规避学校"原则上不接受本校毕业生留校"的政策,往往再经过短短一两年的博士后或国外访学阶段后,就返回母校从事教学科研工作。

其实,现实中大学存在的"近亲繁殖"问题要远比上述解释复杂得多。比如,某一学科"大佬",以学科建设或科研团队建设为名,凭自己的兴趣和偏好,招纳包括自己弟子、熟人、朋友在内的一帮人,他们的知识结构、学术风格相似,研究范式和思路雷同,如此这样,便在某种程度上产生了与以上三种"近亲繁殖"相似的效果——形成学术上的"嫡系部队"。这种类似"嫁接型"的近亲繁殖,

在大学校园里更难以察觉，也最为普遍。

（二）"近亲繁殖"本身并不可怕，可怕的是其背后的学术特权

应该说，随着我国大学选聘师资空间和范围的扩大，在量和比例上对"近亲繁殖"进行控制在实践上并不再难以操作。但是，要指望完全杜绝"近亲繁殖"却是不可能的。因为，不论是某个人还是某个团队或组织，从其本性上来讲，都有着不同程度的"自我繁衍"倾向。还需补充说明的是，"近亲繁殖"并不总是坏的，在某种情况下还有利于增强研究团队的凝聚力、优良学术传统的传承以及学科特色的形成，再从国内外的一些实证性研究来看，也并没有得出"近亲繁殖"一定会带来学术产出下降的结论。

这至少说明，大学"近亲繁殖"并没有那么可怕。但问题是，为什么这一现象至今还引起公众普遍的担忧乃至反感呢？其实，相对于大学领导人担心的有可能对大学学缘结构、学术多样性的冲击，广大普通教师耿耿于怀的不是"近亲繁殖"及其统计数据的多少，而是与之俱来的、很可能存在暗箱操作和违规出牌动作的"学术圈子"，而这恰恰又是"近亲繁殖"进一步复杂化的一个产物。有媒体曾披露了一个很典型的案例：一位年轻有为的研究人员之所以工作整整8年后职称仍然"纹丝不动"，其原因并不是差在学术成果这种"硬件"上，而是差在他不是那种能够扯上关系的"圈内人"这种"软件"上。

与古代官场上存在帮派、裙带关系的圈子文化类似，这种学术圈子里都有一个"灵魂人物"，他们要么是那些身兼类似处长、院长、主任等行政职务的"官教授"，要么是同时拥有某个学科带头人、会长、理事长、主编等头衔的"学术大牛"。在大学校园里，他们也是广大师生眼中的"强势教授"，学术、行政两方面通吃，社会斡旋能力很强。为了快速累积自己的影响力，扩充自己的势力，他们要么把包括自己弟子在内的"近亲者"网罗在其周围，充当自己学术观点的"鼓手"、课题和论文的"枪手"、课堂教学的"替手"以及套取科研经费的"二传手"，要么将他们安插在最能接近学术资源的机构或部门，这样不仅能很轻松地"近水楼台尽揽星月"，而且还可腾出手来专注关系和人脉，以获取更多的"头衔""称号"以及相应的金钱和地位；依附在其旗幡之下的一帮人等，之所以趋之若鹜并心甘情愿为其服务，就在于"大树底下好乘凉"，遇事能有人照应。这种学术圈子圈得久了，不仅会弱化竞争，还会滋生狭隘、自我错觉和自我膨胀，成为排斥异见、异己的"学术山头"。如果这种圈子再连着或套着其他圈子，就会在校内形成由几位或十几位所谓的"学术大咖"把持、霸占学术资源的利益圈子。他们各怀用心，相互利用，往往以专家评审、专家会审的名义，掌握甚至垄断了校内的职务晋升、科研项目、荣誉称号等学术资源的评审权和分配权。对于圈内的"自己人"，或多或少都能得到某种恩惠和好处；而对于圈外的"外来户"

来讲,则是"好事靠边站",即便是对于一些本应得到的学术资源或发展机会,往往也只有"望洋兴叹"的份儿。

以上这种"强势教授"也是"特权教授",他们的所作所为,实际上耍弄的就是那种"由个人或少数人说了算"的学术特权。为了拥有其他多数人都不能有的学术特权,突出自己的比较优势,单打独斗的力量肯定不够,就要拉圈子,而要组成圈子,网罗一帮"近亲者"一定是必不可少。在这个圈子中,有着很强自我繁衍倾向的"强势教授"如果得不到有效制衡,就必定演变成实际上的学术特权,甚至是赤裸裸的学术霸权。事实上也表明,学术特权还是"近亲繁殖"的一个发展源头,更是"近亲繁殖"加重化、复杂化的一个重要推手。每年毕业研究生是否能够留校,往往并不单纯由学生的个人素质决定,而由其导师是否"强势"决定,越是"强势"的导师,其学生留校的可能性就越大,其留校的学生就越多。

(三)要防"近亲繁殖",反学术特权虽很难却是根本

如果说防"近亲繁殖"着眼的是对大学未来的影响,那么,与其有着"割不断、理还乱"的关系的学术圈子及其滋生的学术特权,则是大学当下面临的最现实的威胁,也是最需要警惕的。在类似"留校型"的"近亲繁殖"变得易于解决的今天,要降低"近亲繁殖"的比例并消除其消极影响,最根本、最关键的还是旗帜鲜明地反对学术特权,因为它才是摧毁大学学科及学术发展根基的致命伤。

现在,我们都几乎一边倒地指责大学的行政化,并不时对行政权力干涉学术权力的现象有怨言,但是同样需要我们留意和担忧的是,大学校园里还普遍存在着一些热衷搞学术特权的"特权教授",一方面,他们凭着手中所握的一帮拥趸的筹码和所谓的"学术资本",打着学术自治、学术自由的旗号,滥用学术权力,肆意干涉甚至绑架学校的正常管理(如抵消学校聘用可能威胁其地位的外来学术能人的努力),使学校推行的旨在构建健康、公正的学术治理环境的努力最终要么偃旗息鼓,要么改弦更张;另一方面,他们还对学术的行政化、等级化推波助澜,严重影响着大学乃至整个学术界的学术生态,使大学的学术组织尤其是基础学术组织丧失纠偏、自净的功能,要么沦为摆设,要么成为学术资源不当分配"合理化""合法化"的工具。更让人愤恨的是,这种学术特权往往以一种集体、组织的面目出现,让那些受到不公正对待的教师往往是"有苦无处诉、有冤无处申",这无疑又会使广大一线教师的工作积极性受到压抑和压制,或萌生"老实人肯定吃亏、不钻营就会被边缘化"的投机心理。

当前,在大学校园内"构建富有效率、更加开放的体制机制""大力激发创新活力"已成为国家"双一流"建设的重要政策指向,这同时意味着在目前阶段要防治的"近亲繁殖"显然不能再局限于防范那些"留校任教者",而是志在建立一个学缘结构多元化的师资队伍,还广大教师一个开放、公正且充满活力的教

学科研环境。对此，目前比较容易的做法就是除了继续实施"控制本校毕业生留校任教制度""连读培养比例控制制度"之外，对于一些"有理由的例外者"，为了防止其学术能力在招聘或招考过程中基于私人关系被高估或得到不正当的照顾，就要相对提高他们的学术标准，并通过严格选拔程序剔除其中的非学术因素。另外，还可以参照德国大学的做法，即任何人要想晋升教授，无论如何都必须至少在其博士毕业之后更换一次学校，从而使高校教师的流动成为绝对的强制性标准。

对于比较难以实施的，则是考虑如何剔除已有"近亲繁殖"背后容易形成的学术圈子及其滋生的学术特权。但只要有解决这个问题的决心，方法总比困难多。①在广大师生中大力倡导一种敢揭露、敢评判、敢制止的"三敢"文化，让那些热衷搞学术特权的"特权教授"投鼠忌器、有所收敛；②充分发挥好大学学术委员会职能的同时，在每个院系等基层学术单位内部都建立起一套普通教师都能无障碍参加的民主的讨论与协商机制，确立明确可行的学术行规，以抑制学术特权的产生；③通过在体制上逐步取消"双肩挑"、实行院校两级及职能机构负责人职业化等手段和措施，清除附着在各种职务、头衔上的公开的或隐性的学术特权，这样既可以防止学术地位和行政权力之间的利益"通兑"，还可以铲除其繁殖"近亲者"、聚拢"圈子"的生存土壤。

六、研究生教育质量及学术不端问题

我国是世界研究生教育大国。目前，研究生已成为我国科技队伍中的重要生力军，在大学的发展进程中已处于无可替代的地位。基于此，不断提升研究生教育质量、遏止研究生培养过程中的学术不端现象，自然成为大学治理改革实践的重要任务和目标。

（一）研究生教育的根本属性

2014年3月，国务院学位委员会、教育部联合发布了《关于加强学位与研究生教育质量保证和监督体系建设的意见》（以下简称《意见》）以及《学位授权点合格评估办法》《博士硕士学位论文抽检办法》三份政策性文件。这三份文件一体两翼，被认为是1978年我国恢复研究生教育以来，政府首次颁布的有关研究生教育质量建设的政策。《意见》提出，将改变以往研究生教育质量建设的思路，把学位授予单位作为第一质量主体和责任单位，对不符合规定的要加大处罚力度。联想到目前社会上热议的"学校滥发学位""研究生混学位"等不良现象，本书认为，《意见》的出台有利于保障和提升研究生的教育质量，也可以说是适应目前我国由研究生教育大国向研究生教育强国迈进的新形势的重要、必要之举。但是，要把这一利好政策贯彻好、执行好，除了要强化统筹管理，制定可操行性的质量监管标准，引导行业企业、社会媒体积极参与质量监督体系之外，还需从明确研究生教育的根本属性入手。

1. 研究性是研究生教育的根本属性

谈及研究生教育的根本属性，通常做法就是从"出口"的角度，将研究生教育看成是一种"高级人才""精英人士"的教育，而作为"入口"的研究生教育，究竟是做什么的，应该怎样着手去做，却很少或根本没有细究，这难免会在实践中舍本求末。事实上，随着近年来我国研究生招生规模的持续扩大、招生类型以及研究生入学动机的多样化和多元化，研究生教育在观念与认识上早已发生了变化。例如，不少包括来自高等教育界在内的人士认为，研究生教育已不再单纯作为学术追求的角色，研究生也不再是以往人们心目中的那种"高级人才"或"精英人士"；还有不少人认为，由于目前包括博士生在内的研究生毕业后大多已不在高校或科研院所从事学术工作，而是在企业、政府机构等部门工作，因此他们也就不再需要有严格的学术训练，不必在科研上对他们有较高的要求。

要对上述看法做出正确与否的判断，就首先得弄明白研究生教育的根本属性。这一问题或许并不新鲜，却是一个最具基础性、最具本原性的问题。如果不把这一问题弄清楚，在实践中我们就很有可能与研究生教育的目标或宗旨越行越远，尤其在当前我国研究生教育所处的外在环境已发生很大变化的新形势下更是如此。

本书认为，研究生教育之所以能称为研究生教育，而不是基础教育、职业技术教育、本科生教育或是其他，就在于其贯彻始终的研究性。有学者通过对中外研究生教育哲学的、历史的和现实的考察发现：研究生教育的活动主体是有志于成为研究者的人士，其活动方式是充当科研助手或直接从事课题研究、进行专题调查等，其活动结果是使其在本学科或专业领域具备一定的研究能力或创新能力，并要提交一篇有创见性的科研论文来证明。也就是说，研究是研究生教育最首要、最基本的成分。虽然目前的校园环境、科研环境已与马克斯·韦伯那个"以学术为志业"的时代相差甚远，纯粹的研究已不多见，而更多地与个人的职业以及更广泛的社会需求结合在一起。但是，从研究生教育的起源和发展来看，研究始终与其紧密结合在一起，既是研究生教育的核心要素，也是研究生教育质量的基本体现。这正如有学者在评价美国研究生教育的成功之处时总结的那样，从研究生教育的发展和变革来看，尽管存在诸多争议或问题，但一个重要的事实却是：它在对科学技术以及公共利益做出积极回应的同时，也从未放弃对保持高水平研究应负的责任。[①]

以上所述给出了一个基本事实是：但凡是研究生教育，不管是什么类别或规格，都不能丧失其研究性而被排除在研究活动之外，都要体现出一定程度的研究

---

① 黄海刚. 以学术为业——美国博士生教育本质之争[J]. 清华大学教育研究，2009(12)：97.

能力和水平，都要建立在严格的科学训练和考核基础之上。就拿我国设定的"专业硕士"这一培养类别来说，其培养目标是"培养能够创造性地从事实际工作的高层次应用型专门人才"。这之中的"创造性"和"高层次"意味着这种应用型人才绝不是一般的技术工人，而应是有着严谨并富有开拓性意识的，并且有着能在纷繁复杂的现象中发现问题、分析问题和解决问题能力的创新型人才，而这正是研究生教育所具有的研究性的要义所在。

2. 研究生培养要处处体现其"研究性"

研究生教育的研究性，体现在研究生身上就是一种研究能力的培养与形成。虽然目前有越来越多的研究生毕业后并不从事学术职业，但不可否认的是，其起薪水平及职业发展整体上还是优于本科毕业生。个中的原委不难理解，那就是与本科生相比，研究生有更高的素质，而这种素质主要体现在研究能力上。换句话来讲，正是拥有一定的研究能力，才赋予了研究生与本科生相比高一些的社会地位、声誉。对此，有关人士的体会更深，"如果一个本科生研究能力不强，人们可能会原谅他。但是如果一个研究生缺乏应有的研究能力，那么用人单位就不会原谅他，理由不言自明。许多雇主之所以招聘研究生，很大程度上是看中了研究生的研究能力"。

研究生教育的研究性，意味着我们必须将其作为研究生教育实践的起始点和着力点，并以此对照和反思我们在这一过程中正在做或将要做的工作，如在招生时是否不加区别地让那些根本不具备科研热情的学生进入研究生行列中；研究生的课程设置是否是以实际问题锻炼学生思维能力的研究型课程，其内容是否包含了该学科领域内的一些研究热点、难点以及尚存争议性的问题和前沿性问题；研究生的学习方式是否更多的是在"研"而不是在"学"，即便是学习，是否是在学习中研究，为"研"而学；对研究生的学习评价是否更多地考察他们的理解力、创新力和问题意识，而不再是以知识为中心、以考试为主要手段、以分数为主要衡量标准等。

与此同时，研究生教育的研究性，也意味着不论是教育行政部门，还是具体的培养机构，都不能混淆研究生教育与其他教育形式的界限，必须重视并强化研究生作为一个重要科研主体在国家科研体系中的独特地位。一方面，要向研究生提供能相对独立承担科研任务的机会，而不能把研究生等同或降格成科研活动的"附属者"或导师课题的"打工者"；另一方面，要为研究生在科研基金项目的申请、开展、研究成果的出版、传播及推广方面创造与其他研究者同等的条件和机会，并加大对生活困难研究生的经济资助。

而对研究生来讲，其入校时虽然个人动机不同，可能也不清楚毕业以后会从事何种职业，但是，必须使他们明确的是，既然选择读研究生，想取得代表一定研究能力的研究生学位，就必须符合这一学位对科研的要求，即体现出某种程度的研究能力。同时研究生还应明确，但凡是科研活动中的制度和规范，都需要严格遵守并承担相应的责任。

总而言之，在研究生教育实践中，必须明确研究生教育的研究性这一根本属性，也必须以是否具有"研究性"这一衡量标准来审视、改进和完善包括研究生教育质量建设在内的种种管理制度措施。因为这不仅是推进研究生教育与科学研究深度融合的中介性要素，也是有效发挥研究生教育在国家创新体系作用的重要基础。

(二) 研究生学术不端现象的认知

据一份抽样调查显示，研究生参与了全国包括重大项目在内的绝大部分科研项目，对国内高水平学术论文发表的贡献率高达30%以上。但是，研究生的这一地位和贡献却不能"遮丑"这一群体存在的学术不端现象，反之更应引起足够的关注和重视。为此，在目前大规模、多规格的研究生教育背景下，应如何正确地看待这一现象？应如何建立科研诚信教育的长效机制，以培养研究生良好的科研精神品质、激发他们的科研创新意识？

1. 研究生的学术不端，一个长期的"流行病"

随着近期对人才培养质量的强调，研究生的学术不端现象又进入了公众的视野，成为社会媒体关注的一个热点话题。分别以"研究生论文抄袭""学位论文代写"为关键词，在百度上搜索到的相关结果分别高达173万余条、196万余条。谈到大学校园内不时被披露的研究生论文抄袭事件，我们大都扼腕叹息、深恶痛绝。其实，这只是一些很严重的学术不端行为，如果再加上那些诸如不诚实地利用他人成果、编造实验数据、东拼西凑论文等这些不易被察觉的不端行为，研究生的学术不端问题就更为普遍了。对于这些轻重不一的、违背学术规范的现象，早前就有人很无奈地认为它是一个长期的"流行病"，一个"尽管它是错误的、但每个人都在那样做的事"。还有人甚至调侃道："它像人在大自然的呼吸一样自然，是一种同阅读和写作几乎同样重要的、为获取学位而必备的学术技能。"

对于这种现象屡禁不止、甚至比以往问题更为突出的原因，一个很具代表性的说法就是，现在研究生人数比以往多得多了，发生学术不端的概率和人数也就自然多一些。据教育部的统计，2001年我国在校研究生数量为39.33万人，到2015年已达到191.14万人。这么大规模的研究生人数，每年从中揪出几十个或上百个"烂苹果"，也是在所难免。另外，我国研究生培养规格很多，复杂得恐怕连专门从事这项工作的人士都讲不清楚，要管理这么多有着不同知识和能力要求的研究生，自然不能像过去那样轻松，其间若有一些不守学术规矩的研究生也是情有可原的。在培养方式上有脱产的、在职的、全日制的、非全日制的，招生形式上有全国统考的、推免的、单考的、特招的。这些研究生散布在13个大学科门类、数千种学科专业中，仅近些年新设的专业学位目前就有39种。

此外，还有一个看起来很靠谱的说法，就是现在的研究生在年龄、经历、入学动机上都大不一样，毕业后大多已不在高校或科研院所从事学术工作，而是在企业、政府机构等部门就职。据麦可思对全国 2015 届大学毕业生读研动机的调查显示，选择"从事学术工作"的仅占 23%，而选择"职业发展需要""就业前景好"的却高居 49% 和 51%。于是就有人认为，既然将来不从事学术工作，那么就不需要有严格的学术训练，也不必在科研上做高的要求，尤其是在目前研究生面临就业压力的情况下，只要能凑够学分、通过学位论文答辩获得学位就行，至于自己的行为符不符合学术规范，已不是他们主要关心的事。

2. 研究生实施学术不端行为的理由或许客观，但却不合理

研究生群体里普遍存在的这种"流行病"，显然很让人忧心，但却有不少人认为根本就不值得大惊小怪，至于理由则很充分，如认为它不会影响知识的传播与增进。就拿抄袭他人论文这种行为来讲，正是由于得到众多研究生的抄袭或简单照搬，才在客观上促进了被抄袭或被简单照搬的学术成果被他人留意、重视、传递、思考乃至发掘的机会增加。另一个不值得大惊小怪的理由，就是它不会影响国家科技事业的发展。美国高校中研究生学术不端的现象也并不少见，一些名校（如哈佛大学）也时不时会曝光一些涉及多人的类似抄袭、剽窃的学术丑闻，但其科技实力仍然在全世界独占鳌头。此外，还有一个更为冠冕堂皇的理由，就是研究生的学术不端行为大都不是违法的，即便是一些被认为性质比较严重的学术不端行为也是如此。例如，花钱雇人作为"枪手"替自己写学位论文这种事，如果双方签有论文买卖协议，卖方又出让署名权，就不能说是违法。学术抄袭、剽窃等行为即使被他人发现，若"民不告"，则"官不理"，违规者也因此不会受到法律制裁。

但是，以上提供的理由无论多么客观、全面，都不能为研究生学术上的不端行为提供任何合理性辩护。一方面，这种行为绝不等同于在公共场所随地吐痰、说脏话等不良行为习惯，其具有非常明确的目的性，如通过抄袭、造假等手段，以获得学术荣誉、学位、工作机会等。这一行为从最初启动到最后发生的整个过程中，尽管行为人可能有各种理由，却是故意为之的。另一方面，这种行为具有多重破坏性，找人代写学位论文，不仅使他人（如同学科同学）处于不利的竞争地位，对学校的整体声誉造成伤害，还会影响社会对研究生整个群体的期望值和认可度，如目前就有不少用人单位抱怨现在的研究生"还不如过去的本科生""越来越不像研究生了"。

更为重要的是，这种行为还实实在在地违背了科研诚信。在学术上，研究生哪怕是沾染上任何一种轻微的学术不端行为，都是对科研诚信所体现出的、在长期科研实践活动过程中形成的那种约定俗成关系的破坏，即从伦理责任上背叛了科研的价值与追求。在科研能力和水平上，虽然研究生比专家、教授要低一些，或许不再是以往人们心目中的那种"精英人士"，也或许将来不从事科研工作，但只要想取得"象征其科研水平的标志"的学位，就必须履行相应的科研诚信责任，否则就必须受到内在的良心问责以及外在的制度惩罚。另外，还需强调说明

的是，与强调权利和责任对等的法律关系或制度关系不同，科研诚信责任的履行不以他人对等履行责任为条件，如研究生就不能把得不到导师及时有效的学业指导作为其实施学术不端行为的理由。

3. 智慧填补不了道德的缺陷，研究生的学术诚信需要严肃对待

对于研究生，只要涉及学术诚信，就必须是一个需要严肃对待的问题。他们的学历层次越高、科研能力越强，学术诚信对他们来讲就越重要。之所以这么说，不仅是因为研究生的学术诚信状况直接影响我国研究生教育的质量，影响整个学术界的形象，更重要的是，作为最高学历的拥有者，他们将来大都会成为一些行业的领军者和社会效仿的榜样。这正如美国约瑟夫森研究所发布的一份报告在谈及研究生学术不端问题时所担忧的那样，"如果没有大的意外，这些研究生们将会在我们社会中占据重要的领导岗位或步入其他权力部门。那么，最终的结果就是，我们未来面对的那些进入职场中的领导者，如警署官员、政治家、会计师、律师、医生和其他商界人士等，跟一些无耻的诈骗犯、说谎者和小偷相比，又有什么两样呢？"

还可以想象一下，在任何一个如大学这样的学术机构中，研究生一端是将其作为学术榜样、比其数量更为庞大的大学本科生群体，另一端是生活在其周围、时常与其相伴的大学教授、学科专家。如果我们培养的都是一些拥有高学位但缺乏科研诚信精神的毕业生，那么可以推测，我们的大学，还有科研院所，将来会是什么样子？

对于科研诚信所体现出的伦理关系和要求，调查发现，大部分研究生要么不知"道"，要么知"道"却不体"道"。许多研究生认为"适当抄袭是可以原谅的""由于抄袭被剥夺学位是值得同情的"，却没有意识到抄袭是严重违背学术道德的行为。再如，不少研究生认为，"现在就业压力这么大，我们没有办法静下心来好好做研究，瞎编乱造论文也是在所难免"。但是，他们没有体悟到的是，就业压力固然是他们面临的一大矛盾，但绝不是实施学术不端行为的理由。如果研究生在学期间立志做好学问，其扎实的学术工作不仅不与其就业矛盾，反而是其今后职业生涯的"推进器"。因为雇主特别看重求职者的严谨、革旧拓新的工作态度和意识，这恰恰就是科研诚信精神的要义所在。

笔者曾就此在课堂上给研究生讲过这么一句话，如果将来敢于信心满满地向雇主展示你的学位论文，那么，你的就业就至少成功了一大半。道理很简单，因为在当前就业市场上，文凭或某些证书的信号作用在弱化，而能集中体现个人科研能力和科研诚信精神的学位论文，却始终是就业、就好业的一块"敲门大砖"。

(三)研究生科研诚信教育

与"剥夺学位""取消学术荣誉称号"等惩罚性规制手段相比，科研诚信教

育是一种"价值观驱动式"的规制方式,其很贴合研究生的科研活动特点,且是一种具有预防性和启迪性的、以教化为主的学术治理方式。在目前大规模、多规格的研究生教育背景下,对研究生群体开展科研诚信教育,不仅能防范学术不端行为或降低学术不端行为发生的概率,还能激发他们的科研创新意识。

1. 研究生尤其需要科研诚信教育

对于研究生群体里普遍存在的诸如粗制滥造论文、代写论文、抄袭剽窃他人科研成果等学术不端问题,国家主管部门以及院校机构高度重视,采取了许多应对措施,这对研究生科研失范的发展势头有所遏制,但还存在科研创新力不足等老问题,同时带来了科研失范趋于隐蔽化的新问题(如有研究生想尽办法绕过学校的论文查重)。至于原因,除了科研失范惩处制度不完善或没有得到有效执行,还有科研诚信规范教育的不到位。对此,2018年5月,中共中央办公厅、国务院办公厅印发了《关于进一步加强科研诚信建设的若干意见》,在其题为"加强科研诚信教育"一节(第十六节)中专门强调:"从事科学研究的企业、事业单位、社会组织应将科研诚信工作纳入日常管理,加强对科研人员、教师、青年学生等的科研诚信教育。"

对研究生来讲,对其进行科研诚信教育,绝对是非常必要的。这不仅是因为研究生的科研精神状况将直接影响国家的科学研究事业,影响整个学术界和大学的形象,更重要的是,作为最高学历的拥有者,他们将来大都会成为一些行业的领军者和社会大众效仿的榜样。也正是基于这种考虑,在欧美一些发达国家,有关研究生科研诚信状况、成因以及应对措施等的研究与探讨从未淡出过学界的视野,大学在研究生科研诚信建设实践方面也很舍得下功夫,这包括在校内进行比较系统的科研诚信教育。另外,研究生大都是从大学毕业生中选拔出来的比较优秀的毕业生,肩负了家庭、社会更大的希望。与本科生相比,由于研究生在年龄、社会阅历、家庭背景以及入学动机等方面的多元化,其在生活、科研以及工作等方面面临的压力更大,面临的社会关系也更为复杂,这使他们面对着更多的矛盾和困惑。以上这些原因使他们在科研活动中发生科研失范的概率更高,一旦发生科研失范,造成的社会负面影响及危害程度也更大。所以,更不能忽视对研究生的科研诚信教育,要把科研诚信教育作为一项与其研究能力培养并行不悖的、基础性的工作来做,使研究生明白科研诚信的践行在其当下以及今后职业生涯发展中的重要价值,更重要的是增强他们在科研生活困惑中驾驭自己的能力。

科研诚信教育对研究生之所以很有必要,就在于研究生普遍缺乏有关科研诚信的知识、意识以及相应的判断能力,这在近年来的一些调查和实证研究中得到证明。例如,饶武元和李文静[1]认为研究生对科研诚信规范模棱两可的认识为学术

---

[1] 饶武元,李文静.研究生学术道德认知的研究——基于江西高校全日制硕士研究生的调查与分析[J].教育学术月刊,2013(11):70-76.

失范带来了隐患；王宏等[①]、陈德超和李中斌[②]则认为研究生学术道德敏感性较低、学术道德意识薄弱是造成其科研失范屡屡发生的重要原因。至于原因，则与研究生缺乏必要且充分的科研诚信教育密切相关[③][④]，事实上也的确如此。

2. 研究生科研诚信教育的价值指引

作为一种较温和的教化方式，科研诚信教育其实就是要通过价值规范给研究生提供一种"精神的地图"，通过氛围的营造、情绪的调动和认知的建构，告诉研究生他们是谁，应该做什么，为什么要这么做。为此，高校要建立一套完善的研究生科研诚信教育运行机制，就非常有必要把学术价值规范作为一个首要的任务。本书在上文建构的学术价值规范体系即"一元二层三面"学术价值规范体系，不仅能为研究生科研诚信教育提供立体式的价值支撑，也能使研究生的学术治理做到泾渭分明。

3. 研究生科研诚信教育的方式

科研诚信作为诚信文化在科技活动中的反映和价值要求，要在教育上取得实效，就必须跳出以往单一性的推进路径，实施特定的行动方式，如采用多样性手段、方法层次上的有机配合、各部门的协同共建等。另外，研究生在活动时间、空间以及方式方面都具有很大的特殊性，科研诚信作为专门用来规制研究生等科研人员的道德规范，自然也就具有其运用和适用上的特殊性，而这就意味着，大学要在校园内开展有效的科研诚信教育活动，也必须采取特定的行动方式。依本书的整理，这一特定的行动方式可以大体上归纳为"鲜明""公开""多样"。

（1）"鲜明"，就是指科研诚信教育始终要有鲜明的态度。在科研诚信这个问题上，大学作为管理方或规制方需要亮明的态度是，"无论是教师还是学生，你们有能力、有必要正确行事。你们也完全可以通过接受教育和宣传来提高你们的学术伦理素养"。要通过教育，让研究生明白，"对一所高校来说，宁愿其成员一生在科研上毫无建树，也不愿他们去做违背科研诚信规范的事情，更是不能容忍学术造假、剽窃或抄袭的行为！"与此同时，大学也要通过这种鲜明的态度，在其成员中尽可能地建立起清晰的学术伦理期望，即要让所有的研究生都知道，他们有义务将看到的、表示怀疑的或者是明显的学术不端行为在外界发现之前就报告给学校科研诚信委员会或其他相关机构，并敢于挑战学术不端行为。此外，还要通过教育，向校内的研究生提出清晰的目标和愿景，以增强其成功的预期，如可以通过教育明确地告知他们，"在学术活动中，只要你认真且持续性地工作投入，就会有收获"。

（2）"公开"，就是指科研诚信教育要公开地进行。与需要自主或私下进行的

---
① 王宏，徐晶，李岳. 道德心理学视阈下的研究生学术道德建设[J].思想政治教育研究，2014(6)：109-113.
② 陈德超，李中斌. 研究生学术道德认知的实证调查分析[J]. 武夷学院学报，2018(10)：81-87.
③ 王桂林，黄露. 硕士研究生学术道德现状分析——以重庆部分高校调查为例[J]. 重庆师范大学学报(哲学社会科学版)，2015(4)：98-106.
④ 戎华刚. 环境因素对研究生科研失范行为影响的调查分析[J].学位与研究生教育，2017(1)：43-49.

科研活动不同，科研诚信却需要公开的教育，无论怎样公开都不为过。没有这个过程，大学试图培养的学术伦理价值及理性精神就永远也不会被其成员所分享或理解。比如，要求研究生在公开、正式、严肃的场合签订科研诚信准则，并做出"保证在今后的科研活动中不抄袭、不剽窃、不占用他人科研成果"等类似宣誓，以唤起他们对学术伦理精神的敬畏。此外，还要公开一切可以公开的信息，如公开学术伦理委员会的地址、热线电话、传真、网址、微博、微信等联系方式，公开其职责、目的、权限、成员组成及名单，公开伦理咨询工作项目（包括申请表格和申请指南）、伦理问责程序（包括后续审查、不良事件报告制度、常见问题等）、伦理培训、伦理准则及相关制度等；同时，还应以尽可能多的方式公开强调所要传递的信息，如会议、书籍、研究论文、调查报告、宣传册、海报、传单、纪念品等，或利用好校内媒体（校报、电台、电视、橱窗、网络、微信等）和校外媒体，以形成持续性的教育效应。

（3）"多样"，就是指科研诚信教育形式要丰富多样。例如，可采用系列演讲、工作坊、开放式论坛、专题研讨会、学分制课程（包括网络课程）、角色扮演、工作坊等方式方法，对研究生进行科研诚信教育；或者招募志愿者，深入课堂、图书馆甚至研究生宿舍宣传学术伦理精神和理念；或者邀请若干对科研诚信问题感兴趣的师生组成团队，自主设计开发一些相关教育培训项目，然后深入研究生中进行专题培训。再如，可以将某个具体的学术伦理的两难问题情景化并加以讨论，这样可以培育研究生在科研活动中面对伦理困惑（或伦理冲突）时进行正确伦理决策的能力；或者使用真实的学术不端案例或科研创新典型事例进行教学，这样可以促使讨论和辩论更加激烈，以帮助研究生澄清科研诚信规范及其他相关制度的含义；或者为在科研生活中遇到伦理困惑的研究生提供咨询。

还需补充说明的是，大学要进行有效的科研诚信教育，总需要一定的资源，如专门的数据库、科研诚信教育教材、学术伦理指导手册、宣传材料以及一个有丰富的信息并能链接国内外各级同类网站信息资源的网站等。但是，对于不同的教育对象，如刚入学的研究生、临近毕业论文答辩的研究生，所安排或选取的教育内容应有所不同，这样才能有的放矢，增加教育的有效性。此外，在进行科研诚信教育前，还要考虑教育要达成的目标是什么，然后以此来决定所要采取的教育内容和方式，如是澄清学术伦理价值观以提高研究生的学术伦理意识，还是帮助研究生揭示那些学术伦理争议问题和热点，抑或是帮助研究生建立起学术伦理素养与其自身学术生涯发展之间的联系等。

（四）研究生学术不端问责

1. 研究生学术不端问责的执行程序

本书认为，由于学术不端问责是学术治理活动而不是其他，所以，对研究生的学术不端的问责应该由独立的学术伦理委员会（国内高校一般设有"学术道德委员会"或类似的机构）这样的学术治理机构来负责，而不是研究生院这样的行政机构。以下，本书就以他人或他组织检举的学术不端案件为例，从院校的组织层面出发，把整个研究生学术不端问责过程划分为六大阶段，具体操作程序如下（图6-1）。

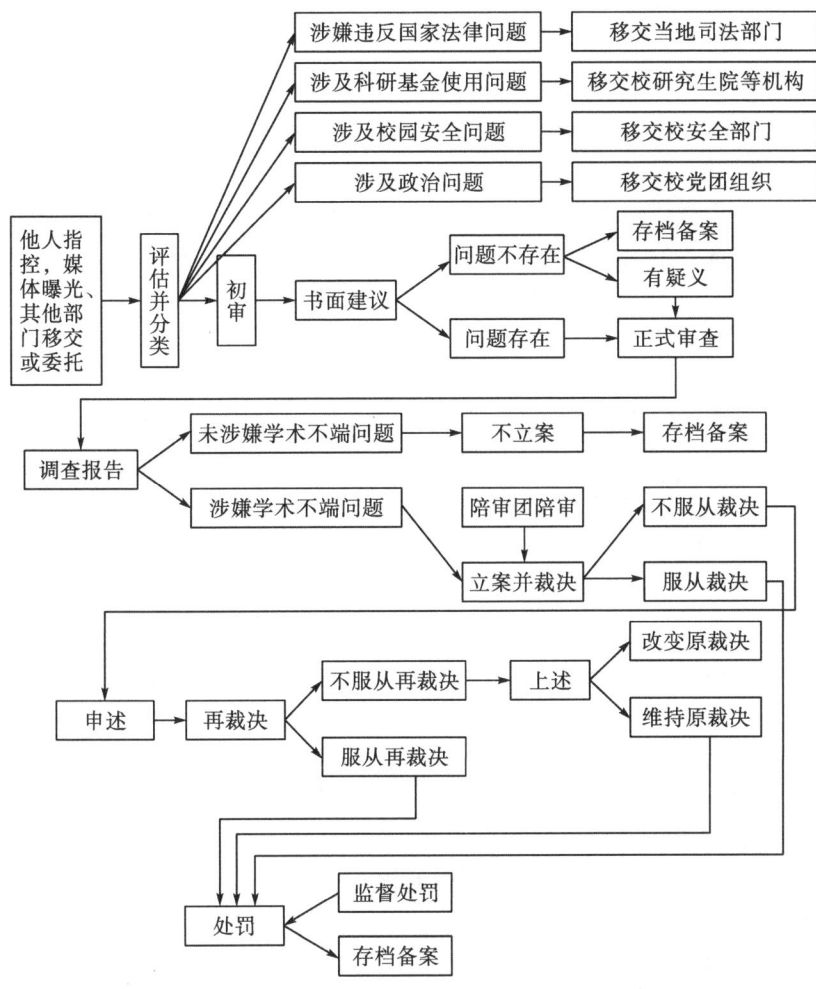

图 6-1　研究生学术伦理问责的一般程序

1）受理与评估阶段

收到涉及本机构研究生的指控后，记录在案，学术伦理委员会指派专人在一定时限内对事件做出评估并分类。

第一，指控是关于学术不端问题吗？如果不是，则移交其他部门处理。如涉嫌违法的部分（如性骚扰、假冒专利、诈骗、网络安全等），移交国家司法部门处理①；涉嫌科研资金违规使用的部分，移交研究生院、校审计处、校科研处等部门处理；涉及政治问题的部分，移交校党团组织处理等。

如果指控的事项同时涉及学术不端问题，那就在把不属于学术伦理委员会管辖的部分移交给其他部门的同时，决定是否对其进行学术不端问责。在这种情况下，学术伦理委员会要与其他相关部门之间保持合作关系，互通信息，避免重复作业。

第二，如果指控是关于学术不端问题的，有足够理由做进一步调查吗？如果有，则进入下一步"初审阶段"。

2）初审阶段

在收到他人（或他组织）指控的一定时限内，学术伦理委员会指派一个问询小组（一般为3人）对事件进行初步审查，与事件有任何实际的或潜在的利益冲突的人员（如当事人的导师、所在学院的老师等）不能被指派。如有必要，问询小组还应包括对相关指控证据进行评估的专门技术人员（如熟悉文献检索的信息情报专家）。

在这个阶段，问询小组一般向指控人（相当于原告）发出询问，必要时也可向被指控人（相当于被告）发出询问。需要注意的是，问询小组成员很可能就此事项与指控人、被指控人、相关部门的负责人或其他学术伦理委员会的成员进行非正式的、秘密的磋商，所以应采取行动占有并保护好所有相关数据和资料。然后，问询小组在一定时限内根据自己所做的初步调查向学术伦理委员会提出书面建议，以决定是否进行下一步的调查。

第一，若有充分的证据证明被指控人存在学术不端问题，则批准进行深入审查。

第二，若初步审查认为问题不存在而不需再做进一步的调查，学术伦理委员会应把意见的副本及其详细说明提供给指控人。指控人反馈结果是"无意见"，则就此结束审查；若指控人反馈结果是"有意见"，则批准进行深入审查。

3）正式审查阶段

在确定被指控人确有学术不端问题的嫌疑后，根据被指控人的学科专业，成立专门审查小组。

第一，审查小组对被指控人进行详细的调查取证，包括有关材料、证据和证词，以确定被指控的学术不端问题是否存在，如有，调查责任者是谁，责任有多大，等等。

第二，审查小组对被指控人有告知义务，并且如果被指控人有自己的观点主张，审查小组要对其观点给出质询情况说明。

---

① 目前，我国涉及严重学术不端行为的法律主要有：《著作权法》对署名、发表问题、剽窃有规定；《专利法》对侵夺发明人或者设计人的发明创造专利申请权及其他权益有规定；《科学技术进步法》对侵犯知识产权的行为有所规范；《刑法》设立了"假冒专利罪""侵犯著作权罪"等罪名，如果学术不端者触犯了这些法律，就可被判处三年至七年有期徒刑。

第三，审查小组的调查取证阶段必须在一定时限内完成。如果需要额外审查时间，必须以书面形式证明。

第四，审查小组要以书面形式向学术伦理委员会提交调查报告，说明是否发现了学术不端问题，如有，做出处罚建议。然后，将调查报告提交给学术伦理委员会裁决。

需要补充强调的是，指控人和被指控人的意见都要纳入该报告中。

4) 裁决阶段

学术伦理委员会在接到审查小组的报告后，须在一定时限内完成裁决。

第一，在裁决时，学术伦理委员会应任命一个裁决小组和一个陪审团。裁决小组来自学术伦理委员会，人数一般为 5 名（其中要有 2 名左右具有研究生身份的成员）；陪审团成员由最多不超过 10 人的补充成员组成。应当至少有两名陪审团成员来自被指控人所在的院（系、所）。任何与事件有任何实际的或潜在的利益冲突的人员都不能被任命。

第二，指控人可选择参加裁决过程；被指控人可选择不参加裁决过程。

第三，裁决标准应严格遵循学术价值规范、相关配套制度及操作细则，并结合被指控人学术不端问题的意向程度（有意、无意）、发生的模式（个别事件还是经常行为）、对社会的负面影响程度，对被指控人做出适当的惩罚。

第四，应根据学术伦理失范的两种情况进行裁决：①违背了学术价值规范所倡导的价值规范，但不符合学术规范"罚则"所要求的处罚要件；②符合学术规范"罚则"所要求的处罚要件。这种情况显然是违背了学术价值规范。

第①情况可采取道德惩罚方式（也可称为"精神惩罚"方式），如"批评教育""谴责""在校园网站等媒体公布处理过程"等。第②种情况可采取具体的惩罚方式，如"通报批评"（分"内部通报"与"公开通报"）、"要求在学术期刊上公开承认错误""取消荣誉称号或资格""中止研究项目并追回资助资金""推迟毕业论文答辩""取消学位""开除学籍"等。

第五，裁决结果以书面报告形式提交给学术伦理委员会。被指控人、指控人任何一方有疑义，都可在一定时限内向学术伦理委员会申请再裁决。

第六，再裁决由学术伦理委员会另指派审查小组，在一定时限内完成。被指控人、指控人任何一方有不服再裁决的，可在一定时限内向上级学术监管机构（如教育厅、教育部、科技部的学术治理组织）提出上诉。

5) 执行惩罚阶段

第一，在完成以上程序后，就可以按照裁决结果对被指控人实施惩罚措施。

第二，有些惩罚需要研究生院来具体实施，如"推迟毕业论文答辩""撤销学位"等。

6) 监督执行阶段

第一，要做好对惩罚情况的监督。

第二，以上所有过程及其结果都要存档备案。

2. 研究生学术不端问责的执行原则

与大学本科生等群体相比，研究生的学习和科研活动具有很大的个人主观性、精神性和自主性。这些特点决定了对研究生进行学术治理的必要性和不可替代性，而作为学术治理实践活动中一个重要环节——学术不端问责，也必须建立在一定的工作原则的基础上。如此才能保障学术不端问题效用的正常发挥。

第一，以学术价值规范为终极标准原则。在研究生学术不端问责过程中，一切都要以学术价值规范为终极标准，这是解决实践难题（或伦理困惑）的一个很好的策略。在学术不端问责过程中，可能会出现两种困惑。一是会出现学术规范与学术自由的矛盾。学术不端问责主要是一种伦理式干预，但在实施过程中，也必然会运用一定包括法律在内的外在规则（规范）对研究生进行约束和控制，这就要求学术伦理委员会在问责过程中要把握好一个"度"。这个"度"就是在达到学术治理目的的同时，不能损害学术自由。否则，不仅与知识生产与学术发展的逻辑相违背，也损伤研究生进行学术创新的积极性。那么，如何把握这个"度"呢？这就需要以学术价值规范为终极标准。在学术不端问责过程中，凡是符合学术价值规范的，就应该是被提倡和鼓励的，否则，就是应该受到谴责和禁止的。二是学术制度规范的有限性与学术不端行为的复杂性之间存在着矛盾。虽然目前一些大学为了有效防治研究生的学术不端，对学术不端行为的界定、认定以及防范与惩罚方面都比以往完善许多，但仍有许多的学术不端行为逃脱了应有的惩罚。这种"道高一尺，魔高一丈"的现象可以说是研究生学术治理实践的一大困惑，也是学术不端问责的一大难题。但是，没有明文规定并不代表可以逾越学术价值观所设立的"门槛"。由于学术价值规范具有无处不在的普适性，任何学术不端行为都是对学术价值规范的背离，即使"侥幸"没有受到现有制度规范的具体惩罚，却永远逃脱不了学术价值规范笼罩下的"道义谴责"。

第二，正当程序原则。"正当程序"是一条重要的法治观念和法制原则，它起源于英国，发展于美国，并最终在全世界范围内被普遍接受。美国宪法第五修正案和第十四修正案都对正当程序原则作了特别强调，即"未经法律正当程序，不得剥夺任何人的财产、自由和生命"。也就是说，只要是涉及剥夺他人利益方面的行为，都必须依照法律的正当程序，否则即为不合法，会受到质疑。遵守"正当程序"这一重要法治原则，学术不端问责也不例外。学术价值规范是学术伦理问责的基础，由于学术不端问责是一个严肃的问题，还涉及指控人、被指控人、被指控人导师以及所在院系的荣誉、利益等方方面面的问题，所以在学术不端问责时也必须保持程序上的正当。因此，在学术不端问责过程中，必须制定出缜密的问责程序，严格按照问责的每一阶段的具体要求（执行人、执行事项、执行方式方法、执行时限）依次严格执行，否则，就难以确保学术不端问责的公正性和合法性①,降低学术不端规制的效果。

第三,保密原则。保密原则是学术不端问责过程中必须予以遵循的一条重要原则。这不仅是对诚实指控人隐私的一种保护,也是最大限度地维护被指控人(涉案研究生)的合法权益。如牛津大学在其《学术诚信操作规范》中专列一条(第5条),强调其所有有关学术问题的指控都必须在最严格的保密中进行审查。该规定要求学术诚信委员会的成员有责任对指控人、证据以及提供材料或信息的人严格保密。若有必要披露指控人的身份,则必须事先征得指控人的同意。②这样做的原因是:一方面,对诚实的、有匿名要求的指控人进行保密可以防止其受到可能的报复,也可以促使更多的人"揭发"自己所了解的学术伦理事件;另一方面,对被指控研究生进行保密(媒体曝光的除外)是防止可能的"误判"对其名誉造成的伤害,也让其有机会对有关指控及调查结果提出意见。此外,在学术伦理问责过程中贯彻保密原则也有利于从事问责的工作人员工作不受外界干扰。为此,在学术不端问责中要注意以下几点:①在最终的裁决结果出来之前,所有的有关伦理问责的评估、初审、正审、裁决、再裁决、上诉等各个阶段及其参与人员都必须尽可能地做到保密,不向外界透漏任何信息;②问责的每一阶段的工作人员都应是临时分别指定的(可用抽签的方式决定人选);③对于新闻媒体或有关机构询问,应不予置评(既不肯定也不否认);④对于受到指控的研究生,如果指控未得到证实,必须努力恢复其声誉。但是,为了避免"保密"变成"黑箱操作",还需要学术伦理委员会的工作人员做到自清自律,并把审查后的最终报告公开,接受外界的监督。③

第四,独立原则。为了保障学术不端问责的公正性和正当性,涉及研究生的学术不端事件,应交由学术伦理委员会这种中立的、权威的学术伦理仲裁机构,而不是研究生院这种学术行政机构。与此同时,在学术不端问责过程中,学术伦理委员会及其成员必须坚持独立问责的原则。一是学术伦理委员会不管是独立设置,还是隶属于学校某个部门,在学术不端问题审查过程中都必须是独立而不受干扰的。如美国国家科学基金会的学术伦理审查机构"监察长办公室"虽然设在基金会内部,但在机构及运作上却是独立的,该办公室负责独立调查学术不端行为,每半年向美国国会提交一次工作报告。二是问责各个阶段的人员分工都是临

---

① 基于对大学"大学自治"与"学术自由"理念的尊重与维护,法院一般会尊重学术组织机构对其成员违规所做出的处理,其司法监督的范围一般只限于学术组织机构的处理程序。所以,在学术不端问责中,制定正当的审查程序并严格执行对保证审查的合法性尤为重要。

② Academic Integrity in Research: Code of Practice and Procedure[EB/OL]. [2010-01-14]. http://www.admin.ox.ac.uk/ps/staff/codes/air.shtml.

③ 对于公布经问责证实的学术不端行为,不同的学术机构其做法也有所不同。如美国国家科学基金会不公布学术不端行为人的姓名,只公布有关的事实,突出其中的问题,强调有关行为是不可接受的。美国绝大多数高校的做法与美国国家科学基金会类似。美国科研诚信办公室则将涉案者姓名连同事实一块儿公布。其认为,研究机构、研究人员和基金会有权知道其雇员、合作者和申请人的职业历史。而且,对学术共同体的成员,公布姓名也有极大的教育和警示意义。水梦云,金卫婷. 美国处理学术不端中的保密政策[J]. 视角(中文版),2006(3):119.

时指定的，并且是截然分开的，如案件评估人员、初审人员、正审人员、裁决人员、再裁决人员都不能由同一人担任，每人只负责一项任务。他们在工作时唯一的身份就是学术伦理委员会的专员，而不再是处长、院长、大学教授等，没有人可以一手遮天，完全包办。三是与指控者或被指控者有任何实际的或潜在的利益冲突的人员都要回避，也不能被任命。

第五，合时原则。合时原则就是在学术不端问责过程中严格按照规定的时间去操作，这是实现公正问责的一个重要基础。①要求学术不端问责的各个阶段（包括问责结果的公布）都必须在一定时限内完成。为此，要基于"所有问题都应当尽快解决"这一办事理念，执行某一阶段问责任务的人员应当努力遵守"必须在××个工作日内完成"这一时间限制。如由于非人为的因素影响而未能在最后期限完成任务，则必须提前向学术伦理委员会提出书面报告，申请延长时间。②被指控人的沉默或缺席不会阻止问责程序的进行。如果被指控人保持沉默或缺席，在听证程序中将单独以调查所得到的证词和证据为依据。③在指派每一问责阶段的人员时，通知的时间既不能太提前，也不能不留给其准备时间。因为太提前容易造成泄密和非正式操作行为的发生，但又由于这些人员大都是兼职的，所以得给他们留出调整工作安排的时间。④要在裁决之前，提前将指控的事项告知被指控人，以利于其有充分准备在听证会上陈述理由。

第六，互相监督原则。互相监督原则也是实现学术不端问责公正合理的一个重要基础。①学术伦理委员会各成员之间、各问责阶段成员之间、每一问责阶段成员之间都要互相监督。此外，陪审团成员要对裁决小组成员及其听证过程实施监督。②不同机构学术伦理委员会之间要互相监督。如美国大学负责学术诚信问题的官员，其职责和工作范围并不限于审查本机构内部的学术诚信问题。"以学术剽窃案为例，他们不仅处理本校师生抄袭别人的案件，而且花很大精力去处理本校师生遭到别人剽窃的案件。这样，他们既接受别人对自己人的监督，又主动监督别人，于是就形成了一种制度化的相互监督机制。"①

第七，事后补救原则。在学术不端问责过程中，对研究生进行惩罚，是手段而绝不是目标。再者，研究生一般都是刚入学界不久的学术新人，并且具有"学生"这一身份。这就意味着，对违反学术规范的研究生，不能简单处理了事，更不能"一棒子打死"，要在区分不同原因和程度的基础上，对于不了解学术价值规范的、程度轻微的或者首次违犯的，给予其改正错误、重新做学问的机会。对于那些再次、多次、故意、严重违犯学术规范的研究生，要允许其在学术伦理委员会做出裁决之后仍保留申诉的权利，与此同时，要配合其他部门做好对涉案研究生的心理咨询和抚慰工作，防止其悲观厌世甚至做出过激的行为（如自残或自杀、报复他人等）。

---

① 水梦云，金卫婷. 美国处理学术不端中的保密政策[J]. 视角（中文版），2006（3）：123.

以上所述，只是在他人或他组织检举的情况下研究生学术不端问责的一般程序和原则，至于其他类型的学术不端问责，在此基础上做出适当的调整和补充即可，如主动问责就没有"受理与评估"这一阶段。但是，需要补充说明的是，不管是哪种类型的学术不端问责，都是大学在学术治理实践中一次难得的、澄清并宣示学术价值期望、引发机构内成员对学术伦理问题的关注和讨论，是对研究生及其他相关人群进行科研诚信教育的重要机会，而绝不仅仅是为了"惩处那些罪有应得的个别人"。

媒体发声：学位点如何调整

与以往相比，这次大规模的硕博学位授权单位及授权点的调整，至少有两个明显的变化：一是从过去学位点单一的"增"，转变成了现在"增""减""调"的并行；二是打破了学位点的"终身制"和"身份壁垒"，并兼顾了学科结构和区域结构的均衡。那么，如何以此次调整为契机，提升各学位点的办学水平，进而推进我国从研究生教育大国迈向研究生教育强国，也必定是一个需要认真思考和严肃对待的话题。

对高校来讲，获得新的学位点，自然可喜可贺，但这只是对其过往一种办学资格的认可，今后还具不具备从事研究生教育的条件和能力，却需拿现在及今后的办学质量来说话。在队伍建设、科学研究、人才培养、条件保障、考核评估等整个研究生教育链条中，质量是原则，是底线，更是生命，需要一直安置在学位点建设的路上。

学位点可以增加，研究生也可以扩招，但学位的含金量却不能"缩水"，更不允许"放水"。因为从以往来看，一些高校重申报、轻建设。一方面，学位点一旦申报成功，抓研究生教育质量的动力和激情也就没有了，接下来的工作就仅仅成了硕导、博导头衔的分配，一些本来不太相干的人等，也往往会凭借手中的权力凑上来"分上一杯羹"。而另一方面，学位点建设虽然需要以学科建设为基础，但在实践中却简化成了教师科研项目和论文数量的数字比拼，本应作为重要质量建设主体的研究生，却成了缺乏关注、无关痛痒的次要角色。

要保障学位的含金量不"放水"、不"缩水"，对以人才培养为宗旨的高校来讲，自然需要以满足研究生成长和发展的需要为工作重心。但要落实这一任务，首先就要在研究生所需的"学习、科研以及实践条件是否完备""发展机会是否充分"这两方面下功夫，比如为研究生开发最前沿的课程、配备便捷的科研设施、提供境内外学术交流的机会等，以使他们在校期间就能拥有较完整的从事创造性学习和科研的体验与经历。与此同时，还要建立研究生指导教师能上能下的考评制度，建立以学位论文为中心的、鼓励研究生开拓新的研究方向的激励机制。

至于承担研究生教育质量最后屏障职责的相关主管机构，当前还需要做的则是最大限度地增强和加大学位点申请、评审、建设、评估等各环节的透明度和问责力度，并力促高校更为全面的信息公开。与此同时，还要在继续完善学位点评审标准的基础上，将以政府为主导的"合格评审"与借用第三方力量进行的"择优评审"和"等级评审"相结合，适时将附有详细调查报告的评估结果公之于众，并将其作为学位点动态调整的重要依据，让高校不得不视质量为生命。

注：原文标题为《质量永远是撬动学位点增减的有力杠杆》，刊登于《光明日报》2018年05月14日08版，作者为罗志敏。

第七章 大学财政问题治理

大学需要可观的、系统化的、稳定性的资金支持，这是大学生存与发展的持久需要，也是大学维持其内部系统和谐的物质基础和动力来源。对大学来讲，即便仅维持现有的办学实力和地位，仍需大量的花费且持续性地增加投入。但是，无论是过去、现在抑或是将来，大学总面临着财政性的难题。在新的时期，今后政府对高等教育的投入将难以保持前些年的高增长，大学也因此面临办学经费短缺的困扰。为此，大学要维持生存、保持持久发展的活力，其财政也需要治理改革，即在继续争取国家增加财政投入的同时，走办学资金筹集多元化的道路，否则其必定陷入一种危险的境地。

一、大学为什么总是经费不足

对一所大学来讲，没有什么比经费短缺更具威胁性了。2016年2月，有着150年办学历史的芝加哥州立大学因其办学经费问题进入从未有过的极端紧张状态，其经费只能支撑到当年的4月底。对此，校方只有把在校学生的毕业典礼提前到当年4月28日进行，并于当年3月制定了收回教师办公钥匙、在紧急情况下暂时关闭校园等应急预案。该校校长此前在接受媒体采访时说："学校财务已陷入了灾难状态。当州政府捂紧钱袋子不给学校拨款的时候，学校还能做什么呢？"[1]其实，这只是2008年世界金融危机爆发以来美国至少43个州明确表示将减少对公立高校的财政投入以后，许多大学面临的类似窘境的一个最新例证。仅2012年，密歇根公立大学系统就由于所在州政府财政拨款的减少（削减幅度为15%），面临办学经费紧张的问题。路易斯安那州的四大公立高等教育系统也同样由于州政府财政拨款削减而面临总金额高达2.5亿美元的预算削减。至于处在经济状况相对较好的州的加州大学，其校长也曾抱怨："尽管美国各州都勒紧了腰带，但是还没有哪个州对高等教育的削减甚于加州"[2]，言外之意就是加州大学的日子也很不好过。

大学办学经费短缺，极端的情况是学校关门倒闭，如2015年3月美国一所建校100多年、排名靠前的文理学院（斯威特·布莱尔学院）由于财务问题而被迫宣布闭

---

[1] 张朋辉. 美国公立大学财政紧张一旦关闭学生得终止学业[N]. 人民日报，2016-04-23(7).
[2] 慧平. 钱荒时代：美国公立大学艰难求生[N]. 中国教育报，2012-05-04(7).

校,成为惊动当年美国社会的一大新闻事件①。通常情况下,大学办学经费短缺会直接导致学校招生规模缩减、课程减少、教师裁员等一系列问题的出现,即便是一些颇具实力的世界名校也不可避免。如 2007 年由于美国政府高等教育财政投入的削减:哥伦比亚大学在当年发展计划中减少了 45 个教师职位并暂缓了下一学年所有教师的任职动议;康奈尔大学则在该校获得州政府资助的院系中从采取每五天支付一次的教师员工薪水中扣除一天的薪水;哈佛大学削减各院系预算 6%以上;耶鲁大学削减各院系预算 5%~15%;斯坦福大学干脆取消了从校外聘请讲席教授等制度②。

  这些实例说明,经费短缺限制了大学正常的预算,意味着大学不会去做那些重要却需要高耗费的工作,或者说,不会再做到本来可以做到的那么好、那么快。即便是被认为花费不多的理论性研究,也会更加脱离实际且难以为继。一份来自早前美国大学联合会的报告就描述了这一状况。所有领域的研究者都确信:美国的科学研究和高层次人才培养面临着质量和生产能力方面的严重威胁。一些教师抱怨,他们不能在所处领域的最前沿开展研究,有希望出成果的研究路线被排除在外,而快出成果的高效率也被牺牲掉了。高层次研究生的培养质量受到很大的损害,因为课程被迫从成本较高的实验研究和训练转变成了理论性更强的授课方法。例如,马里兰大学的一位植物学家谈道,"由于缺乏层析设备、分光仪等,在最近的十年里,我们教师中越来越多的人不得不偏离科学的最前沿。这种设备、人手以及日常供给的缺乏,已迫使不少教师埋头于 20 世纪 20 年代的描述生物学"。其结果是,实力领先的院系希望吸引和拥有高水准研究人员与高层次研究生的意愿屡屡受挫,原因是其不能为申请者提供开展有竞争力的研究和开设有竞争力的课程所必需的现代化研究环境③。

  事实上,大学总是面临经费不足的问题。究其原因,一个重要的因素就是由大学财政的性质所决定的。例如,就公立院校来讲,其办学经费不能有盈余。大学的行政管理者一般都知晓,当年的财政拨款没有用完就意味着下一年度将削减同等数量的拨款。然而,如果大学花完了所有下拨的经费,政府一旦削减了拨款,大学就将陷入危机。总之,对大学来讲,要么破产,要么经费短缺④。从中世纪开始,大学就为能够拥有足够的办学资金而苦苦奋斗。一位慷慨的捐赠者也许能让大学在短期内松口气,但是要从某些权力机构(如政府)或其他机构获得可观的、系统化的资金,仍然是很困难的⑤。在 20 世纪 20 年代,获得捐赠较多的富裕的大学在各个方面投入的资金都较多,而接受捐赠较少的大学只能勉强维持日常运转⑥。时至

---

① U. S. News. Sweet Briar College Closing in August[EB/OL]. [2017-05-18]. https://www.usnews.com/news/articles/2015/03/03/sweet-briar-college-closing-in-august.
② 罗伯特·M.罗森兹威格. 大学与政治——美国研究型大学的政策、政治和校长领导[M]. 王晨,译. 保定:河北大学出版社, 2008.
③ 罗伯特·M.洛森茨维格,芭芭拉·特林顿. 研究型大学及其赞助者[M]. 张弛,译. 保定:河北大学出版社, 2008.
④ 亚瑟·科恩. 美国高等教育通史[M]. 李子江,译. 北京:北京大学出版社, 2010.
⑤ 吕埃格. 欧洲大学史(第 2 卷)[M]. 贺国庆,等,译. 保定:河北大学出版社, 2007.
⑥ 亚瑟·科恩. 美国高等教育通史[M]. 李子江,译. 北京:北京大学出版社, 2010.

今日，大学需要承担或被迫承担多种多样的任务、角色和职责，面临新的任务、角色和职责，大学却难有新的相应投入——这种状况在高教界已经普遍存在①。

另外，大学面临的经费短缺还表现在其总是需要更多经费。因为，一所大学要维持一定的地位尤其是在高等教育界的领先地位，或者要把大学的水平从某一层级提高到更高的一个层级，都需要更多经费。对此，美国学者艾伦伯格（Ronald G. Enrenberg）在谈到美国一流大学建设问题时就认为，"为了保持一流美国高等院校的地位，每一所高校都认为，它必须花费更多"②。事实上，也必须这样。清华大学前校长顾秉林也认为，尽管国家已经给了巨大的支持，但是与清华大学的快速发展相比，如何获取更多的经费仍然是清华大学在建设世界一流大学的过程中遭遇的"四大难题"之一③。近年来，我国一些高校虽然年收入几十亿元甚至上百亿元，被认为是"不差钱的大学"，但实际上并不尽然。如表7-1所列的2016年预算收入前15名的高校（都是国内名校），其实际年度收入都低于年度预算，收入预算比大都低于80%，还有高校低于60%（如南京大学只有56.44%）；所列高校的年度支出大都超出年度收入。这些数据表明，即便是近年来一直得到国家和地方政府大力支持的国内名校，也面临办学经费短缺的局面。

表7-1 2016年我国财政预算收入前15名的高校

序号	大学名称	2016年度预算数/亿元	年度收入合计/亿元	收入预算比/%	年度支出合计/亿元	收入支出比/%
1	清华大学	182.17	139.03	76.32	142.17	97.79
2	浙江大学	154.28	106.66	69.13	85.36	124.95
3	北京大学	153.11	118.86	77.63	120.25	98.84
4	上海交通大学	118.03	90.25	76.46	91.03	99.14
5	复旦大学	78.80	46.82	59.42	50.55	92.26
6	武汉大学	78.23	51.16	65.40	59.68	85.72
7	山东大学	77.28	62.45	80.81	63.62	98.16
8	中山大学	73.96	73.96	100.00	73.96	100.00
9	华中科技大学	70.47	50.84	72.14	54.43	93.40
10	天津大学	70.31	54.07	76.90	59.86	90.33
11	四川大学	63.25	45.65	72.17	48.25	94.61
12	同济大学	60.07	40.85	68.00	44.00	92.84
13	南京大学	57.02	32.18	56.44	38.24	84.15
14	西安交通大学	56.37	40.63	72.08	40.88	99.39
15	厦门大学	55.79	45.67	81.86	48.29	94.57

---

① 罗纳德·G. 查尔斯·维斯特. 一流大学，卓越校长——麻省理工学院与研究型大学的作用[M]. 北京：北京大学出版社，2010.
② 艾伦伯格. 美国大学学费问题[M]. 崔玉平，译. 北京：北京师范大学出版社，2007.
③ 唐景莉，黄蔚，卢丽君，等. 北大清华人大北师大校长谈创建世界一流大学[N]. 中国教育报，2004-08-09(1).

拥有充足的办学经费，无疑是大学可持续发展的基础和保证。但是，总的来说，大学很可能长期面临着这样一种状况：其收入的增长率将会低于维持现有体系的质量所必需的增长率，这应该是一个比较乐观的估计。如果大学的收入停止增长或下降，那后果就不堪设想。因为一个基本事实是，大学所能提供的资源与师生的愿望或需求清单的距离总是很远。这就如同有学者所认为的那样，"除非他们(大学)的办学资源能快速增加，否则绝大多数大学都会发现自己将要面对资金短缺的局面"[①]。

即便大学在现阶段的经费不短缺，但若考虑到大学将来的发展，其仍然面临还需额外为将来储备资金从而造成现有经费不足的窘境。对此，布如威等学者的解释很准确，他说，那种现阶段能维持收支平衡的大学，只是达到了短期财政策略的最低标准，若考虑大学要有可持续发展能力这一需求，即保证收支在将来也能满足学校战略规划的各个向度，包括学术研究、教学改革、学生资助与服务等，那就需要长期的财政健康[②]。但问题是，大学要符合这一"长期财政健康"的标准，现有的经费足够吗？

二、大学办学成本为什么不断增加且难以削减

(一)办学成本总是无可避免地增加

由于大学尤其是高水平的大学总是需要巨额的资金投入，大学经费不足也来源于其巨大的办学成本，且其办学成本总是不可避免地增加，并"一直以超过消费者物价指数增长的比例稳步增加"[③]。其原因如下。

(1)建立一个健康向上且朝气蓬勃的研究环境通常是非常昂贵的。这包括建造供教学、研究和学生生活所用的合理且富有吸引力的建筑和空间，为试图改革或完善教学及尝试新思想、新方法的教师提供经费，购买或升级图书资料和仪器设备，支付来自新设立的科研组织的相关技术及辅助人员的工资薪水等。例如，就目前广受重视的跨学科研究来讲，研究发起者为了能够从事跨学科研究，不时鼓动学校或院系建立新的实验室、中心或者研究所，这些新的组织往往还需要建造新的空间以及提供额外的员工和服务。再如，就图书馆而言，过去几年来，学术书籍和期刊的购买、储存和维护费用迅速增长，大多数图书馆还不得不在众多书刊的录制与管理自动化方面进行必要的投资，同时，图书馆在存储信息时，总是倾向于增加可视和电子设备等形式，但这并不能取代传统的印刷品[②]。至于仪器设

---

① 罗伯特•M. 罗森兹威格. 大学与政治——美国研究型大学的政策、政治和校长领导[M]. 王晨, 译. 保定：河北大学出版社, 2008.
② Dominic J B, Susan M G, Charles A G. In Pursuit of Prestige: Strategy and Competition in U. S. Higher Education[M]. New Brunswick(USA)and London(UK), 2002.
③ 查尔斯•维斯特. 一流大学, 卓越校长——麻省理工学院与研究型大学的作用[M]. 北京：北京大学出版社, 2010：9.

备和设施的成本，美国学者洛森茨维格和特林顿在其所著的一本书中谈道：仪器设备和设施成本以非常快的速度增加，不仅是因为通货膨胀，还因为技术上的发展，这种发展虽然提高了当今设备的精确性、功能和速度，同时大幅度地增加了设备的成本。这些发展重新界定了研究的前沿，且开启了新的知识地平线，但这也使几年前才购买的设备报废。来自美国大学联合会的一份研究报告显示，投入使用一套配备一名合成有机化学专业人员的实验室设备，其成本1970年是8000美元，到1979年为43000美元……与此同时，运行和维护的成本在不断增加，满足运行和维护研究仪器设备所需的开支是大学都要面临的一个问题，这其中包括多种费用，如一些大型仪器设备需要安装特殊的空调设施，一些仪器要求配备一名全职的操作人员。如果不能满足这些支出要求，仪器就会因得不到必要的维护而缩短使用寿命；没有必要的操作人员，教师和学生就必须充当技术人员，这样他们从事科研和学习的时间就会缩短。此外，还有能源和看护费用、危险废物处理费用等。运行和维护费用是一项不间断的开支，如果经费不足，就可能严重影响一项研究课题的开展[①]。

(2) 师资成本在不断地增加。在趋于市场化的师资队伍聘用方面，薪水竞争是无所不在的，这对那些急于聘请最优秀的新教师的大学来讲更是如此。在美国，在理工科众多分支领域，为了使研究工作能顺利开展，一位新聘教师期望学校支付的费用就多达数十万美元。在不少地方，竞聘教师的出价还包括大幅度压缩教学负担的承诺[②]。事实上，吸引和留住最优秀的教师，一直是目前大学面临的巨大挑战之一。为了做到这一点，大学必须能够支付有竞争力的薪水、配备一流的教学科研设备，并提供与最优秀的学生(研究生)一起工作的机会[①]。

(3) 吸纳优秀生源的成本在不断增加。在充满竞争的高等教育市场中，大学尤其是高水平大学除了在招生环节中需要花费的成本比以往更高之外，为了吸引和留住更多立志于取得更好学术成就的优质生源，还需为在校学生提供多种类且有力度的资助、更多地与社会优秀人士见面交流的机会、更好的住宿及运动条件。以学生资助为例，目前在大多数大学尤其是高水平大学的财政支出中，增长最快的一个部分就是对学生的财政资助[①]。因为，对高水平大学而言，既要维护教育公平，坚持为中低收入家庭的子女提供接受高等教育的机会，又需要维持学术的卓越性，肩负起打造精英人才和促进人文、科技发展的责任[③]，这就意味着大学既要为来自中低收入家庭的在校学生提供资助(即助学金)，又要依据学业和能力给那些表现突出的学生提供高额的奖学金。例如，在美国加州大学伯克利分校，近年来学生资助已成为该校增长最快的支出项目，仅在2011年以学费减免形式提供的学生资助就达到1.53亿美元，资助总额(包括奖助学金、助学贷款)达到

---

① 罗伯特·M.洛森茨维格，芭芭拉·特林顿.研究型大学及其赞助者[M].张弛，译.保定：河北大学出版社，2008.
② 查尔斯·维斯特.一流大学，卓越校长——麻省理工学院与研究型大学的作用[M].北京：北京大学出版社，2010.
③ 韩萌."后危机时代"世界一流公立大学财政结构转型及启示[J].教育研究，2016(5)：137.

2.6亿美元(占总支出的12%),比2002年增长了117%[①]。

(4)新技术使用带来的成本增加。新技术除了使大学教学科研设备更新的速度加快并由此增加成本,也使大学的教学科研投入的前景变化无常。由于技术更新速度非常快,预示着在不远的将来,教学科研的投入仍然会非常高。一般看来,大学在新技术上投入可以节省教学科研开支,但事实上,大学在技术方面的投入不仅没有减少开支,反而大大增加了开支[②]。如过去十年,微型计算机和工作站、校园网络基础设施、管理和维护信息系统的相应员工已经成为大学校园普遍存在的重要部分,提高计算机容量、速度、档次的需求也急剧增长,而这种变化和进展的费用显然是昂贵的[③]。

(5)大学校园管理费用的不断增加。毫无疑问,校园安全维护、校园景观及绿化、校园设施及财产安全监控等所必须花费的费用都在随着用工和设备成本的增加而不断增加。由于办学规模扩大、师生背景及来源复杂,从而引发的校园内涉及法律纠纷、规章制度及公约的管理费用也在急剧增加。此外,校园残疾人士增加、利益冲突事件、学术不端行为及反歧视调查、性骚扰案等时而发生,也是导致校园管理费用增加的原因。

(二)办学成本难以削减

既然办学成本在不断增加,那么,大学能不能通过提升办学效率来降低学校的财政负担呢?遗憾的是,高等教育市场从来不买效率的账,公众对那些效率最高的院校的评价往往最低。这就如同有学者以美国高等教育举例谈道,"一些营利性院校没有校园、图书馆或全职教师,以非常低的投入就为机构赢得了利润,在授予学分和学位方面也表现得很高效。而传统的大学不仅有优美的校园和其他便利设施,有全职教师进行小班化教学,还有高水平的实验室和图书馆。从平均成本来看,传统院校的效率最低,然而它们却占据'全美最好的大学'整个榜单"[①]。尽管社会上不停地呼吁并要求大学提高办学效率,但看样子大学还是做不到既能提高效率还能维持其教学质量。只要学生还是根据校园设施是否便利以及与教授、与其他同学相互交流的机会来判断大学教育的质量,降低办学成本的空间仍然非常有限[④]。

大学如果要缩紧开支、削减成本,就不得不面对办学质量的损失,如优秀师资的流失、校园植物的凌乱和损毁、校园的拥挤不堪、个人发展的限制等[⑤]。这就是说,大学的办学成本之所以难以削减,就在于大学的生存和发展之道根本就不

---

① UC Berkeley. UC Berkeley financial report[EB/OL]. [2015-03-17]. http://controller.berkeley.edu/uc-berkeley-financial-reports.
② 亚瑟·科恩. 美国高等教育通史[M]. 李子江, 译. 北京:北京大学出版社, 2010.
③ 查尔斯·维斯特. 一流大学,卓越校长——麻省理工学院与研究型大学的作用[M]. 北京:北京大学出版社, 2010.
④ 亚瑟·M.科恩, 卡丽·B.基斯克. 美国高等教育的历程[M]. 2版. 梁燕玲, 译. 北京:教育科学出版社, 2012.
⑤ Bruce J. A political culture of gaving and the philanthropic support of public higher education in international perspective[C].International Conference on Higher Education(ICHE)in Luxembourg, 2004.

是效率问题,更不是提供服务产品的价格问题,而是其不同于企业或其他社会机构的独特使命,即不断追求办学的高质量。为了质量,大学总是需要更多的资源,总是需要一些特别的开支,比如从竞争激烈的市场中招聘新的教师,留住称心如意的教师,并为他们提供充足的科研经费,以确保他们有机会、有条件、有能力进行高质量的教学和研究。即便是大学由于内部管理的完善使办学效率得到了提升,其最终表现也应该是质量的提高,而不是成本的削减。这就如同一位美国大学校长所谈到的,"我们进行的不是价格竞争,而是质量竞争,一直都是如此。每当我们取得一次进步,每当我们发现新的收入来源或新的高效措施,我们都用这些新的资源来提高教育的质量,包括帮助教师创造新知识、改善为学生服务的质量或改进已有的设施。这样说并非不负责任,但是我们也必须承认,提高质量的花销过于昂贵,以至于令人不安"[①]。

三、大学缺乏稳定可靠的资金来源

对大学尤其是公立大学来讲,其资金的主要来源无疑是政府提供以及学费收入,二者一直占据着大学年度预算的绝大部分,大学除了能通过社会服务获得一定的收入之外,其他收入微薄甚至可以忽略不计。但问题是,政府往往并不"可靠",学费收入也难以"可靠",社会服务收入也是很有限的。

(一)政府财政投入总是可靠吗

在高等教育发展史上,政府一直是大学最主要的资助者。从 15 世纪起,欧洲大学所在地政府一般都愿意从财政中直接拿出钱来资助大学,但是作为交换,其自然要求对大学有更多控制和权力。但即便如此,政府多数也是不可靠的[②]。例如,作为公立大学的美国明尼苏达大学 2003 年获得的州政府财政拨款占学校总预算的比例从 2002 年的 33.48%下降到 30.18%。此比例在其后数年内又急速下降,到 2006 年,仅为 24.9%,这使该校的运营举步维艰,2003 年就曾出现过削减教师福利项目、工资冻结一年的困难局面[③]。另外,有一篇谈及近期美国公立大学财政问题的文章提出:"美国公立大学肩负着为全州公民服务的使命,州政府拨款是学校收入的主要来源。然而,近十年的财务状况显示,政府拨款的下降最为明显,由 2006 年的 27%减少至 2014 年的 14%,金融危机后减幅甚至超过 90%。"从美国公立大学的财务机制看,公共性经费是其发展的关键资源,但财政经费紧缺带来了新自由主义思

---

① 罗伯特·M.罗森兹威格. 大学与政治——美国研究型大学的政策、政治和校长领导[M]. 王晨, 译. 保定: 河北大学出版社, 2008.
② 吕埃格. 欧洲大学史(第 2 卷) [M]. 贺国庆, 等, 译. 保定: 河北大学出版社, 2007.
③ 佚名. 在全美公立大学中位居第三的它是如何规划未来的[EB/OL]. [2015-09-23]. 麦可思研究.

潮的泛行，致使贸易自由化、价格市场化、私有化等观点充斥政府。一旦受到外部经济环境的影响，政府管理阶层便把文化和教育的命运交付给随着市场波动变化的资助者的利益和情绪，政府拨款逐渐成为公立大学一项最不稳定的收入来源[1]。

这说明，当政府处在战争时期、经济危机或政治危机时期，统治者也需要钱，他们往往很难优先考虑大学这种需要昂贵花费的机构。以下这段论及美国州政府与公立大学之间的关系的话语，就很能说明这一问题："州政府与公立大学之间存在着一种长期、默认的社会契约关系。但正是由于政府拨款主要依靠企业和个人所得税，一旦经济危机爆发，财政收入便容易陷入大幅度缩水。大学的基本运行费用却不断增加，传统资金来源压力增大。对州政府而言，其代表的是州内所有机构的公共利益，在资源限制下分配稀缺公共资金时，尽管州政府是公立大学主要的资助人，但其更是对地区发展规划实施平衡的掌舵人。州政府会根据社会影响、利益权重、民众要求甚至政治立场等方面权衡资金分配的优先使用者是公共福利、医疗卫生、社会安全抑或高等教育。"[2]

以下这两位美国学者的话更是点明了政府的"不可靠"："大学很难有我们美好想象中那种'真正的伙伴'——亲密地一起工作，相互支持，有着基于某个共同目标的承诺义务和责任，否则都会受到某一详细条款的惩罚。从这个角度上讲，政府显然不是大学的真正伙伴，因为从历史上看，政府的承诺总是不确定的。大学对政府的要求，并不比农场主、商品货主、高速公路建筑商或者其他任何要求政府提供庇护的群体更多一些。政府能够同时成为赞助人、顾问、顾客和调节者，但从任何有把握的角度看，它恰恰不可能成为一个伙伴。"[3]

政府的"不可靠"，并不代表政府不重视大学。纽约州立大学国际与比较高等教育研究中心主任、教授布鲁斯·约翰斯顿(Bruce Johnstone)就此谈道[4]："有一个很普遍的论调，大学财政问题能否得到解决，无非是国家的一个政策的选择问题即税收是侧重用来支持高等教育还是其他方面。我完全不同意这种论调，过去50年来，高等教育在绝大部分国家一直都受到优待。但问题是，税收增加变得越来越困难，无论是从其他方面挪用公共财政资金还是增印钞票都变得更加困难。另外，需要政府考虑的财政投入的优先项排着队等着政府来拍板。"

另外，随着高等教育大众化推进带来的高等教育规模的扩大、入学人数的增多，政府将会越来越力不从心。这正如来自英国的特里·伊格尔顿(Terry Eagleton)教授所描述的那样，"当英国人口中上大学的比例上升到50%的时候，国家已经负担不起这样的慷慨之举了"[5]。另据伯克利高等教育研究中心主任加德森·金回顾，50

---

[1] Ciaran C. Life after bankruptcy[EB/OL]. [2008-11-26]. http://www.signandsight.com/features/1798.html.
[2] 林琳. 美国加州大学伯克利分校财务分析及启示[J]. 财经界(学术版)，2014(1)：151-152.
[3] 罗伯特·M. 洛森茨维格，芭芭拉·特林顿. 研究型大学及其赞助者[M]. 张弛，译. 保定：河北大学出版社，2008.
[4] Bruce J.A political culture of gaving and the philanthropic support of public higher education in international perspective[C].International Conference on Higher Education(ICHE)in Luxembourg, 2004.
[5] 特里·伊格尔顿. 大学的缓慢死亡[J]. 复旦教育论坛，2015，13(4)：8.

年前他所在的学校 70%的开支都由加州政府支持，2006 年这个比例已降至 27%，2014 年仅为 14%[①]。由此可见，美国州政府在公立高等教育财政中扮演的角色明显从支持者变成扶持者，高等教育在资源限制下已成为政府的次优选择[②]。

对我国来讲，政府一直是高等教育的最大支持者，由于长期以来大学尤其是研究型大学受到政府非同寻常的慷慨资助，使得高等教育界的大多数人士开始相信，这种巨额且持续高增长的财政投入既是可预期的，也是理所当然的，如一些高校（如清华大学）近几年的年度预算收入都超过百亿元人民币。但是，随着我国自 2012 年以来经济步入新常态以及国家减税政策的实施，政府对大学财政投入的增长幅度开始减缓。如表 7-2 和图 7-1 所示，2000~2012 年，高校所获政府财政经费投入一直保持着两位数的增长幅度，2011 年甚至高达 38.4%，但 2013 年以后其增长幅度却随着国家整体经济状况的下行出现了下降，甚至出现了负增长（如 2013 年的-2.8%）。

表 7-2 我国国内生产总值、国家财政收入和高校所获财政经费投入相关数据与增长率统计

年份	国内生产总值		国家财政收入		高校所获财政经费投入	
	数额/亿元	增长率/%	数额/亿元	增长率/%	数额/万元	增长率/%
2000	100280	8.5	13395.23	17.0	4330077	24.5
2001	110863	8.3	16386.04	22.3	5352001	23.6
2002	121717	9.1	18903.64	15.4	6463818	20.1
2003	137422	10.0	21715.25	14.9	7216017	11.6
2004	161840	10.1	26396.47	21.6	8405502	16.5
2005	187319	11.4	31649.29	19.9	10463734	24.5
2006	219439	12.7	38760.20	22.5	12074842	15.4
2007	270232	14.2	51321.78	32.4	15543042	28.7
2008	319516	9.7	61330.35	19.5	19446804	25.1
2009	349081	9.4	68518.30	11.7	21912629	12.7
2010	413030	10.6	83101.51	21.3	27188006	24.1
2011	489301	9.5	103874.43	25.0	37632641	38.4
2012	540367	7.9	117253.52	12.9	45460289	20.8
2013	595244	7.8	129209.64	10.2	44194384	-2.8
2014	643974	7.3	140370.03	8.6	46770500	5.8
2015	689052	6.9	152269.23	8.4	—	—
2016	744127	6.7	159552.00	4.5	—	—

数据来源：国内生产总值、国家财政收入来源于国家统计局数据库；高校所获财政经费投入数据来源于历年《中国教育经费统计年鉴》；2015~2016 年的教育经费数据缺失。

[①] 林琳. 美国加州大学伯克利分校财务分析及启示[J]. 财经界(学术版), 2014(1), 151-152.
[②] 韩萌. "后危机时代"世界一流公立大学财政结构转型及启示[J]. 教育研究, 2016(5): 136.

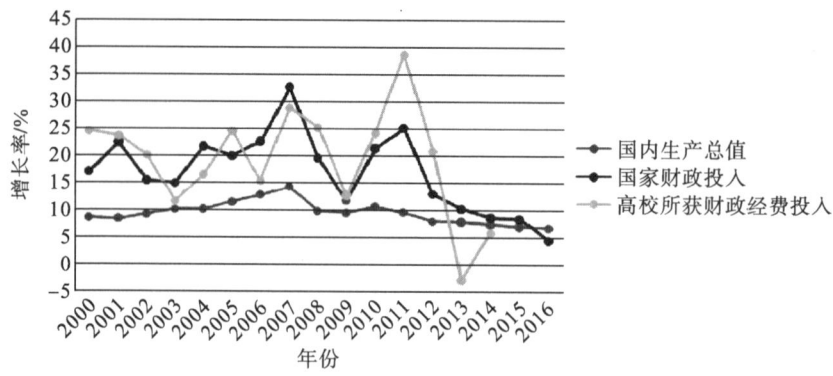

图 7-1　国内生产总值、国家财政投入以及高校所获财政经费投入变动趋势图

根据表 7-3 中所列的国内生产总值、国家财政收入和高校所获财政经费投入的数值进行相关分析，国内生产总值与高校所获财政经费投入的相关系数 $R=0.991$，经过检验 $P=0.000<0.01$，线性关系非常显著；国家财政收入与高校所获财政经费投入的相关系数 $R=0.994$，经过检验 $P=0.000<0.01$，线性关系非常显著。因此，从相关分析得知，我国国内生产总值、国家财政收入和高校所获财政经费投入三者之间高度相关，也就是说，我国国家经济发展状况会直接影响政府投入高校的办学经费。就此，本章的结论是，除非我国经济能持续快速地增长，否则高校获得的政府财政收入不可能显著增加。事实上，政府也越来越接受这样的假设（或者说是事实），即仅依靠税收已越来越难以维持一个办学成本和入学人数不断增加的庞大公立高等教育机构，这从近年来国家多次颁布的相关政策文件中也可以看出端倪。如表 7-4 所示，无论是鼓励大学"吸收社会捐赠"还是"设立学术基金会"，无疑都是政府开始重视、鼓励和希望大学能多从社会汲取办学资金，以形成"多元投入机制"，减轻政府财政负担。

表 7-3　国内生产总值、国家财政收入与高校所获财政经费投入的相关性

		国内生产总值	国家财政收入	高校所获财政经费投入
国内生产总值	Pearson Correlation	1	0.999**	0.991**
	Sig. (2-tailed)	—	0.000	0.000
	N	17	17	15
国家财政收入	Pearson Correlation	0.999**	1	0.994**
	Sig. (2-tailed)	0.000	—	0.000
	N	17	17	15
高校所获财政经费投入	Pearson Correlation	0.991**	0.994**	1
	Sig. (2-tailed)	0.000	0.000	—
	N	15	15	15

注：**表示 0.01 水平上显著相关。

表 7-4　近期国家发布的有关鼓励和支持高校多方汲取办学资源的政策

序号	发布时期	发布者	政策文件名称	相关政策表述
1	2010 年 7 月	党中央、国务院	《国家中长期教育改革和发展规划纲要(2010—2020 年)》	完善体制和政策，鼓励社会力量兴办教育，不断扩大社会资源对教育的投入；完善财政、税收、金融和土地等优惠政策，鼓励和引导社会力量捐资、出资办学
2	2012 年 3 月	教育部	《关于进一步加强高等学校基础研究工作的指导意见》(教技〔2012〕2 号)	引导社会力量支持高等学校基础研究，形成多元投入机制
3	2012 年 3 月	教育部	《教育部关于全面提高高等教育质量的若干意见》(教高〔2012〕4 号)	完善财政捐赠配比政策，调动高校吸收社会捐赠的主动性、积极性
4	2013 年 11 月	中共中央	《中共中央关于全面深化改革若干重大问题的决定》	健全政府补贴、政府购买服务、助学贷款、基金奖励、捐资激励等制度，鼓励社会力量兴办教育
5	2015 年 10 月	国务院	《统筹推进世界一流大学和一流学科建设总体方案》(国发〔2015〕64 号)	高校要不断拓宽筹资渠道，积极吸引社会捐赠，扩大社会合作，健全社会支持长效机制，多渠道汇聚资源，增强自我发展能力
6	2017 年 1 月	教育部、财政部、国家发展改革委员会	《统筹推进世界一流大学和一流学科建设实施办法(暂行)》	建设高校要积极争取社会各方资源，形成多元支持的长效机制
7	2017 年 5 月	中共中央	《关于加快构建中国特色哲学社会科学的意见》	鼓励社会资金通过捐赠、设立学术基金会等方式支持科研工作

(二)学费收入总是可以增加吗

学费也被形象地称为大学的"人头费"。由于接受高等教育也被认为是一种私人的服务享受，所以向大学生这种服务对象收取一定的服务费用也是理所应当。事实上对大学来讲，注册学生所缴纳的费用也一直占据着大学收入的主要部分。在大学发展的早期(如中世纪大学)，除了学费收入，学校基本上也再难有能起较大作用的收入。学费的收入自然是多多益善，或许大学可以通过增加学费来弥补学校收入的不足。但是问题却没有那么简单。对此，麻省理工学院的前校长查尔斯·维斯特这样描述[①]："当大学面临财政问题、人员调配，甚至遭遇突发危机时，人们从来不会把领导 MIT (Massachusetts Institute of Techology，麻省理工学院)与管理某一企业混为一谈。事实上，大多数企业界人士很可能会对我提及的学术领导所面临的困难有所质疑。要想成为 MIT 一员的人几乎可以挤破大门，领导这样一个组织难道还有什么困难吗？事实上，MIT 婉拒了超过 4/5 的潜在顾客。假如普通商业人员在市场上处于这样有利的位置，那么他只需考虑如何给他(她)的产品定价；然而，MIT 收取的学费大约只占学生教育费用的一半。MIT 如何立足业界？"

[①] 查尔斯·维斯特. 一流大学，卓越校长——麻省理工学院与研究型大学的作用[M]. 北京：北京大学出版社，2010.

查尔斯·维斯特的这段话点出了大学在收取学费上面临的几点限制和困惑。

(1) 大学为什么不能依靠多招收学生来增加学费收入？虽然学费的多少取决于注册学生的多少，但大学不能保证能招收到足够数量的学生，尤其是在日趋激烈的高等教育市场竞争环境下。一些大学在生育率下降的危机下已经多年完不成招生计划（如我国台湾地区的大学），自然也就无法获取维持基本办学所需要的学费收入。即便是像 MIT 这种大学由于好的社会声誉而不乏入学申请者，也不能通过无限制的扩招来增加学费收入。因为过多的在校生人数不仅使教学科研形成压力，造成规模不经济，更重要的还会使生源质量下滑，从而无法保障对卓越教学质量的追求。

(2) 大学可以像企业给产品定价一样来确定自己的学费吗？的确，大学可以通过增加单位注册学生的费用来增加整个学费的收入。但是，高校尤其是公办高校局限于自身的性质及特点，其收取的学费往往会受到来自社会、法律法规等方面的阻碍或规范，即便上调一定比例的学费，往往也要经过复杂且漫长的审批流程。有学者在谈到欧洲学费问题时提出，"对于学费，无论是包括学生团体在内的社会组织，还是温和派当政的政府，都不会允许随意增加哪怕一丁点学费"[①]。更值得注意的是，上涨学费往往还会引发社会的抵制[②]，甚至触发社会危机。此外，在目前高等教育的卖方市场下，收取过高的学费往往还会造成学生"用脚投票"，从而使学校面临生源危机[③]。

(3) 学生缴纳的学费可以抵消他们的教育成本吗？事实上，越是高水平的大学，学生缴纳的学费与其教育成本之间的差额越大，虽然学费与前些年相比的确有所上涨，在某些国家这一上涨的幅度有时还很大，但是学费仍然远远低于学生的教育成本，这就如同查尔斯·维斯特所提的一样，"MIT 收取的学费大约只占学生教育费用的一半"。这表明，依靠学费不仅抵消不了学生自身的受教育成本，更不能平衡整个大学的办学预算。如果一所大学的主要收入仅仅依靠学费，那么大学的办学经费就会存在巨大的缺口。

（三）从自身社会服务中获得收入可行吗

大学通过与市场的交换（如通过举办校办企业和营利性质的医院、对外提供咨

[①] Bruce J. A political culture of giving and the philanthropic support of public higher education in international perspective[C].International Conference on Higher Education(ICHE)in Luxembourg, 2004.
[②] 如 2015 年，英国政府计划允许表现更好的大学根据通货膨胀的情况提升其学费标准。然而，英国全国学生联合会却以发布绿皮书的形式进行公开抵制。全国学生联合会主席梅根·邓恩说："教学始终都应该是高等教育的一个关键环节，但是全国学生联合会坚决认为教学质量的提高不应该和学费挂钩。学生不应该被当作教育的消费者。"他还宣称，全国学生联合会和学生团体将采取行动以保证"政府不会无视学生的声音"。除了一部分学生，一些大学教师也加入了反对的行列。169 位英国大学知名学者此前(2015 年 10 月)就签署了一份公开信，其中的一个反对理由是，"这将会助长一种趋势，学生将仅仅被当作是期望从高等教育中获得特定成果的'消费者'，而不是必须努力利用向他们开放的一切教育机会并为自身发展负责任的'独立学习者'"。
[③] 罗志敏，苏兰. 高校财政收入会持续增加？[J]. 高校教育管理，2017(1): 51.

询或培训、出售知识产权、校内房屋出租等途径)获得的收入,可以统称为社会服务收入。这种做法不仅可以使大学不至于脱离社会与市场,提高校内资源的使用效率,更重要的是还能为学校财政注入新的资金,缓解大学经费短缺问题。但是,大学特有的组织特性,只能部分、有条件地通过与市场的交换来获得收入,且受到实践、政策层面的诸多限制。

服务社会虽然是大学的一项基本功能,却必须有所节制,正如亚伯拉罕·弗莱克斯纳所言,大学可以满足社会的需要,但不能迎合社会的欲望[①]。大学也不能过分迷信市场,更不能为市场力量所驾驭和左右,否则功利主义和逐名追利之风弥漫校园,教师就会倾向于把时间精力用在能带来最大经济回报的项目和活动上,大学最终就会和那些"提供星级服务的宾馆"[②]没什么两样。大学不能为了增加收入就不与市场保持距离,这是因为,大学不应成为片面以经济为导向的"工具性"组织,而必须坚守一些内在的标准,如大学的公共性、大学的学术自由等,失去了这些标准,大学就不再是真正意义上的大学,更别提为社会提供服务了[③]。

即便是大学在符合限制条件下合理地通过社会服务获得一定的收入,但由于学科与社会、市场联系紧密程度的不同,要是有所赢利,也只能是那些社会有高度需求且有紧密联系的项目(如法律、计算机、语言翻译等),获利的也只能是那些少数的部门机构和个人。与此同时,这种做法还容易使大学在学科、专业课程设置方面的市场化取向越来越明显,科研活动中把应用研究扩大到不适当的比例,那些与社会互动较弱、不易汲取经济资源的基础研究及相关学科会受到藐视或忽视,渐趋萎缩,甚至走向消亡。

四、大学需要大范围的资金提供者

(一)大学需要寻求额外的支持以使其财政来源多样化

以上所述表明,大学仅仅依靠政府来解决其财政难题是远远不够的。至于被形象地称为大学的"人头费"的学费来讲,大学为了保障质量,不能依靠多招收学生来增加学费收入,也囿于国家政策的限制和公平的需要而不能像企业给产品定价一样来确定自己的学费。与此同时,越是高水平的大学,学生缴纳的学费与其教育成本之间的差额越大。至于依靠自己的社会服务能真正获得的财政收入也很有限,因为"大学现在不是、过去也从来不是自我支持的机构"[④],也"从来没有从自己的

---

① 亚伯拉罕·弗莱克斯纳. 现代大学论[M]. 徐辉,等,译. 杭州:浙江教育出版社,2001.
② 大卫·科伯. 高等教育市场化的底线[M]. 晓征,译. 北京:北京大学出版社,2009.
③ 张继明. 大学社会服务职能的理性审思[J]. 江苏大学学报(社会科学版),2015(5):90.
④ 爱德华·希尔斯. 学术的秩序:当代大学论文集[M]. 李家永,译.北京:商务印书馆,2007.

服务中获得过足以维持自身运转的补偿"①。也就是说，作为财政模式为资源依赖型的大学，要应对经费短缺的局面，仅仅依靠政府的投入或少数几项收入，不管怎样"算计"或巧用这些经费，都无法满足大学发展的需要，更无法满足师生的愿望和需求。

为此，大学最保险的做法，也是唯一能走的路就是突破现有的、以政府投入为主的财政收入结构，寻求更大范围的资金提供者。只有这样做，才能使其财政来源多样化，最终使大学拥有稳定可靠、可观的办学经费。曾任香港大学副校长的程介明认为，"当教育发展遇到很多机会的时候，只有财政拨款根本无法满足需求，'四处找钱'必将成为高校常态"②。但长期以来，"四处找钱"被认为是只有私立大学才会干的事，而不关乎由政府举办、有政府财政兜底的公立院校。其实，公立院校与私立高校之间相区别的界限越来越模糊，其越来越相似。

在美国，无论是公立院校还是私立大学，都向所在社区、地方政府、州政府、联邦政府寻求财政支持，都需要花费大把的时间来发展潜在的捐赠者，都需要竭力为困难学生提供资助；面对教师、学生、当地社区、商业机构、学生家长，其领导人（大学校长）也都需要有效率的工作③。即便是在资源争夺战中，公立院校也不得不表现得更像私立大学，如"高收入—高预算—高资助"这种以往仅仅私立精英大学专享的财政模式也在公立院校系统中流行开来，对那些高声望的、世界排名靠前的公立院校来讲更是如此。

（二）多样化的财政来源可以维护和增强大学的自主性

财务独立既是一个人独立的基础，也是一个机构能否自主运行的关键要素。对大学来讲，虽然无法做到凭一己之力的财务独立，但是可以通过走财政来源多样化的道路，力避单一依靠某一财政支持力量，从而维护大学良性发展所需的自主性。在高等教育发展史上，一些大学之所以能够卓越发展，其中一个很重要的因素就是其拥有多样化财政来源的财政收入结构。对此，罗森兹威格在谈到美国高等教育在20世纪所取得巨大成功的原因时就总结得很精辟："推动美国高等教育的强大力量就是多样化的财政来源"。④事实上，无论是哈佛、耶鲁这些私立大学，还是伯克利、密歇根等这些公立院校，之所以能长期排在世界上大学的前列，与其以多样化的财政来源为特征的财政收入结构不无关系。

另外，这种财务收入结构自然带来大学财务收入总额的增加，尤其是使大学可以掌控的财政收入增加，从而使大学不受单一资金控制，这同样可以增加大学

---

① 李枭鹰. 论大学、政府、市场的权力生态关系[J]. 国家教育行政学院学报, 2009(6): 30.
② 邓晖. 中国大学如何补上"募款"课[N]. 光明日报, 2016-01-13(8).
③ Pumerantz P K. Alumni-in-training: a public roadmap for success[J]. International Journal of Educational Advancement, 2005, 5(4): 299.
④ 罗伯特·M.罗森兹威格. 大学与政治——美国研究型大学的政策、政治和校长领导[M]. 王晨, 译. 保定: 河北大学出版社, 2008.

办学的自主性。罗纳德·G.艾伦伯格在谈到大学的办学成本时就认为，管理者能够掌控的资源越多，其不得不做出的艰难决定就越少，高校就能够运行得更好。[①]如 2015~2016 财年，斯坦福大学总收入的 25%来自基金投资收益，29%来自项目收益，17%来自医疗服务收益，而学费仅占 11%（图 7-2[②]），这种多样来源的财务结构可以使学校降低对学费的依赖，从而有利于制定更为灵活的招生、学生资助及辅助政策，如可以增加优秀学生奖学金名额、大幅增加经济困难学生的资助金数额、支持更多学生拓展全球学习经历等。

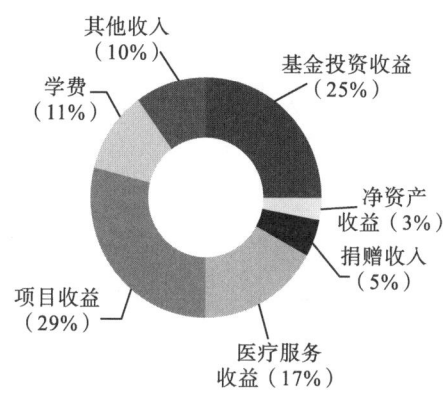

图 7-2　斯坦福大学 2015~2016 财年决算收入结构

（三）我国公立院校更需寻求多样化的财政来源

在我国，公立院校的经费主要源自政府财政拨款和学费。政府财政拨款占比在 40%以上，一些年份还达到近 60%；作为第一大块的收入，学费收入占比占 30%以上，一些年份达到 40%以上；来自社会服务收入和捐赠收入的占比一直都很低且很不稳定（图 7-3、图 7-4），分别不到 2%且近年来还趋于下降（表 7-5）。即便是研究型大学也是如此，据教育部统计数据，985 大学、211 大学经费的财政拨款占比也大都在 40%以上。

---

① 罗纳德·G.艾伦伯格. 美国大学学费问题[M]. 崔玉平，译. 北京：北京师范大学出版社，2007.
② 根据斯坦福大学 2016 年 8 月 31 日发布的财务报告 *Stanford University Annual Financial Report* 2015—2016 中的有关数据整理而成。

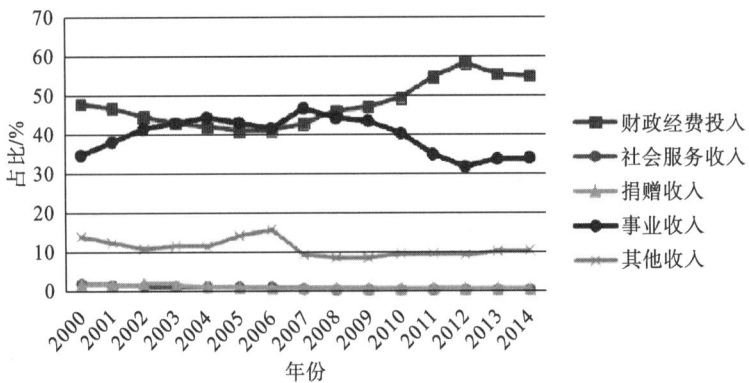

图 7-3　我国高校收入来源各部分占比(2000~2014 年)

注：(1)数据来源于历年《中国教育经费统计年鉴》；(2)其他收入包括企业办学中的企业拨款、民办学校中举办者投入等。

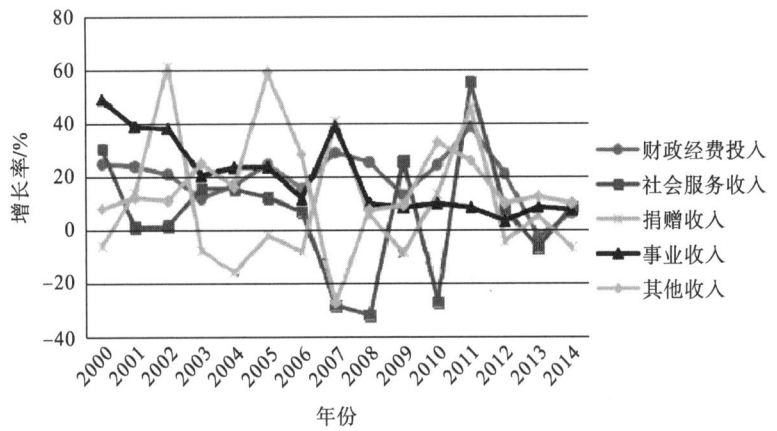

图 7-4　我国高校收入来源各部分增长变动趋势(2000~2014 年)

注：(1)数据来源于历年《中国教育经费统计年鉴》；(2)其他收入包括企业办学中的企业拨款、民办学校中举办者投入等。

表 7-5　我国高校各项收入占比及增长率统计(2000~2014 年)(%)

年份	高校所获财政经费投入		社会服务收入		捐赠收入		事业收入	
	增长率	总收入占比	增长率	总收入占比	增长率	总收入占比	增长率	总收入占比
2000	24.5	47.88	30.2	1.79	-6.1	1.68	48.9	34.72
2001	23.6	46.74	0.9	1.42	13.8	1.51	38.6	38.00
2002	20.8	44.68	1.4	1.14	61.0	1.92	37.8	41.44
2003	11.6	42.87	15.5	1.14	-7.9	1.52	20.3	42.87

续表

年份	高校所获财政经费投入		社会服务收入		捐赠收入		事业收入	
	增长率	总收入占比	增长率	总收入占比	增长率	总收入占比	增长率	总收入占比
2004	16.5	42.02	15.1	1.10	-16	1.08	23.3	44.47
2005	24.5	41.03	12.0	1.0	-2.2	0.83	23.4	43.04
2006	15.4	41.09	6.7	0.9	-8.3	0.66	11.5	41.65
2007	28.7	42.77	-28.5	0.52	40.6	0.75	38.8	46.74
2008	25.1	46.19	-32.2	0.30	5.3	0.68	9.7	44.28
2009	12.7	47.17	25.6	0.34	-8.6	0.56	8.3	43.46
2010	24.1	49.45	-27.2	0.21	13.2	0.54	9.8	40.32
2011	38.4	54.70	55.6	0.26	45.7	0.63	8.3	34.89
2012	20.8	58.27	7.4	0.25	-4.5	0.53	3.1	31.74
2013	-2.8	55.41	-6.9	0.23	5.0	0.54	8.5	33.69
2014	5.8	54.96	8.7	0.23	-6.8	0.47	7.4	33.92

数据来源：历年《中国教育经费统计年鉴》。

我国大学的这种状况与美国的一流公立研究型大学的收入结构恰好相反。例如，伯克利分校在过去的50年内，政府拨款从70%降至14%，而非政府拨款如科研经费与合同、学费、捐赠基金、附属企业收入却成为学校收入的主要来源，这四项占总经费的76%，形成有学者所描述的那种"独立自主、多元互补"的财政结构[①]。

如图7-5所示，清华大学2015年度政府财政拨款收入、学费收入分别占总收入的33%和51%，而同期美国公立院校密歇根大学该两项收入仅占13%和16%。相比之下，清华大学对政府和学费的财政依赖度分别是密歇根大学的2倍多和3倍多。

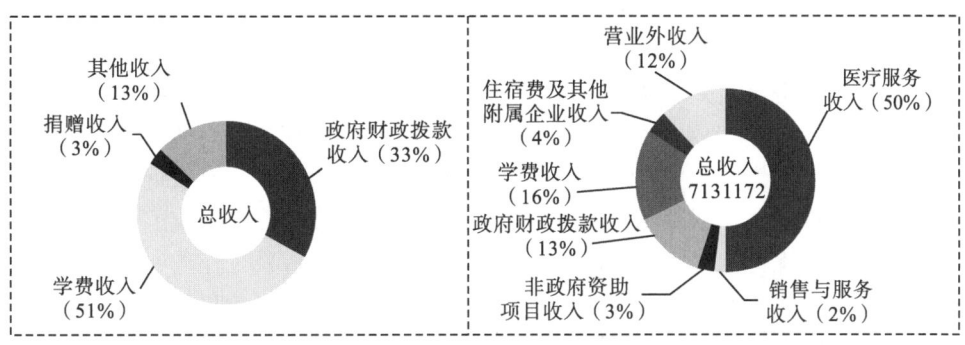

(a) 清华大学2015年度决算收入结构(单位：万元)　(b) 密歇根大学2015～2016财年决算收入结构(单位：千美元)

图7-5　清华大学和密歇根大学决算收入结构图

注：数据分别来源于清华大学2015年财务报告和密歇根大学2015～2016财年财务报告。

---

① 韩萌. "后危机时代"世界一流公立大学财政结构转型及启示[J]. 教育研究，2016(5)：137-138.

我国大学这种过多依赖政府拨款、学费收入的财政收入结构，可以说是大学难以去行政化以及办学自主权难以充分落实的重要原因之一，也是大学难以摆脱规模化扩张(如学科多布点、多招生)诱惑的重要原因之一。一位大学财务处处长在谈到大学教师收入难以提高的问题时就谈道[①]："教师的工资都是国家定死的，专项经费甚至是自筹经费，可以用在人身上的又非常有限，大学可以操作的空间非常小。"这位财务负责人谈到的"可以操作的空间非常小"，恰恰说明了由于政府财政资金的特殊性(来源于国民税收)，学校即便"不差钱"，也在使用上有诸多限制，无法自主地决定资源投入的方向。

五、公立大学财政亟待走出"公币模式"

长期以来，我国公立大学在财政收入结构上维持的是一种"公币模式"，自我发展能力很差。所谓"公币模式"，就是大学根据政府的财政投入预算来定工作计划，预算就是极限，往往是有多少钱干多少事，少钱少干、没钱不干，这不仅使大学过于依赖政府的财政投入，也不利于大学开拓局面。其实，在我国经济步入新常态，以及实施减税政策造成国家财政收入增速减缓的背景下，政府对高校财政投入增长幅度下降在所难免，大学财政由过去依赖政府财政拨款向财政来源多样化转型，是必然的趋势，尤其是国内立志于进行"双一流"建设的大学，由于这些大学面临的是全球性的竞争，办学过程中的主要要素成本(如师资招聘成本)将是国际性的甚至超过欧美发达国家。大学如果不走财政来源多样化的道路，将来势必会面临办学经费短缺的风险。

为此，我国公立大学财政需要走出"公币模式"，即从依赖政府财政走向以自我筹资为主，形成财政来源多样化的格局。在本书看来，公立大学要走出这一模式，除了要继续争取政府财政投入、稳定学费收入、通过完善社会服务等方式广泛吸纳社会资金之外，今后可重点从以下两个方面着手。

(1)建设好校友关系，将获取校友的财政支持作为大学实现财政来源多样化的一个突破口。作为跟大学有着天然学缘关系的校友，是大学最易接近的一类人，校友关系不仅是大学获得企业、基金会、慈善组织、在校生或校友家长以及其他社会人士财政支持的一个重要的突破口，还是大学做好筹资工作的一条捷径。为此，需要充分认识到校友关系建设对于实现大学财政来源多元化的重大意义，并将其纳入大学保持持续竞争优势的长期发展战略中，去做整体性的谋划和设计。

(2)建设好基金会，通过专业化运作的基金会聚财和生财。我国公立院校目前所设的基金会虽初具雏形，但发展步伐缓慢，资产规模小，其主要问题就是专业

---

① 刘虹. 薪酬制度缺陷导致大学教师精力耗散[EB/OL]. (2017-06-25)[2017-05-27]. http://www.yidianzixun.com/home?page=article&id=0ChNAqSD.

化程度不强。为此，需要聘用或委托专业化的人员，一方面通过不断开发捐赠新途径、新形式凑款，另一方面将社会捐赠以基金的形式运营，采取多元化的投资组合策略，实现投资保值增值最大化和风险最小化。

与此同时，建议政府机构对其所管辖的大学实施更大范围、更大力度、更细化的捐赠配比政策将每年政府财政投入增量资金的一部分用于配比资金，以发挥用少量政策资金撬动高校积极寻求多方资金支持的杠杆作用。现有的捐赠配比政策仅限于部属高校，且限于现金捐赠，同时还缺少具体的、有层次的配比方案。为此，建议将捐赠配比政策至少扩展到所有"双一流"建设高校，将非货币捐赠也纳入配比范围。建议采用弹性配比策略，如可根据高校现有筹资能力状况，设定弱、中、强三个配比档次，分别对应1∶1、2∶1、3∶1三种配比比例及上限金额。高校筹资能力越强，配比比例越低，配比金额上限越高。相反，筹资能力越弱，配比比例就越高，配比资金上限就越低，这样做的最大好处就是能充分考虑高校差异，促使强校不断挖掘自身的筹资潜力，同时也激励弱校抓住机会获得社会捐赠。

媒体发声：基金会在大学财政治理改革中的作为

近日，浙江大学、中国人民大学等高校先后获得校友企业的巨额捐赠，大学基金会也吸引了公众关注的目光。

大学基金会的职能是什么？简而言之，就是为大学持续地注入发展所需的资金。自现代大学诞生起，资金就是难题。大学的办学成本不断增加，尤其是对有着办学雄心和长远目标的大学来说，单独依靠某一项或几项收入来平衡办学成本，既不可取，也不可靠。现代大学要解决这一问题，唯一的出路就是寻求更大范围的支持者。正基于此，建立和发展基金会成为当前高校多方筹集社会资金、化解财政难题的重要平台，也是其走出"少钱少干、没钱不干"财政模式、优化资金来源结构的重要抓手。

在我国，与其他公益性基金会相比，大学基金会理应交出更加出色的成绩单，这不仅是因为它可以借力高校的社会地位和影响，还因为它掌握着丰富、优质的校友资源。但遗憾的是，综观我国400多家大学基金会，虽初具模样，但普遍羸弱，其中一些甚至难以保障自身生存，大的作为更是无从谈起。

来自基金会的资金不仅是大学"最好用的一笔钱"，其筹资数额及年度增加额的多少也是大学办学质量、社会影响力的一个生动注脚。不过，从国内大学基金会的情况来看，聚财能力大都不尽如人意，表现为筹资手段单一，筹资范围窄且多来自校友，筹资形式仅为货币资产。仅就基金数额来讲，截至目前，大学基金会资金池余额过亿元人民币的仅有10多家，这与欧美高校状况存在不小的差距。例如，美国公立高校密歇根大学，通过多年的筹资和成功的投资运作，其捐赠基金2014年就高达97亿美元。同为公立高校的加州大学伯克利分校虽稍逊一筹，在美国大学捐赠基金榜中居第 68 位，但其捐赠基金总规模也达 12.4 亿美元。

这种差距还表现在基金会的生财能力上。调查发现，国内大学基金会鲜有基金增值操作行动，基金会成了花一分少一分的"干瘪钱包"。与此形成对比的是，通过基金会多元化的投资组合策略，耶鲁大学捐赠基金的资产规模从 1985 年的 13 亿美元增至 2016 年的 254 亿美元，并创下了年化 12.9%的净回报。而哈佛大学之所以被称为世界上最富有的大学，就在于它拥有资产规模高达 365 亿美元的基金会，近年来，其投资收益均占学校年度总收入的近 40%。

国内大学基金会之所以表现不佳，一部分原因在于外部政策环境方面还存在一些体制机制性障碍，但更为重要的是大学自身缺乏作为，比如仅将基金会作为弥补学校办学资金不足的"钱袋子"，重取轻凑，甚至杀鸡取卵，导致基金会缺乏再生能力。此外，学校普遍将基金会作为一个下属事业性机构，基金会投资有增益无奖励，造成亏损却要受罚，如此机制下，让结余的钱"躺"在银行自然就成了基金会最为"保险"的做法。

大学基金会今后要有大作为，首先要充分认识到基金会对于实现大学财政来源多元化、提升大学社会影响力以及保持持续竞争优势的重大意义。在操作层面，要还原基金会的社团法人地位，聘用或委托专业人员，严格按照基金会的宗旨，多向、多点、多手段出击，严谨对待每一笔资金的筹集、管理、运营和使用，树立和维护基金会的公信力。相关部门应继续优化基金会的外部环境，如在抵扣税政策方面，地方政府应一视同仁，即 A 省的企业捐赠 B 省的高校，回到 A 省也应享受同等的抵扣税优待，并将这一优惠政策扩大到非货币捐赠领域。

注：原文标题为《大学基金会当有大作为》，刊登于《光明日报》2017 年 6 月 21 日第 2 版，作者为罗志敏。

第八章　大学校友关系治理

在吕埃格所编著的《欧洲大学史》一书中，特别突出这么一句话，"大学都是通过那些进入和离开大学的人在社会中得以定位的"①。在这句话里，"进入"大学的人应该是"在校生"，而"离开"大学的人显然就是指校友。也就是说，正是在校生和校友成就了大学，也可见校友的重要性。可以这样讲，大学的产生、发展甚至从大学诞生的那一天起，校友就以不同的身份（如毕业生、朋友、赞助者、筹建者、创始人）存在着，与大学相伴相生。校友对大学来讲是恒定的、可再生的，只要学校不倒闭，校友数量就会永不枯竭，甚至与年俱增。目前，校友已经被认为是大学除教职工、在校生的第三大类成员，校友关系在大学当前以及今后的发展过程中的地位日益凸显。但遗憾的是，校友关系治理一直是我国大学治理体系中的一个薄弱环节，为此需要大学在提高认识的基础上，加大校友关系治理方面的时间和资源投入，以使校友关系成为新时期优化大学治理的一个重要支撑。

一、大学需要校友的支持

如上所述，政府、企业、基金会、慈善组织、学生（通过学费）、学生家长、校友以及其他社会人士都可以作为大学的资金提供者。但笔者想说的是，在以上这些现实或潜在的资金提供者中，校友一直是最可靠、最稳定的，也是最值得挖掘的。

（一）校友一直是大学汲取办学资金的固定目标

在高等教育的发展史上，企业、基金会、慈善组织、学生家长、校友以及其他社会人士都曾在某个时候以某个方式给大学提供过资金，大学甚至就是由他们的某一方举办的（如美国的私立大学）。毋庸置疑的是，作为一类特殊群体，当大学需要时，校友一直是大学汲取办学资金的目标，也一直是大学最重要的且最主要的募捐对象。

从捐赠数量上看，有时校友的个人捐赠虽然无法跟来自基金会或企业的捐赠相比，但由于其人数众多，累积起来的数量同样可观。1840年8月6日，哈佛大学成立了校友会，时任校长埃利奥特通过其建立的校友基金，当年就收到捐款15000美元，从而减轻了学生学费对大学发展的影响。1881年，哈佛大学法学院

---

① 吕埃格. 欧洲大学史(第1卷)[M]. 张斌贤，等，译. 保定：河北大学出版社，2007.

成立了图书馆基金，受捐赠的 4.7 万美元都来自法学院的校友。1879 年，医学院的经济状况每况愈下，后来医学院在校友中用不到 3 周的时间凑集 10 万美元建设了所需要的大楼[1]。1996～1997 年，哈佛大学获校友捐赠就达 2.2 亿美元，占获得捐赠总金额的近 50%[2]。2010 年，哈佛大学的校友捐款高达 6 亿美元，其捐赠基金总值超过 275 亿美元[3]。360 多年来，历届校友慷慨捐助，再由哈佛管理公司经营，积累了数额巨大的办学基金，学校每年都可以提取基金的收益部分作为开支。

当大学面临财政困难时，校友的作用往往更加突出。在经历了 20 世纪 50 年代后期到 60 年代的巨大扩展，尤其是经历了 1961～1975 年的越南战争之后，一方面美国财力在十几年的战争中被大量消耗，联邦政府无力继续为高等教育提供大量经费；另一方面，教育的迅速发展造成教育开支不断增长，美国高等教育面临"入不敷出"的严重财政危机，校友捐赠在高校发展中的作用日益显现。1954～1961 年，由教育财政资助委员会开展的每两年一次的调查发现，校友捐赠是各院校仅次于基金会捐赠的主要资金来源。进入 20 世纪 90 年代后，高等教育出现了世界性的财政危机，各国对承担高等教育费用的愿望和能力减弱，不论是公立大学还是私立大学，都意识到了校友捐赠的必要性和重要性，从而更注重将校友作为筹资对象。2001～2002 年、2002～2003 年、2003～2004 年，美国大学校友捐赠占社会捐赠总数的比例分别为 24.7%、27.8%、27.5%，如此巨大的捐赠热情和强劲实力为美国大学在世界范围内继续保持领先地位贡献了力量[4][5]。再根据美国教育资助委员会（Council for Aid to Education，CAE）近期发布的报告，虽然受到金融危机等不利因素的影响，美国高校 2011 财年还是获得了高达 303 亿美元的捐助资金（美国最顶尖的前 20 所大学获利最多），比 2010 财年增加了 23 亿美元。其中，来自校友以个人名义的捐赠就有 78 亿美元（占 25.7%），对维持和提升整个捐赠额度功不可没[6]。

在学校所获的捐赠中，来自校友的捐赠一直都占据很大的比例（表 8-1）。据美国《教育自愿支持》报告统计，美国高校社会捐赠来源主要有校友、个人、公司（企业）、基金会、宗教组织及其他利益组织等多个捐赠主体。其中，校友捐赠长盛不衰，从 1959～2014 财年美国高校接受校友捐赠情况表分析，校友捐赠在高校社会的捐赠总额中始终占据较大比例[7]。2015 财年，美国高校获得校友捐赠比上年大幅增长 10.2%，达到 108.5 亿美元，占整个捐赠收入的 26.9%。由于这一数额是以校友个人名义的捐赠，若算上校友以基金会、个人公司等名义的捐赠，校友捐赠所占比

---

[1] 徐来群. 哈佛大学史[M]. 上海：上海交通大学出版社，2012.
[2] 徐玲. 美国高等教育经费捐赠的特点及启示[J]. 阴山学刊，2002(1)：76-78.
[3] 陈志武. 校友为什么捐赠[N]. 南方周末，2012-05-27.
[4] 乔卉. 美国哈佛大学资金筹措的方式研究[D]. 北京：首都师范大学，2007.
[5] 郗利选. 美国高等教育捐赠研究[D]. 南京：南京师范大学，2008.
[6] Council for Aid to Education.2011 Voluntary Support of Education[EB/OL]. [2013-01-22]. www.cae. org.
[7] 张继华. 美国高校社会捐赠机制研究与借鉴[C]. 全国教育科学规划领导小组办公室，2016-03-30.

例要再加上 23.9%，总比例达到 50.8%①。仅就加州大学伯克利分校来讲，2001 财年受捐赠金额高达 14.4 亿美元，位居第一的捐赠正是来自校友。而之前的 1999 财年 2.2 亿美元的经济捐赠中也有 58%来自校友②。2011 财年，耶鲁大学收到来自校友的捐款就有 7 亿多美元，加上投资回报，捐赠基金总额超过 200 亿美元③。

表 8-1　1960～2015 财年美国高校接受各主体捐赠情况表

财年	1960	1965	1970	1975	1980	1985	1990	1995	2000	2005	2010	2014	2015
全年额度/亿美元	8.15	14.4	18.6	24.1	42.3	74.0	102.0	142.5	242.0	280.0	280.0	374.5	403.0
校友/亿美元	1.91	3.10	4.58	5.88	10.49	18.25	26.80	40.40	68.3	84.0	71.0	98.5	108.5
占比/%	23.4	21.5	24.6	24.4	24.8	24.7	26.3	28.3	28.2	30.0	25.4	26.3	26.9
个人/亿美元	1.94	3.50	4.95	5.69	10.1	17.8	23.1	34.0	52.0	57.0	49.2	65.0	80.0
占比/%	23.8	24.3	26.6	23.6	23.8	24.1	22.6	23.9	21.5	20.4	17.6	17.4	19.9
基金会/亿美元	1.63	3.57	4.18	5.49	9.22	13.63	20.30	28.15	60.0	71.0	84.0	112.0	116.0
占比/%	20.0	24.8	22.5	22.8	21.8	18.4	19.9	19.8	24.8	25.4	30.0	29.9	28.8
公司/亿美元	1.30	2.30	2.59	3.79	7.78	17.02	22.30	28.00	43.5	46.0	47.3	57.5	57.5
占比/%	16.0	16.0	13.9	15.7	18.4	23.0	21.9	19.6	18.0	16.4	16.9	15.4	14.3
宗教组织/亿美元	0.80	1.08	1.04	1.30	1.40	2.11	2.40	2.55	3.7	3.75	3.05	—	—
占比/%	9.8	7.5	5.6	5.4	3.3	2.9	2.4	1.8	1.5	1.3	1.2	—	—
其他组织/亿美元	0.57	0.85	1.26	1.95	3.34	5.18	7.10	9.40	14.5	18.3	25.5	41.5	41.0
占比/%	7.0	5.9	6.8	8.1	7.9	7.0	7.0	6.6	6.0	6.5	9.1	11.1	10.2

数据来源：根据 CAE 历年发布的《自愿支持报告》整理而成。

(二)校友能提供的支持远比直接的资金捐赠更多

校友提供的资金可以使大学在人才招聘、教职工激励④、招生及奖助、教学与科研条件、校园设施、应对办学资金不足等方面占据优势。其实，除了给大学提供资金这一种最为常见的支持之外，大学能从校友那里获得的支持还有很多，这就如同有学者在谈到校友问题时提出，"我们不要局限于校友的捐赠(gifts)，而是要寻求更大范围的支持(operating support)"⑤。这种"更大范围的支持"包括智

---

① Council for Aid to Education. Colleges and universities raise record $40.30 billion in 2015[R]. New York, NY 10016, 2016-01-27.
② 储祖旺. 中国高校筹资问题研究[D]. 武汉：华中科技大学，2006.
③ 陈志武. 校友为什么捐赠[N]. 南方周末，2012-05-27.
④ 如浙江大学在庆祝 2013 年教师节的典礼上，重奖了两位专心从事本科教学工作的教师每人 100 万元。这种被认为是领国内高校风气之先的"大手笔"，正是来自该校友捐赠所设立的基金. 卢美慧. 浙大两名教授坚持本科教学获 100 万元奖励[N]. 新京报，2013-09-12.
⑤ Bruce J. A political culture of gaving and the philanthropic support of public higher education in international perspective[C]. International Conference on Higher Education(ICHE)in Luxembourg, 2004.

力、信息、舆论、道义等方面的支持,西方学者把它们统称为非经济支持行为(non-monetary support behaviors)。与资金支持(或财物捐赠)一样,非经济支持行为对大学的生存与发展也至关重要,如时任教育促进与支持委员会[①](Council of Advancement and Support of Education,CASE)主席的盖瑞·奎尔(Gary H. Quehl)在谈到校友管理工作时就意味深长地说道,"我们今天比任何时候都需要校友和他们的支持——不仅仅是他们的财政支持"[②]。在笔者看来,来自校友的非经济支持主要可以划分为以下两个大的类别。

(1)志愿服务(volunteer behaviors)。按照 Penner 的界定,所谓志愿服务,就是一种发生在某一组织环境下的、为陌生人谋利益的、长期的、非义务的一种有计划的慈善行为[③]。涉及校友,Weerts 等认为志愿服务主要包括举办或参与为母校募集资金的活动,参与涉及母校的特定事件(如校庆活动、班级聚会活动等),作为校友大使(alumni ambassador)在学生中招募新的志愿者,指导新校友(如职业指导、就业信息或机会提供)等[④]。循着这一思路,笔者认为大学能获得的志愿服务具体包括:①提供信息,如诚恳而善意地提出母校发展的不足之处,或对母校坦诚相告其某方面的不足之处,为母校无偿提供教学、科研、学生就业、人才引进等方面的信息等,这些信息可以减小学校走入发展误区的概率,促进学校教学与科研的改进、创新和转化,提升学校的教学水平、科研水平和运行效率,与此同时,一些信息也为在校学生的就业带来更多的机会。②提供智力服务,如校友利用自身的社会阅历、创业历程、人生体验在母校为在校生做报告、做讲座等,成为母校兼职教授、客座教授,为师生做学术报告,为在校学生排忧解难等。③拓展公共关系,即校友利用其社会影响力和人际关系,在人才引进、产业合作、寻求支持等方面为母校牵线搭桥,以图为母校争取更好的发展环境。④招揽优质生源,如就世界高水平大学来讲,其实力大都比较接近,而且优质生源总是有限的,这在为那些高中优秀毕业生提供多种选择机会的同时也使这些高校面临着优质生源竞争的压力。目前,尤其是在高等教育全球化的背景下,随着适龄入学人口的下降及高等教育进入"门槛"的降低,大学在招生竞争上特征日趋明显。在此情境下,为了争夺优质生源,一些大学已开始把招生上升到战略层面,即所谓的"战略招生管理"[⑤],也就是说,招生已不仅仅是学校招生机构的业务,而是关

---

① 1913 年,美国 23 所大学的校友秘书齐聚俄亥俄州分享工作经验,并借机成立了校友秘书协会。1927 年,该协会更名为美国校友委员会。1974 年,美国校友委员会与 1917 年成立的美国高校公共关系协会合并,成立教育促进与支持委员会。目前,作为一个非营利性的、国际性的会员制教育机构协会,CASE 为全球 70 个国家将近 3400 所院校、非营利组织的相关专业人士提供所需的技能培训,并协助院校强化校友联系。
② Charles H W. Handbook for alumni administration[C].New York:American Council on Education and Macmillan Publishing Company, 1989.
③ PennerL A. Dispositional and organizational influences on sustained volunteerism: an interactionist perspective[J]. Journal of Social Issues, 2002, 58(3): 447-367.
④ Weerts D J, Cabrera A F, Sanford T. Beyond giving: political advocacy and volunteer behaviors of public university alumni[J]. Research in Higher Education, 2010, 51: 355.
⑤ Gowen J, Owen V. Enrollment management and strategic planning: resolving a classic tension in higher education[J]. Nonprofit Management and Leadership, 2006(2): 143-158.

系到大学综合竞争力的战略性举措。校友大都遍及世界各地,往往可以利用自己熟悉的母校的优势对那些潜在生源进行"宣传鼓动""现身说法",其在为母校招揽优质生源方面的作用是学校内部各机构都无法替代的。

(2)政治支持(political advocacy)。因为大学需要来自政府的资金、政策等方面的扶持,为此获取某种形式的政治支持就显得尤为必要。而"在很多方面,校友是大学的潜在拥护者,尤其是可以影响政府行为,从而取得政府对母校的支持"[1]。例如,在美国,校友作为普通公民,被政府认为是潜在的拥护者,并拥有投票的权利,因此,他们对政府的游说要比学校行政官员对政府的游说更有效。有西方学者把校友对母校的政治支持行为划分为很多种,如参与投票(voting),帮助母校联络联邦政府或州政府立法委员及政府官员签署代表母校利益的请愿书(signing a petition),游说家人、邻居或朋友参与涉及支持母校议案的投票等[2]。美国的"指定用途拨款"就是这方面的一个例子,所谓"指定用途拨款(ear-marking)",就是指一些大学在竞争性拨款机制之外,寻求通过政治的方式来获得经费,即大学一般会通过其校友去联系该校友熟识的国会议员,让他在某个拨款法案中加入一个条款,如提出拨款 1500 万美元或 500 万美元用于某个学校某栋楼的建设[3]。

本章所列举的仅仅是两类比较常见的校友支持行为。还需要说明的是,校友的这种"非经济支持行为"其实在某种程度上也是对大学的一种经济支持,如无论是提供信息、智力服务还是为母校招揽生源,其实都可以让大学减少在招生、教学、社会活动等方面的人力、物力和财力的投入,从而减轻大学的财政负担。再如,政治支持其实质也是校友帮助大学争取来自政府的办学经费或办学资源。在某种情况下,来自校友的一次政治支持带来的资金收益要远远大于一笔校友的巨额财物捐赠。

二、学缘关系:大学校友关系治理的情感基础

学缘关系是一种社会关系,也被称为人际关系的第四缘[4],即通过在某一个机构学习或培训建立起来的学生、校友、教师、机构等相关个人及群体、机构之间的关系。本章的学缘关系主要指大学与校友、校友与校友之间的关系。

某个人一旦通过某种途径(如参加统一高考、自主招生)进入这所大学,注册后成为这所大学的学生,其便与这所大学具有一种不能再改变的学缘关系。从逻

---

[1] Charles H W. Handbook for alumni administration[C].New York: American Council on Education and Macmillan Publishing Company, 1989: 13.
[2] Weerts D J, Cabrera A F, Sanford T. Beyond giving: political advocacy and volunteer behaviors of public university alumni[J]. Research in Higher Education, 2010, 51: 355.
[3] 王晓阳,刘宝存,李婧. 世界一流大学的定义、评价与研究——美国大学联合会常务副主席约翰·冯(John Vaugh)访谈录[J]. 比较教育研究,2010(1): 17.
[4] 其他三缘为血缘、地缘、业缘。杨勇,张丽英. 人际关系的第四缘——学缘关系[J]. 中北大学学报,2014, 30(5): 61-64.

辑上讲，应该是先有这种学缘关系，才能谈得上需要长久互动才能建构起来的、可以为各方共享的大学—校友关系，所以学缘关系是先赋性的。大学—校友关系之所以能够建构起来，就在于大学与校友之间存在着这种天然的、充满着难忘情愫的关系——学缘关系，从而造就了大学—校友关系治理的情感基础。在大学—校友关系中，学缘关系是通过促发校友的母校情结和群体资格意识来达到其情感基础作用的。

（一）学缘关系促发校友个人的"母校情结"

与血缘关系衍生出亲情、地缘关系衍生出乡情不同，学缘关系可以衍生出母校情结。正是由于校友与大学之间有着天然的、先赋性的学缘关系，在一定环境条件下，就很容易促发校友产生母校情结，并时常萦绕在心头，从而使校友时常产生一种感念母校[①]、回报母校的意念和冲动。这种情结，有利于大学获取校友的个人支持，而这恰恰又给大学提供了建构大学—校友关系的感情基础。

情结作为分析心理学的一个概念，在该领域的代表人物荣格看来，情结是具有复杂心理性质的图像，也是一种具有情绪色彩的、经常出现在脑际的、甚至不受自我意识控制的观念群[②]。目前，针对不同的对象，情结这一概念有更广泛的含义，人们把许多有着相似心理机制的现象都称为"某某情结"，如知青情结、状元情结、乡土情结等。具体到母校情结，可以理解为校友基于在曾经就读大学里学习和生活的体验，对其怀有的某种比较稳定的心态或情感体验，如热爱、珍惜、自豪、向往、眷恋、感恩等。具体表现在四个方面[③]：①对母校教育品质的认可，如对母校某一方面的成就或好的做法津津乐道，相互传达；②对母校发展的关注和支持，如时常关注母校发展，支持和推进有利于母校发展的构想与计划，积极参与母校发起的活动或为母校发起活动；③对师长教诲的感念；④对校园环境的留恋。

（1）与其他类别的情结一样，校友的母校情结具有很强的情绪色彩。这种情绪色彩对内表现为校友对母校的办学风格、特点的理解和接受，对外则表现为维护学校声誉以及以学校现在及将来发展为荣的自豪感、归属感、责任感、成就感。如有学者在分析校友为什么不计个人得失地给母校捐赠时，就认为，校友是否为母校捐赠，取决于其将为母校做的这件事情能否让其感觉到与众不同的以及随之

[①] 母校，英文称"almamater"或"the school one attended"，指一个人曾经就读过的学校、学院或大学。"alma"源于拉丁语，原意为"哺育的"，"mater"即母亲。在中国，人们把自己毕业或肄业的学校称为"母校"。它是在20世纪初由日本传入的外来语。当时，京师大学堂(北京大学的前身)聘有许多日本教员，其中，"正教习"服部宇之吉对我国师范教育建设的贡献很大。"母校"一词就是他在1907年向第一期毕业生讲话时提到的。由于该词饱含亲切感，又易于接受，后来就在全国流行开来。母校[EB/OL]. [2012-04-09]. http://baike.baidu.com/view/277928.htm.
[②] 荣格. 分析心理学的理论与实践[M].上海：三联书店，1991.
[③] 罗志敏. 校友文化与世界一流大学创建[M].杭州：浙江大学出版社，2013.

而来的成就感①。

(2) 与其他类别的情结一样，校友的母校情结具有很强的自主性。表现为校友对其曾就读大学的一种不由自主地想报答母校的行为意向，即校友总愿意选择自己认为最恰当的、与愿望和能力相匹配的方式来为母校做点什么。比如，一些校友可能认为其时间和才能最适合帮助母校，那么就倾向于做校园志愿者或为母校做政治游说；另一些校友则会认为其金钱最为母校所需，那么就倾向于捐钱③。下面这个案例②描述的就是校友的这种母校情结。

校友很在乎手中持有的毕业证、学位证的价值，在乎当自己说出是某某大学毕业时，在亲戚、朋友和同事面前"脸上有光"。我在威斯康星大学教书时，有位叫杰夫的亿万富翁校友跟我讲，让他最痛苦的，是看到周围的华尔街朋友和同事多数是耶鲁、哈佛、斯坦福这样的大学毕业的，很少碰到威斯康星大学的校友，他经常不敢说是哪个大学毕业的。所以，他立志要多捐钱支持威斯康星大学，让威斯康星大学出人头地。在我 1995 年决定离开威斯康星大学时，他几次主动打来电话表示如果我能留下，他愿出钱设立讲席教授位置。

人作为社会人，走出校门后大都会有一份母校情结。这种母校情结还可以在以后的生活交往实践中逐步得到认可和强化，并融合了师生情、同窗情、(宿)舍友情等情感因素。带着这种学缘关系与情感纽带，大学与校友之间很可能在社会实践活动中建立起一种相互信任、相互支持、相互关心的关系。

(二) 学缘关系促发校友群体的"群体资格意识"

所谓群体资格，按照北京大学社会学系教授方文的说法，就是"行动者在社会范畴化或社会分类体制中所获得的群体成员特征或范畴特征"③，它同类别、角色等概念相联系，是社会成员的社会属性标识，揭示的是生活在社会中的个体与社会的关系④。在笔者看来，校友其实也是一种"群体资格"。凡是曾在同一所大学就读过的社会人士，都具有"某大学校友"这一群体资格。校友这种群体资格，不仅是学缘关系的文化标识，也是大学和其校友借此交往的心灵载体与工具。

学缘关系的不同，意味着校友这种群体资格的不同，也就是说，学缘关系其实也代表着校友的一种群体资格②，凡是拥有相同学缘关系的校友，都具有其限定的群体资格——"某大学校友"，并在生活交往中不断促发校友的群体资格意识。这种群体资格意识能使校友围绕彼此共同的"群体资格"以某种方式(如成立"某校友会")联结起来，从而有利于大学获取校友群体的支持，而这与单个校友

---

① Weerts D T, Cabrera A F, Sanford T. Beyond giving: political advocacy and volunteer behaviors of public university alumni[J]. Res. High Educ., 2010, 51: 352-353.
② 陈志武. 校友为什么捐赠[N]. 南方周末，2012-05-27.
③ 方文. 群体资格：社会认同事件的新路径[J].中国农业大学学报(社会科学版)，2008(1)：97.
④ 罗志敏. 校友文化与世界一流大学创建[M].杭州：浙江大学出版社，2013.

的母校情结一样，给大学提供了建构大学—校友关系的感情基础。

（1）校友的群体资格意识能给校友的联合活动打上自己的标签，各具特色。其可以使校友在社会比较和社会类化中形成群体归属，并在与其他群体身份的区别中不断被强化，从而通过这些差异建构自我大学—校友关系的身份特征、文化心理和行为风貌，同时也使学缘关系更具独特性，对校友更具吸引力。

（2）校友的群体资格意识能给校友的联合行动提供动机、行动定向及意义感。其能使校友不断维系和强化他们的共同知识与共同记忆，从而使他们也借此聚在一起。但这种共同知识和共同记忆并非集中分布，而是散落在校友群体之中，并为不断加入的新成员所获得，进而得以传承下去。

在平常的环境中，具有同一学缘关系的校友分散在社会的各个角落，彼此之间没有什么互动和沟通，也可能在众多的社会关系中忽略了自身所具有的校友这一群体资格。一旦大学或某一机构给他们提供一个可以互动的机会和平台（如校友文化项目），他们平时累积的、对这种群体资格的认知和情感就有机会公开地表达出来，从而在活动的过程中与其他群体资格对立区别开来，在逐步形成对其专有的群体资格的认同的同时，也满足了彼此的某种感情需要，如归属感、强大感等。

社会的转型与变迁催生出无数群体，作为行动者的人们在不同群体中流动，也同时拥有多种群体资格，于是，人们对群体资格的确认和认同感就成为人们生活的一个主题。对大学来讲，可以利用学缘关系这种固有的情感连接，以校友活动项目的形式（如校友返校聚会）使校友不断确认和认同"校友"这种群体资格，并在此过程中获得校友的集体支持。

三、卓越发展：大学校友关系治理的客观需要

随着知识经济时代的到来和教育不断往社会化、终身化的方向发展，人们心目中的"好大学"已不再是以往的定义。就学生来讲，其选择大学，早已从学徒制时代的"教师"一元中心，发展到后来的"教师""专业"二元中心，目前已进入"专业""教师""成本""发展预期""大学声望"等多因素综合的高等教育时代[①]。处在时代背景及境遇下，大学要发展，必须不断从寻常走向卓越。而对处在大学—校友关系中的校友来讲，则可以在这一进程中发挥其不可或缺的作用。本节仅从大学卓越发展所需的两个层面出发论述校友的作用。

(一) 大学卓越伴随的社会声望及排名，需要校友

大学的社会声望，一直是大学追求的最高目标[②]。大学—校友关系的成功建构，

---

① 罗志敏. 校友文化与世界一流大学创建[M]. 杭州：浙江大学出版社，2013.
② 亚瑟·科恩. 美国高等教育通史[M]. 李子江，译. 北京：北京大学出版社，2010.

能有效释放校友关注母校、宣传母校、支持母校的氛围和动力,在为母校带来财源的同时,自然维护和提升了大学的社会声望。

1. 大学的声望与校友个人成就

校友是大学社会声望的一个重要载体,为此往往被形象地称为"大学的名片"。大学的声望不仅建立在校友的社会发展成就以及良好的社会和业界口碑上,也取决于校友对其母校的展示和宣传,校友可以在一些公共场所通过亮明自己的校友身份,以达到为其母校做代言人和宣传者的目的。在这方面,一些在某一领域做出过突出贡献的人士(如著名科技专家),或有着较大社会媒体关注度的人士(如影视明星),其校友身份表露可以更为有效和快速地强化社会对其母校及该校毕业生质量的积极认可,扩大学校的知名度,增强学校整体形象或某一方面的品牌形象。下面这一案例①恰恰就说明了校友"身份表露"这一支持行为对促进学校发展的作用。

最值得关注的是中国传媒大学南广学院,2011年的新闻报道数量比去年增长1倍多,达2680篇,跃居2012中国最受媒体关注独立学院排行榜第二名,完全得益于该校优秀校友、电影《金陵十三钗》女主角倪妮的杰出表现,2011年倪妮为母校贡献近1400条新闻。中南大学蔡言厚教授指出,从2011年国内外新闻媒体对倪妮的报道可知,倪妮未回避其就读的大学,与目前国内诸多社会各界名人因就读大学不是名校而不愿在公开场合提及相比,倪妮做出表率,同时也得到母校师生的广泛肯定和认可,值得称赞。正是倪妮的优秀表演,使得母校得到社会广泛关注和认知,大大提升了母校的形象,让我国文艺界和社会大众通过倪妮认识了中国传媒大学南广学院这所年轻的艺术院校,彰显出学校的办学水平。

根据盖斯曼等学者的观点,积极的大学—校友关系可以造就更强大的大学。假如校友更愿意且很舒心地参与其母校事务,那么他们不仅很可能给予学校经济上的支持,而且能作为大学免费的公共形象宣传大使②。

2. 大学社会评价及排名与校友捐赠

校友捐赠不仅是大学彰显其办学实力与办学质量的核心指标,也是衡量大学是否在社会中受到重视的一个很重要的指示器(index)③。来自校友的捐赠,不仅可以增强大学的财政能力,提升其综合实力和竞争力,也在维持与提升大学在世界大学生态中的地位方面发挥着非常重要的作用。

一方面,校友捐赠的规模不仅被认为是"大学社会声誉"的一个重要体现,也是大学评价及排名的一个重要指标。因为,校友捐赠作为高校社会捐赠的重要

---

① 中国校友会网. 校友杰出表现提升大学形象,倪妮助母校提升知名度[EB/OL]. [2012-06-11]. http://www.cuaa.net/cur/2012/.
② Gasman M, Bowman N. A Guide to Fundraising at Historically Black Colleges and Universities: An All Campus Approach[M]. New York, NY: Routledge, 2012.
③ Monica M M. What makes them want to give?Factors that influence the propensity for alumni giving among students in online master's programs[D]. Philadelphia: University of Pennsylvania, 2014.

组成部分，被认为是对一所大学的办学理念、人才培养水平、校园文化、校长领导能力、内部管理水平以及校友工作成效的重要检验。在我国早期985大学三期评价指标体系中，也新增加了"学校获得的捐款在学校经费中所占的比例"这一指标。艾瑞深中国校友会网自2010年起已连续7年独家发布中国大学校友捐赠排行榜，并在国内率先将"校友捐赠"作为核心评价指标引入中国大学排行榜。

另一方面，校友捐赠率也被作为大学排名指标。校友捐赠率反映了学生在校学习生活的愉快度以及校友对母校教育成功的认可度，目前已得到了欧美大学的广泛重视。一些主流的排名机构如《美国新闻与世界报道》《福布斯》等在进行世界大学排名时，年度校友捐款率（annual fund participation rate）就是评价指标之一。换句话来讲，校友捐款率会直接影响学校排名。以《美国新闻与世界报道》所做的世界大学排行榜为例，校友捐赠所占的比例虽然不高（5%），但其却被认为可以影响其他众多评价指标。有学者认为，"不要小看了这5%，它可以影响财政资源（研究经费支持，占比为10%），进而影响师资（20%），没有钱不会有好的师资，更为重要的是，财大气粗的大学会为中低收入的有潜力学生提供大额奖助金，会影响学生录取质量（15%），会形成连锁反应，杠杆作用明显"[①]。

从一些机构、学者以不同的判定角度所列出的世界一流大学的特征可以看出（表8-2），无论是世界一流大学成长和形成所需的社会声誉，还是充足的资金来源、合理的资源配置，抑或是教育质量、人才培养，都需要校友的扶持或校友自身的水平和成就。目前，一些专业评估机构更是直接把校友对母校的认同或支持作为评判世界一流大学的重要指标（如《美国新闻与世界报道》每年所做的世界大学排行榜）。一些媒体更是形象且直接地把校友捐赠额度作为评判一所大学办学实力的依据："这榜那榜，不如'校友捐赠排行榜'！"[②③]

表8-2 一些评价机构及学者眼中的世界一流大学[④]

判定角度	特征	提出者或提出机构
公众-社会声誉（侧重形象化的描述）	①一流国际知名教授；②一大批影响人类文明和社会经济发展的成果；③培养出一大批为人类文明做出很大贡献的优秀学生	许智宏（北京大学原校长）
	①一流的教师；②一流的本科生；③好的国际化表现；④合理的资源配置；⑤广泛的学科领域；⑥一流的管理；⑦一流的科研等	John Niland（澳大利亚大学校长协会前会长）
	①优秀的科学家和学者；②一流的学生；③研究环境；④教师、学生及校友对大学的认同；⑤充足的资金预算等	Hans Jürgen Prömel（柏林洪堡大学科技副校长）
	①世界一流的教授；②培养出世界一流的学生；③世界一流的研究成果	刘道玉（武汉大学原校长）
院校-办学	①综合性；②研究型；③开放式	王大中（清华大学原校长）

---

① 高校筹资联盟. 与USNEWS相比，总书记所说别在意的排行榜，还缺少了什么关键指标[OL]. 2017-03-10.
② 曹林. 这榜那榜，不如"校友捐赠排行榜"[N]. 楚天都市报，2011-01-13.
③ 曹林. 大学更应以"校友捐赠论英雄"[N]. 中国青年报，2012-05-24(1).
④ 罗志敏. 校友文化与世界一流大学创建[M]. 杭州：浙江大学出版社，2013.

续表

判定角度	特征	提出者或提出机构
规律 (侧重院校 内部管理)	①卓越的研究(顶尖的教授和良好的工作环境)；②学术自由和学术活力；③大学的管理；④充足的设备设施；⑤足够的资金支持	Philip G. Altbach(美国波士顿学院高等教育研究中心主任)
	①人才汇聚(教师和学生)；②充足的资源；③高水平管理	Jamil Salmi(世界银行高等教育主管)
专家-评估 指标(侧重 细化的评 价标准)	①管理和组织运行状况(6个二级指标)；②校园配套设施(3个二级指标)；③教学质量和科研成果(教师质量、学生质量、校友成就等9个二级指标)	台湾一流大学和顶尖研究中心评估委员会
	①教育质量(获诺贝尔奖、菲尔兹奖的校友折合数)；②教师质量(2个二级指标)；③科研成果(3个二级指标)；④师均表现	上海交通大学世界一流大学研究中心
	①杰出研究者及其贡献(2个二级指标)；②研究成果发表情况及标准(4个二级指标)；③学术成员的流动性(3个二级指标)；④研究生教育(3个二级指标)；⑤与产业和地方政府的联系，国际关系(4个二级指标)；⑥院校管理和教育条件(2个二级指标)；⑦其他(校友捐赠等6个二级指标)	Akiyoshi Yonezawa(日本国家学位和大学评估中心专家)
	①同行评议；②教师资源；③毕业和保持率；④学生的选择；⑤资金来源；⑥校友捐赠；⑦毕业率	《美国新闻与世界报道》
	①人才汇集(包括教师和学生)；②教学资源充足，科研经费充裕；③管理规范	Jamil Salmi(世界银行高等教育主管，国际高等教育排名组重要成员)

(二)大学卓越需要的独立性，与校友密不可分

大学要走向卓越，必须有一定的独立性，即自主办学(如大学自治、学术自由)，这既是现代大学在过去取得辉煌成就的一个重要前提，也是其继续走向卓越的一个重要基础。而校友可以成为促进大学自主办学的重要力量，究其原因，就在于校友不仅可以在大学财政来源多样化上体现自身的力量，而且可以在组织上促进大学的自我管理。

1. 大学财政收入结构的优化与校友的财物捐赠

财务独立既是一个人独立的基础，也是一个机构能否自主运行的关键要素。对大学来讲，虽然无法做到凭一己之力的财务独立，但是可以通过走财政来源多样化的道路，以力避单一依靠某一财政支持力量，从而维护大学良性发展所需的自主性。在高等教育发展史上，一些大学之所以能够卓越发展，其中的一个很重要的因素就是其拥有多样化资金支持的财政收入结构。对此，罗伯特·M.罗森兹威格在谈到美国高等教育在 20 世纪所取得巨大成功的原因时就总结得很精辟："推动美国高等教育的强大力量就是多样化的财政来源。"[①]而事实就是，无论是

[①] 罗伯特·M.罗森兹威格.大学与政治——美国研究型大学的政策、政治和校长领导[M].王晨，译.保定：河北大学出版社，2008.

私立大学还是公立大学，若能长期占据世界大学雁阵前列，与其以多样化的财政来源为特征的财政收入结构不无关系。

不可否认，政府一直是大学最主要的赞助人，大学对政府财政投入的依赖似乎也天经地义，但是对单一财政来源的依赖却无疑面临着难以预料的风险。因为这种对一个主要赞助人的过分依赖，不仅能够使大学渐渐消耗自身的责任，丧失向外拓展的雄心壮志，而且还会面临难以回避的风险。对此，罗伯特·M.罗森兹威格举例谈道："随着政府这个赞助人——代表公众利益政府——渐渐习惯于依靠大学来解决自己的问题（如国防、卫生医疗以及技术革新）的程度逐步加深，公众需要所显示的迫切性和急于获得结果的压力就具有压倒一切的影响力，从而会扭曲大学的根本目的，扰乱大学的课程计划，危害质量的高标准。"[①]所以他认为，大学必须克服单一方向的财政收入依赖。

当然，大学往往不能很自然地意识到这种依赖面临的不利和风险，还有一些历史的巧合因素使然。就美国的公立大学来讲，在差不多整个20世纪，美国州政府对高等教育的摇摆态度，就已经使其开始意识到政府的"不可靠"，而随着高等教育大众化、普及化时代的到来，在政府财政投入萎缩已基本成为趋势的情况下，更是促使大学不得不提高自我筹集资源的能力，从依赖政府财政走向以自我筹资为主，即大学开始注重从除了政府的其他渠道获取办学资金。2008年，席卷全球的金融危机更是推动了美国公立大学与政府间传统关系的解构，"逼迫"大学不断反思自身的财政健康状况，采取多项举措优化其财政结构、收入结构。美国公立大学的这种转向对大学来讲绝不是坏事，相反可以以此为契机，造就目前一些大学拥有自主办学所特别倚重的、以办学资金来源多样化为特征的财务收入结构。

这种财务收入结构还可以带来大学财务收入总额的增加，尤其可以使大学能够掌控的财政收入增加，从而使大学不受单一资金控制，增加大学办学的自主性。艾伦伯格在谈到大学的办学成本时就认为，"管理者能够掌控的资源越多，其不得不做出的艰难决定就越少，高校就能够运行得更好"[②]。2007~2008财年，哈佛大学总收入的48%来自捐赠，远远超过来自学费的21%[③]。这种多种来源的财务结构可以使学校降低对学费的依赖，从而有利于制定更为灵活的招生、学生资助政策，如增加优秀学生奖学金名额，大幅增加经济困难学生的资助金数额，支持更多学生拓展全球学习经历等。

来自校友的捐赠，完全可以以成为形成大学多样化财政来源、优化大学财务收入结构的一支重要力量，甚至是一支最主要的力量。在美国大学发展史上，校友

---

① 罗伯特·M.洛森茨维格，芭芭拉·特林顿. 研究型大学及其赞助者[M]. 张弛, 译. 保定: 河北大学出版社, 2008.
② 罗纳德·G.艾伦伯格. 美国大学学费问题[M]. 崔玉平, 译. 北京: 北京师范大学出版社, 2007: 13.
③ Michael A G, Erica L J. Solicitation and donation: an econometric evaluation of alumni generosity in higher education[J]. International Journal of Educational Advancement, 2006, 6(4): 268.

就长期处于这一地位,而且校友总是在大学遇到财政困难的时候及时伸出援手,这从当时的捐赠数据就可以略知一二。

比如,20 世纪 30 年代美国经济萧条,各州财政拨款减少,基金会捐赠也减少,来自校友的捐赠数额虽也有所减少,但所占的比例却在升高①。再如,20 世纪 70 年代,美国由于深陷越南战争泥潭而对高等教育投入大幅降低,大学从校友那里获得的捐赠也超过基金会,一直占据着第一的位置①。即便是在美国经济比较好的年份,来自校友的捐赠也大都独占鳌头,如在 1994~1995 财年,美国大学获得的总额为 110 亿美元的捐赠中,27%的捐赠来自校友,仍然排在第一位(23%来自其他个人,21%来自企业,20%来自基金会,2%来自宗教团体,7%来自其他方面)①。1996~1997 财年,哈佛大学获校友捐赠就达 2.2 亿美元,占获得捐赠总金额的近 50%②。2010 年,哈佛大学获得的校友捐款高达 6 亿美元,其捐赠基金总值超过 275 亿美元③。2001 年,加州大学伯克利分校获得捐赠金额高达 14.4 亿美元,位居第一的捐赠来源正是校友。而之前的 1999 年度 2.2 亿美元的经济捐赠中也有 58%来自校友④。2011 年,耶鲁大学来自校友的捐款就有 7 亿多美元,加上投资回报,捐赠基金总额超过 200 亿美元③……对于校友对美国大学发展的贡献,来自耶鲁大学的陈志武教授谈道:"不管是私立还是公立大学,校友捐款决定了各大学对学术研究、教学内容和形式的投入水平,也是学术自由的财务保障。"③

还需补充说明的是,校友能使大学资源的提供者多样化,这就会促使大学对不同的评估标准和资助标准做出选择,从而使大学的定位和特色得以充分展现,避免"千校一面"局面的出现。⑤

2. 大学自我管理能力的提升,需要校友的组织效力

大学的自我管理能力,是其能否让政府放手大学"自己管理自己",从而获得办学自主权的一个重要的前提条件。

校友可以作为一个组织存在,如大学的校友总会,还有遍布各地的校友会。校友会作为一个整体,不仅给大学提供经济上的支持,还能促进其自我管理(self-government)。胡适在 1940 年的一篇文章中就高度评价了校友组织的作用,他说,校友组织是美国给世界高等教育的一个贡献。这种校友组织模式被欧洲乃至其他国家的大学模仿和采用,从而使其所在国家的高等教育发展被这种"美国大学生活"所影响,更为重要的是,该模式还促进了大学的独立自主。胡适还以哈佛大学举例,一个强大的校友组织机构的发展往往可以大大加强大学的行政管

---

① 亚瑟·科恩. 美国高等教育通史[M]. 李子江, 译. 北京:北京大学出版社, 2010.
② 徐玲. 美国高等教育经费捐赠的特点及启示[J]. 阴山学刊, 2002(1): 76-78.
③ 陈志武. 校友为什么捐赠[N]. 南方周末, 2012-05-27.
④ 储祖旺. 中国高校筹资问题研究[D]. 武汉: 华中科技大学, 2006.
⑤ 李从浩. 资源依赖下的大学行为选择[J]. 高教探索, 2017(4): 35.

理和师资力量，增强学校财政独立和免于政治控制的自由。此外，他还把校友组织比喻成大学的"第三体"(third estate)，对维护一个自由大学生活的长期独立具有不可替代的作用①。

谈到校友会在提升大学自我管理能力方面的作用，威廉·G.罗尔克(William G. Roelker)在《哈佛校友公告》的一篇文章中谈道，当初哈佛大学建立校友会的一个重要的需求和动机就是，"谁将监管监管者"(who shall oversee the overseers)。哈佛学院有两个管理委员会——哈佛校委会(Presidentand Fellowsof Harvard College)以及由州长、副州长、上议院的议员和六个邻近城镇的部长组成的监督委员会。但凡与财产、财务相关的事项，学校都必须发送给监督委员会以征得其同意。在19世纪的早期，哈佛的一些有影响的校友试图在州立法机构中提出立法，以使学校脱离州政府控制，主张州长以及英联邦的官员都不能作为该委员会的成员，其职位应该由哈佛的毕业生及荣誉学位获得者来担任，但这种行动直到该校成立了一个校友组织才获得成功。1840年8月26日，校友会成立，1852年开始为大学凑款，1865年完成了"哈佛脱离州政府控制"。1866年，哈佛校友首次投票选举监督委员会成员，到1871年，所有的监督委员会成员都是由校友选举产生的。这个哈佛校友会成立的历史情节很好地说明了校友组织当时的历史使命。其不是单纯的毕业生聚会，也不是单纯地为了维系校友与校友之间的情谊，而是作为社会的代理人监督大学，使大学得以脱离政府监管，得以自治。

2001年，美国"安然丑闻"等事件的发生使人们开始意识到对一个企业来讲，建立一个大部分成员都来自组织外部的理事会应该是一种比较好的治理结构。这些来自企业外部的理事会成员往往被称作非行政主管(non-executivedirectors)，他们主要负责监督组织内部行政主管的行为，以确保不会发生像安然公司那样的大规模欺诈行为。现在看来，这种由"外部人士"参与理事会的体制同样也适用于大学②。作为"社会人"以及对母校普遍有感情、关心母校发展的校友，自然可以作为大学理事会的最佳成员，从中起到维护大学自主管理、提升大学自我管理能力的作用。

四、大学校友关系现状的案例考察

本部分基于社会资本理论所建立的分析框架，选取中国三所985高校为个案，在描述其现行的校友关系状态的同时，找出影响校友关系维系及发展的相关因素，以为下文有关完善大学校友关系治理的应对之策打下基础。

---

① Chou C P, Hu S.The place of the alumni organization in the history of universities[C].English Writings of Hu Shih: Literature and Society 137(1),1940.
② 谢凌凌. 世界一流大学的学院治理与高等教育创新——访谈剑桥大学教育学院院长杰夫·海沃德教授[J]. 高等教育研究，2017，38(5)：8.

(一)理论基础与分析框架

社会资本作为一个当今最具潜质的理论性概念,最初出现在社会学领域,随后扩展到经济学、管理学、教育学、政治学等学科领域,为其解释和说明各自研究领域的问题提供了一种崭新的视角。皮埃尔·布迪厄被认为是最早明确提出社会资本这一概念的人,他认为社会资本是那些实际的或潜在的、与对某种持久网络的占有密切相关的资源集合体[1]。后来,科尔曼[2]、博特[3]、普特南[4]等学者进一步发展了社会资本理论。20多年以来,社会资本研究取得了迅速进展,学者不仅进行了大量的经验研究,提出了丰富的理论观点,而且形成了不同的理论流派,社会资本研究由此呈现出朝气蓬勃的局面。在当前众多研究社会资本的学者中,社会学者林南的研究可谓是独树一帜且最具体系[5]。

林南从个体理性选择行为出发,在社会网络关系中考察社会资本。他认为,社会资本是个体为了在嵌入性资源中获取回报,通过工具行动和表达行动而在社会关系中的投资[6]。这一定义表达了他同布迪厄、科尔曼、普特南等达成的共识:"社会资本是嵌入社会网络关系中的可以带来回报的资源投资。"林南认为,社会资本应包括资源、社会结构和个体行动三个方面的内容[7]。在林南的社会资本理论中,资源的外延十分丰富。就资源的归属而言,既包括个人的资源也包括集体的资源;就资源的存在形态而言,既包括土地、房屋、汽车和货币等物资财产,也包括教育、声望、荣誉、信任和组织头衔等象征性资源。社会结构被认为是一种社会关系网络;个体行动是指有一定社会地位、占有一定社会资源的行动者[7]。此外,林南认为,社会资本是流动的、动态的。作为社会网络中的资源,它不是一成不变的,个体和组织可以利用社会资本的流动性,发挥人们对社会资本的建构和选择作用,获得新的或更多的社会资本,推进自身的积极流动[7]。

林南这一具有鲜明特点的社会资本理论为考察校友关系提供了新的视角。不管是站在院校的角度(集体),还是从某一校友(个体)的角度出发,校友关系中也存在着不同的、占有一定资源的行动者。就其资源来讲,院校拥有校友所希望占有的教育、声誉等资源,以使其自身价值得到提升并获得发展机会。而校友拥有院校所希望占有的财力、物力、信息、文化和社会影响力等资源,以使其在办学资金等方面获得可持续的竞争力。就行动者来讲,既包括分散在社会不同角落的各个校友,也包括院校内部的教师、管理人员等成员,他们共同组成一个类

---

[1] Bourdieu P. Theory and Research for the Sociology of Education[M]. New York: Greenwood,1985.
[2] Coleman J S. Individual Interests and Collective Action [M]. Cambridge :Cambridge University Press,1986.
[3] BurtR S. Structural Holes:The Structure of Competition [M]. MA: Harvard University Press,1992.
[4] Putnam R D. Bowling Alone:The Collapse and Revival of American Community[M].New York: Simon &Schuster,2000.
[5] 刘少杰.以行动与结构互动为基础的社会资本研究[J].国外社会科学,2004(2):21.
[6] Lin N, Cook K, BurtR S. Social Capital:Theory and Research[M].New York:Aldine-de Gruyter,2001.
[7] Lin N. Social Capital:A Theory of Social Structure and Action[M].Cambridge:Cambridge University Press,2001.

似于林南所描述的社会网络关系结构。

校友关系所具有的这一特性使校友关系资本成为可能。与其他社会资本一样，校友关系资本的特点如下。一是具有生产性，即能满足有关各方（或称"各主体"）的利益需要，实现某些目标。二是具有公共性，即嵌入在校友关系结构中的资源，不属于任何人或少数人的私人财产，有关各方都可以在互动中积累、获取与使用。而这与中国文化语境中的"暗箱操作"式的人情交换关系有着明显的不同。三是具有增殖性，即社会资本在使用中能够不断累积。如院校与校友一次成功的合作会建立起联系和信任，这种联系和信任又有利于未来再一次的合作。这样，通过对社会资本的使用，不仅不会减少，反而增加了。但问题是如何认识并描述某一院校的校友关系状况。再者，嵌入社会网络中的资源只有通过动员才能成为现实的社会资本[①]。那么就引出了一个更为重要的问题，通过什么样的行动过程才能把社会网络关系结构中的校友资源动员起来，从而使其成为对相关各方有价值的具有生产性、公共性和增殖性的社会资本。为了回答上述问题，本书结合林南以及其他社会资本研究者的论述，提出含有三个维度的校友关系分析框架（图8-1）。

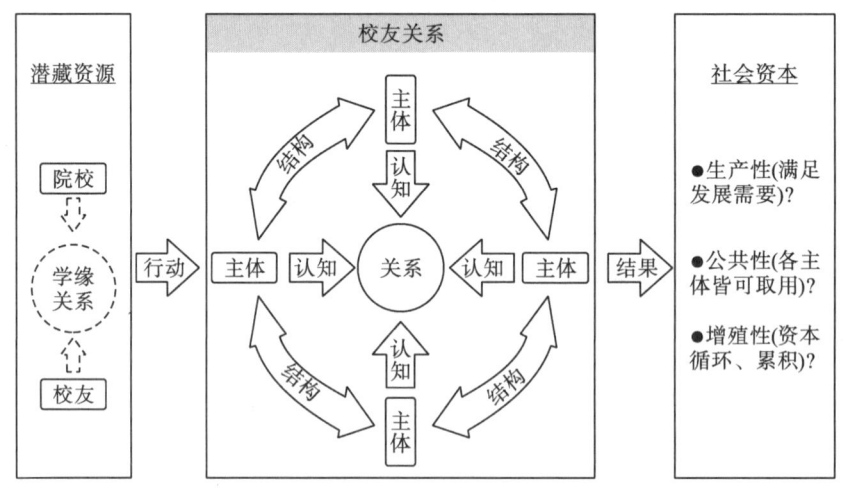

图8-1 校友关系分析解释框架图

（1）认知。其是指校友关系中各方在长期的交往过程中习得或积淀下来的、对其关系状况及行动所持有的情感和态度倾向。认知不仅有利于校友关系各方形成彼此拥有的共同语言、共有知识、共有故事，而且能够促进各方对群体愿景和行为的共同理解与支持，从而可以把分散的、自私自利的个体结合在一起[②]，形成一种大家相互认可的共同价值规范和行为准则。

---

① Lin N.Social Capital: A Theory of Social Structure and Action[M].Cambridge:Cambridge University Press,2001.
② 李惠斌,杨雪冬.社会资本与社会发展[M].北京:社会科学文献出版社,2000.

（2）关系。其是指校友等有关各方通过反复互动所形成的关系，这种关系是与身份相联系的网络[1]，即以某一学缘关系（大学—校友）为基础形成的、校友与其他相关主体的相互关系。其既包括整体上校友与母校、校友会组织的关系，也包括个体上校友与某位校友、教师、在校生的关系。社会资本是通过关系发生和运行的，没有关系，校友关系中的社会资本也就无从谈起。关系越强，校友关系中的资源就越有可能转化为各方希望占有的社会资本。

（3）结构。其是指关系连接可使用的组织、场所和通道，有价值的资源都嵌入在结构中[2]。没有组织、场所和通道，各方之间也就无法形成并维系校友关系，各方所拥有的资源也就无法转化为其所需要的社会资本。就某一个体来讲，其拥有的组织、场所和通道越多，社会资本的流动性就越大，其就越容易获得更多或更好的社会资本。

总而言之，就校友关系而言，社会资本产生于以校友为中心的个体与个体、个体与群体或群体与群体之间的社会网络关系结构中。在这一关系中，认知是校友关系的内在精神联结，决定着其社会资本的行进方向和特点；关系是校友关系的载体，决定着其社会资本的流动性、空间分布以及可能存量；结构是校友关系的保障，决定着其社会资本是否能被激活以及获得的方式、获取量。

（二）案例选取与研究方法

一般来讲，院校但凡有毕业生出现，就有校友，也就有与其相伴随的校友关系。在中国，伴随着现代大学的出现而出现的校友会组织，直到20世纪80年代以来随着院校办学自主权的扩大而逐渐得以恢复，校友关系工作也在欧美名校一些校友巨额捐赠事件（如张磊事件[3]）的感官刺激下得到众多院校领导的重视。

本书选取了中国三所985高校作为个案（后文称为A校、B校、C校），来分析与探讨目前条件下的院校校友关系状况。之所以如此，一是因为在校友关系的建设方面，一些在高等教育格局占据重要地位、颇具实力的院校走在国内其他高校的前面，也最有代表性。而这三所院校都是首批进入该国以创建世界一流大学为战略目标的985大学。二是因为这三所院校居于中国不同的三座城市，办学历史悠久，校友数量庞大且都拥有比较高的社会地位。三是因为这三所院校都有尽早进入世界一流大学行列的雄心，无论是其国际化进程，还是充满竞争力的教学项目，都需要校友提供资金等方面的支持，其会比其他院校更在意校友关系。四是因为与国内其

---

[1] Bourdieu P. Theory and Research for the Sociology of Education[M]. New York:Greenwood,1985.
[2] Liu Y. Determinants of private giving to public colleges and universities[J]. International Journal of Educational Advancement, 2006,6(2)：119-140.
[3] 2010年，大学本科毕业于国内某名牌高校的张磊却向美国耶鲁大学管理学院捐赠888.8888万美元，这是到目前为止，该学院毕业生捐赠的最大一笔个人捐款（张磊MBA毕业自该学院）。该事件一经该校校长理查德·莱文教授宣布，便在社会激起巨大反响，也引起中国高等教育界的反思。参见：张磊.我为什么捐款给耶鲁大学？[EB/OL]. [2010-01-12].http://edu.qq.com/a/20100112/000131.htm.

他院校相比，这三所院校拥有比较健全的校友组织及专业化的工作人员，也有比较好的校友捐赠记录。表8-3展示的是这三所院校的一些相关情况。

表8-3 三所案例院校相关情况

院校	大学排名	战略目标	校友会与校友事务机构				校友捐赠总额（1999～2011年）	
			成立时间	恢复时间	所属分会	校友事务机构及工作人员	捐赠总额（百万元人民币）	排名
A校	1	努力建设世界一流的综合型、研究型、创新型大学	具体时间不详	1999年	140个	与校友会秘书处、校基金会、发展委员会合署，工作人员24人	553.44	3
B校	5	向着"综合性、研究型、国际化"的世界一流大学目标奋进	1915年	1984年	84个	与校友会秘书处、校基金会合署，工作人员8人（其中兼职5人）	46.21	14
C校	7	建设成为中国特色、世界一流、国际知名的高水平大学	20世纪30年代	具体时间不详	115个	与校友会秘书处合署，工作人员7人	205.85	5

注：1.大学排名来自中国管理科学研究院《中国大学评价》课题组于2013年4月发布的《2013中国大学排行榜》；2.校友捐赠额及其排名来自中国校友会网2012年6月发布的《2012中国大学校友捐赠排行榜》。

本书所使用的访谈资料和数据，除特别注明的之外，均来源于中国博士后基金项目"校友文化与世界一流大学建设"的调查资料。调查主要以访谈为主，访谈对象主要涉及相关院校校友事务机构及校友会的工作人员、志愿者、校友以及一些在校生，访谈对象的选取具有一定的随机性；访谈内容主要是他们对校友关系的看法与评价。此外，笔者还获取到案例院校的一些相关文本、电子邮件、论坛发（回）帖、微博，作为本书的辅助资料。调查从2012年5月开始，直至2013年4月结束。

(三)结果与发现

以下本书对案例院校进行相关调研和访谈，并结合上文提出的理论分析框架，从认知、关系、结构三个维度层面描述其在校友工作方面存在的阻碍或困惑，以找出影响其校友关系维系及发展的相关因素。

1. 认知

作为在国内大学排名处在前列、有着创建世界一流大学雄心的大学，目前这三所院校在校友关系建设方面也颇具进取意识，它们一般都参照欧美名校校友事务机构的做法，组建了相对独立的组织机构，配备了专职人员队伍，开发了一些新颖的校友活动项目，以培育和维系良好的校友关系。如B校在近几年改变了校友事务办公室是学校安置富足人员的"养老机构"的印象，大胆任用了比较年轻干练的人员担任机构领导职务，并开始从学生志愿者中选拔优异者作为工作人员。

C校则把其校友事务机构按照担负职责的不同划分为编辑部、综合部、信息部、联络部等几个不同的业务部门，每一个部门都配有专职人员，如编辑部由1人负责，专门负责校友刊物的编辑、出版和发送。

但在具体的工作过程中仍遇到很多阻碍或困惑。如来自A校校友事务办公室的一位工作人员说，"我们工作宗旨和任务是广泛联络和凝聚校友，但实际上校领导衡量我们工作的标准却是我们为学校凑资的多少，所以我们基本上都身兼校友会和基金会两份工作，联系校友只是一种手段，为学校凑资才是目的"。另一位工作人员说，"按照今年学校给我们定的计划，校友联系率要达到40%，校友捐赠率要达到30%，校友捐赠额要达到1亿元。要知道，校友联系率和校友捐赠率很模糊，想想办法应该很容易做到，但1亿元的捐赠却是实实在在的，如果不是在哪一天碰到一位大发善心的大款校友就很难做到。唉，学校领导的胃口真是越来越大了！"来自C校校友事务办公室的一位主管谈道，"做校友工作几年来，我真不知道校友工作到底是做什么的。校领导从来也没有告诉我应该怎么做。干脆就直接说是为学校凑资，倒也很好"。

以上困惑只是来自院校的领导层，这位B校校友联络办公室的副主管则把话题扯回到具体的工作层面："组织一次校友聚会真难，尤其是举办一次成功的校友聚会。因为很多校友认为来母校参加校友聚会不重要，甚至把校友活动当作一种负担。"一位校友志愿者抱怨道："对于我们的工作，有很多校友都不认同，认为我们联系他就是拉赞助，所做的工作就是想让他为学校捐款，所以往往找理由回避我们。你说我们工作尴尬不尴尬？"谈到这，他还举了一个发生在自己身边的例子。

记得我校105周年校庆前夕，我们发起了"phone"运动。我们所联系的校友并非都是所谓有钱有势的校友，我们就是给校友打个电话，代表母校问候他们，然后介绍学校的发展情况，附带说说学校需要校友支持的一些项目。虽然组织得很周到，各个步骤甚至每句话都经过精心设计，目的就是不想让校友误解是"学校是为了钱而来的"，但是据我和其他志愿者的了解，效果远不如当初希望的那么好，仍有很多接听电话的校友并不领情，甚至很反感，认为是学校想筹集钱财才想到他们。

笔者对来自这三所院校的一些校友的访谈从侧面证明了这种困惑的存在。如有的校友在谈到母校组织的校友聚会活动时，认为只是"轰轰烈烈地热闹一番"，或是"吃吃喝喝地高兴一下"，或是"漂漂亮亮地作秀一场"。在谈到校园捐款时，有一位校友说，"捐赠都是大款富翁的事，学校不在于我的这点小钱"。还有的校友说，"旁边人都捐了，没办法我也意思一下"。在谈到地方校友会时，一位校友显得有些激动，"简直就像个别人的名利场或高级会所，我们这些普通校友往往很难参与"。而在问到是哪些人担任地方校友会的领导和组织工作时，一位曾任某校友分会副秘书长的校友答道，"现在的问题并不是你说的'热心的、愿提供志愿服务的校友要干'，而是需要这些职位的人要干，情况就是这样"。

2. 关系

在当今社会，虽然人们的社会关系网络四通八达，但校友关系仍是校友特别倚重的社会关系。如在美国的常青藤名校，校友关系往往是其校友工作的代名词，校友关系的重要性已无需多言。在中国，校友关系被描述成一种资源开发，开发来自校友的资金、智力、信息等资源已成为院校校友关系建设的最大动力。案例院校都有好的社会声誉、丰富的校园资源，因此在校友关系建设方面具有国内其他院校无法比拟的优势。但是一些受访者的言谈中还是存在很多的困惑。一位来自 A 校的校友事务主管谈到以下内容。

现在国内外做校友工作的人不都说，要增加校友捐赠额，得首先与校友联络感情。说到这，我还真有一个困惑：我们学校的校友大多工作单位比较好，收入也比较高，好多校友还在当地政府、大银行、大企业担任领导，按理说平时凑点款不算什么。当我去某个城市去联系他们时，他们对我很热情，往往都是在当地有名的大酒店招待我，有时还把当地的一些也很有身份的校友叫过来陪着。（在饭局上）我总不能当面要求他们捐款吧，那也太没水准了，只能是先介绍学校的发展情况，然后就说母校的发展需要你们（校友）的支持之类的套话。吃完饭，他们除了向我说一些感谢母校关心之类的话，大都匆匆离开。你想，像他们这样的人，哪个不忙呢？按理说，一回生，二回熟，下一次该鼓动他们捐款了。但是我哪里还好意思去那里让他们再陪我吃饭？仔细想一想，只有算了……

对于这位负责人的困惑，两位来自 C 校的受访者也深有同感，认为目前的校友工作"只是靠彼此存在的一点感情因素来维系"，"还只停留在吃吃喝喝的阶段"。谈到这，一位工作近 30 年、负责校友联络的受访者揭示出了校友关系的另一个问题，他说："人们常讲，母校是校友的情感家园，母校与校友是患难与共的命运共同体。但是，我们的校友关系往往在实际工作中被简单化为一种利益关系。学校只是把校友工作的主要对象集中在给学校捐款较多、社会地位与影响较大的校友身上，并把捐赠额的多少看成是校友工作是否成功的标志。"一位接受访谈的校友则对此感同身受："学校只是在募集资金或是校庆时才想到我们校友，对校友的服务大多只是一种口号。比如为校友免费办理的所谓银行信用卡，还不是为今后校友捐赠的事作铺垫。"

以上谈及的都是校友关系存在的简单化现象，下面这几位受访者揭示的却是校友关系的形式化。如一位来自 A 校的校友事务工作者就认为："对于校友关系，我们的校长和主管副校长往是在口头上重视，在校庆时重视，在想到凑款时重视，平时除了被安排会见几位重量级校友之外，基本上是不管不问。"一位来自 C 校的同行谈到其校友活动存在的形式主义："我们除了组织庆典或周年活动，就是配合基金会凑款，或是邀请一些知名校友来校做讲座。"至于工作方式存在的形式主义，同样来自C校的一位志愿者谈道："有人说目前国内大学的校友工作可以概括为'三个一'，即'一份刊物、一个网站、一张联络表'，我看我们学校也是如此。"一位老校友工作者对此补充道："我们学校虽然建立了比较先进的全球校友网络服务平台，但学校与校友之间、校友与校友之间却没有多少互动。距离虽然产生美，却不能产生互动、产生力。"

至于这些阻碍存在的后果，笔者随机访谈了一些来自案例院校的校友、在校生以及担任校友志愿者的在校生，他们的感受大多是"人走茶凉""关系平淡""并没有学校宣传的那样感人"。如一位校友就说他从来没有主动联系、接触过校友会，即便参加校友会的活动也只是想认识并结交对自己可能有帮助的校友。一位在校生表示他们一般有机会听到几场精英校友所做的励志类报告，却没有与他们直接互动的机会，至于那些他们最想接触的跟他们生活境遇差不多的想一诉衷肠的普通校友，学校是不屑于邀请和安排的。一些在校友活动中担任过志愿者的在校生说他们只是帮助做一些后勤方面的工作，很少联系到校友，所以也感受不到校友关系为其带来的益处。

3. 结构

至于建立和维系校友关系所需的组织、场所和通道，本案例的三所院校最近几年都恢复或发展得很快。如A校近几年在国内外组建了多达140个校友分会，其拥有的50万名校友大都能在其生活或工作地点联系到当地的校友组织，并能参加一些校友活动。B校除了组建了众多的校友分会组织之外，还设立了全球校友网络平台，仅出版发行的校友刊物就有三种（其中两份为电子版）。在C校发布的一份校友工作报告中，也分别以年级、地方、行业为纽带，建立了各层次的校友联系网络。需要补充说明的是，这三所院校的校友工作机构所采取的组织形式很类似，即校友事务办公室与校友总会的秘书处合署办公，兼具行政机构与社团管理机构双重的职能。但是，其在校友关系建设方面存在的问题也是显而易见的。如一位来自C校的校友事务部主管谈到如下内容。

我今年再干一年，明年就退休了。调到校友办公室干了近十年的校友工作，虽感到（在校友工作方面）没什么作为，但想法总可以和你谈一些。一个感受就是两个"见"。一个就是校友对其母校的需要是"显而易见"的，校友需要借助母校这个平台来发展自己。如学生离开学校后，其事业发展需要母校继续支持和帮助，虽然他也可以在社会上其他方面完成这种需要。但是，由于学校缺乏整体性的思考和配套的制度建设，往往对校友这种需要"视而不见"。"显而易见"与"视而不见"的不通畅，导致校友这种需要被学校边缘化。

一位曾经在该校做过校友事务工作的人事部门副主管则对上述看法很认同。

根据我之前在校友总会工作时的观察，我发现我们与校友沟通的层次很少，渠道单一，并且过于依赖各地的校友分会。而就这些校友分会来讲，其关系松散，要么是依靠当地一些知名的老校友发挥余热，要么依靠一些想谋求个人商务发展平台的"少壮派"。一句话，就是在对待校友关系这个问题上，我们很少系统地去考虑它。

以上访谈反映出了当前院校在校友关系管理方面存在的一个基本问题：院校与校友之间缺乏必要的沟通通道。如何解决这一问题呢？一些受访者道出了自己工作中的无奈。如一位来自 A 校的年轻的校友项目拓展主管谈到如下内容。

谈到校友工作，你看，除了举办大的校庆活动学校给我们临时添置人手之外，平时也就我们这几个人在忙活，你想，作为一所百年老校，我校的校友有几十万人，就这几个人够吗？当然，我们也不能让领导觉得我们闲着，有几个人就干几个人的活，平时除了配合基金会筹款之外，剩下的时间就是给有确切联系方式的校友发个邮件、寄份我们编的校友刊物，按照领导的意图联系联系几位重要校友，仅此而已。

以上这位受访者谈的是其工作对象数量庞大，人手不够，只能做一些常规性、应付性的工作。以下这位来自 B 校的校友事务副主管谈的则是其负责的机构难以履行其学校赋予的职能。

说到校友办公室，学校为我们定位了联络校友、服务校友、为学校发展服务三项职能。实际上你看，这三项职能没有一项是我们应该做的，事实上我们也没有能力做，即使做也做不好。先说联络校友，学校几十万校友，好多校友还没有确切的联系方式，就我们几个人，联络得了吗？我就想不通，学校不利用学生在校时的机会面对面地联络感情，而等学生毕业了，回过头来让我们这些跟他们完全没有接触过的人去联络感情，你说这可能吗？再说服务校友，这是要资源的，而资源都掌握在各部门、各学院的手中，我们有什么资源？我们拿什么服务校友？最后说发展，前两项都办不到，这一项当然也办不到了。

对于以上存在的问题，不少受访者都认为会导致校友关系工作缺乏实质性的内容，只能做些表面文章。此外，还有一些受访者反映，学校的行政管理机构、教学院（系）以及教师对校友工作很冷漠，认为那都是校基金会、校友管理办公室或校友会的工作范围，跟自己的工作无关。

（四）分析与讨论

其一，虽然案例院校中的受访者对校友组织及人员专业化、校友网建设、校友捐赠项目等有所提及，但并没有把它们作为影响校友关系的重要因素，这跟以往的一些研究强调的有所不同。相反，他们都关切和忧虑的一个重要问题是，院校以及校友等有关各方缺乏对校友关系清晰而正确的认知，这显然构成了目前他们能否有效开展工作的一个重要影响因素。根据社会资本理论，这种认知主要是指他们对校友关系所持的情感和态度倾向，其既影响着校友关系工作的思路、发展路径以及在院校发展格局中的定位，影响着校友关系能否健康、有序地建立和维持，也在很大程度上决定着他们能否形成对诸如校友捐赠、校友服务等校友关系行动的共同理解和支持。但是，从案例中受访者所反映的情况来看，被认为是使命崇高、长期且艰巨的校友关系事业在院校领导那里却成了一场临时的、仅限于校友事务机构和基金会工作层面的、"大发横财"的凑款运动；而在校友的眼中，被赞誉为"命运共同体"的校友关系也仅仅成为一种利益交换的"双边交易"。这种对校友关系的应有正确价值取向的偏离，不仅使院校在校友关系建设方面缺乏系统性和可持续性的行动，使校友事务机构无法有效开展工作，而且会挫伤大部分校友参与母校事务的主动性和积极性。

基于此，本书认为，案例中受访者所揭示的一些困惑和问题，实质上都是在说明健康且可持续的校友关系需要树立清晰而正确的价值观。这种价值观必须要来自大学文化，并体现出传统大学文化所具有的平等、包容、大爱的理念精神。在本书看来，这种理念精神其实就是一种"共创共享"的价值观。所谓"共创共享"，就是不管作为母校的院校、作为个体的校友，还是作为未来校友的在校生，都要把"大学—校友"关系认知为共支持、共荣辱、共成长并能一起分享快乐、分享彼此发展带来的好处的"命运共同体"，并愿意为之投入情感，采取行动。在每年接受校友最多捐赠的哈佛大学，"一起分享哈佛！""分享哈佛，所以支持哈佛！"等这些哈佛校园内外常见的话语正是"共创共享"价值观与其学校优良历史传统成功融合后的一种公共表征，已成为所有哈佛人及校友可以相互交流的群体认知。

其二，在处理与校友之间的关系方面，案例院校还处在一种初级水平阶段，如受访者所揭示的"仅靠感情维系"等现象，就是这一初级阶段的不同表现。这种问题在国内院校的校友工作实践中很具代表性，即其校友工作还停留在仅仅依靠自然的学缘关系的感性阶段，这必然就会出现一些受访者所感受到的"关系松散"的状态。

作为社会资本理论中的核心概念以及考察问题的一个重要维度，关系是使有关各方蕴含的资源转化为社会资本的基础和前提，关系的强弱程度决定着资本的流动性、受益范围以及资本量的大小。案例院校校友关系存在的一些问题，恰恰表明其关系处在一个比较弱的状态，从而使现实中的校友关系不稳定，容易消退，并缺乏内聚力。为此，本书主张在校友关系这种社会网络关系结构中，一方面要拓展关系的范围，即校友关系要涵盖所有的校友，并延伸到在校生及其家长，以及校友的家人。一位来自B校的受访者无不忧虑地说道："我们的校友关系，说到底只是我们代表学校与少部分校友之间的关系。与欧美名校相比，还应提前培养在校生的校友意识，建立校友与在校生的关系。"另一方面，要在有关各方之间建构一种实质性的校友关系。如果说学缘关系是学生一旦被录取进校就形成的一种自然性的关系，那么院校现在需要做的是在拥有这种自然性关系的前提下，建立通过各种机制形成的实质性关系。建构这种校友关系，不仅有利于校友工作步入更加理性的发展轨道，而且会使仅依靠感性建立起来的脆弱关系更加稳定。

其三，在社会资本理论所强调的结构方面，案例院校受访者所遇到的问题与困惑表明，关系需要投入相当的时间与资源来建立、维系、发展或重建①。在校友关系建设方面，仅仅拥有一所组织严密的校友事务机构及一些专业人员是远远不够的，还必须建立起足够多的、搭配合理的、能使关系得以连接的组织、场所和通道，只有这样，校友关系才有建立起来并持续下去的可能，其潜藏的社会资本才能得以激活，院校以及校友也因此才能便捷地获得更多、更好的社会资本。否则，不仅使校友事务机构因资源缺乏（如缺少人员和资金）而难以深入展开工作，只能流于形式，而且使院校其他机构及人员在校友关系建设中处于缺位状态。如笔者在走访案例院校时就发现，在谈到校友问题时，大多数教师和行政管理人员的回答都不约而同：服务校友属于校基金会、校友管理办公室或校友会的工作范围，跟自己的工作无关；单纯依靠校友事务机构的做法容易使院校采取一种行政模式来处理校友关系问题，这样就会使校友工作的目标定位偏重为院校的发展服务，而忽略了为校友服务的承诺。

针对上述问题，本书认为有必要采取一种整体性的结构方式，以保证维系校友关系所需的组织、场所和通道，这对于那些把创建世界一流大学作为自身使命的国内名校来讲，更具现实性和针对性。所谓整体性的结构方式，就是院校以自身的组织力量为后盾，以"共创共享"的价值观为统领，在全局视野中整合各个方面、层面的资源，在各相关人员互动的过程中建设并维系校友关系。

五、大学校友关系治理的思路与举措

综合以上分析，对大学来讲，大学—校友关系治理既是学校解决财政难题、扩大办学资源渠道的必须，也是学校自立自主、提升自我管理能力的必要。这意味着大学必须充分认识到建构大学—校友关系的重要性，认识到这种关系在不断变化的世界中保持稳定是非常重要的。为此，必须将校友关系纳入学校治理改革实践中，以建设好、维护好、发展好校友关系。

(一) 以"共创共享"价值观为导向

(1) "共创共享"价值观体现的是一种平等精神。共创共享，需要的是平等的

---

① Yang M.Gift,Favors,and Banquets:The Art of Social Relationships in China[M].New York:Cornell University Press,1994.

理念和机制，只有在平等的基础上，才能形成相互支持的共同体关系。在大学校友关系治理中，所谓平等，就是要求大学对每一位校友以及每一位将来的校友(在校生)平等相待，在与之相关的活动中给予他们平等的参与机会，不能厚此薄彼。在这之前，大众对2012年南京大学110周年校庆承诺的校友接待"序长不序爵"原则进行了持续关注，这恰恰说明广大校友对以往大学"把校友分为三六九等"做法的不满，也表达了对那种关照人的人格尊严与发展需求的"平等"的期望。

(2)"共创共享"价值观体现的是一种包容精神。虽然每个校友、在校生家庭背景不同、个性气质不同、禀赋能力不同，今后的职业、地位也有所不同，有些校友、在校生还有这样那样的缺点或缺陷，但他们永远都是母校大家庭中必不可少的一分子，这就要求大学都能够坦诚地接纳他们，帮助他们不断地提升自己、战胜自己。只有这样，双方才能互相尊重，取长补短，互惠互利。

(3)"共创共享"价值观体现的是一种大爱精神。"共创共享"需要关怀他人，甚至具有一种关怀"陌生人"的情怀和精神。作为大学，面对每一位校友以及每一位将来的校友(在校生)，就要带着欣赏的眼光，爱他们、关注他们，如同对待自己正在养育或已长大成人的孩子；要以守望者般始终呵护着他们，使他们把母校当作可以寄托回忆的、牵挂的家，让他们觉得从母校得到的远远大于其为母校付出的。也就是说，亏欠甚至愧疚永远只能留给学生、留给校友，这样他们才能有一种"有朝一日回馈母校"的冲动和愿望。与此同时，大学的这种大爱并不是教育学生或校友拉山头、搞小圈子，而是教育他们爱国家、爱社会、爱所在的社区、爱家庭、爱身边的人，自然也爱校友和母校。

为此，站在大学这个角度，就是要把"共创共享"价值观作为其进行校友关系治理的导向，时时刻刻尊重、关爱每一位校友以及在校学生，给他们以尊严和快乐。以此为基础与前提，教育他们团结校友、感恩母校。以下是在实践中大学应采取的一些相关举措。

(1)这一导向必须是明确而坚定的。在校友关系治理过程中，任何符合这一导向的都应该是值得维护、提倡并予以推广的，反之，都应该是予以抛弃或纠正的。

(2)这一导向必须是有所提炼升华的。在校友关系治理过程中，大学要把校友文化的这种价值导向与学校已有的传统文化、办学特色以及时代精神结合在一起，从而推出更为师生、校友接受和认同的共同文化符号。例如，哈佛大学的"一起分享哈佛"已成为所有哈佛人可以相互交流的公共认知和集体表征。

(3)这一导向必须要经过广泛而有效的宣传。要把这一价值观贯穿在一些典型事例中进行信息传递，一定不能间断。应当以尽可能多的方式强调所要传递的信息，如会议、网络、电视、报刊、书籍、研究论文、调查报告、宣传册、海报、传单、纪念品等。与此同时，在宣传过程中，尽可能地建立起清晰的文化期望，这样才有利于在学校以及整个大学—校友共同体内部形成良好的校友文化氛围。

(二)以实质性的校友关系为着力点

所谓校友关系，绝不单单是校友与校友之间的关系，而是以某一学缘关系为基础形成的、校友与其他相关主体的相互关系，既包括校友与某一整体(如母校、校友会)的关系，也包括校友与某一个体(如某位校友、教师、学生)的关系。在当今社会，虽然人们的社会关系网络四通八达，但校友关系仍是其特别倚重的社会关系。对大学来讲，建构良好的校友关系的重要性已无须多言。与国外名校相比，我国大学的校友文化大多还停留在以自然的学缘关系为基础的感性阶段，或者说还处在一种初级或低级的阶段。谈到这种关系，目前存在的问题主要体现在以下两个方面。

(1)关系形式化。笔者通过对一些国内名校的校友事务部门的调研发现，关系形式化在校友文化建设工作中普遍存在，具体表现在以下几方面。①校长和主管校领导处理校友关系存在形式主义，往往是在口头上重视，校庆时重视，想到凑款时重视，平时基本上是不管不问的。②校友活动存在形式主义。除了组织庆典，就是配合基金会凑款，或是邀请一些知名校友来校做讲座，而忽略为校友提供帮助。③工作方法上存在形式主义，即开展校友活动的手段单一，这正如一位从事校友工作十余年的校友工作者所言："目前我国大学校友会比较系统的工作可以概括为'三个一'，即一份刊物、一个网站、一张联络表。"

(2)关系简单化。国内名校的校友关系往往在实际工作中被简单化为一种利益关系。例如，学校把校友工作的主要对象集中在少数取得了较大成就的精英校友身上，并把捐赠额看成是校友工作成功的标志。再如，老师认为选修他的课的在校生如同超市购物的顾客，没有必要再关心他们如何成长成才，而在校生则认为自己上课只是与学校的"一场交易"[①]；在校生毕业离校后身份转换为校友，学校只是在需要资金、募集资金或是校庆时才想到校友，对待校友的态度基本上就是"为我所用"，而缺乏对校友的服务。

在西方国家的大学，"校友关系"(alumni relations)往往就是校友工作的代名词，可见塑造与维护与校友之间关系的必要和重要性。针对上述存在的问题，本书主张在校友文化各相关主体之间建构一种实质性的校友关系。如果说学缘关系是学生一旦被录取进校就形成的一种自然性的关系，那么以下论述的这种实质性关系则是以这种自然性的关系为基础、通过各种人为的措施所形成的制度性关系。建构这种实质性的校友关系，不仅有利于校友工作步入更加理性的发展轨道，使以往仅仅依靠感性建立起来的脆弱关系更加牢靠，而且是一切校友文化培育工作的着力点。

---

① 中国青年报社会调查中心一个与此相关的调查(1146人参与)显示，不少受访学生都表示对母校没有太多印象，甚至认为自己与母校"只是一场交易"而已。中国青年报社会调查中心. 大学毕业生：我们与母校只是一场交易[N]. 中国青年报，2006-08-14.

为此，需要大学在设计某一校友关系时，不能仅仅依靠某一方的施舍或无私奉献，应充分考虑到不同主体的愿望和需求。当他们在精神或物质上都能有所收获时，或者说他们的需求与某一关系层面有交集时，这一关系才能在互动中真正组建起来并持续下去。单就年轻校友这一主体来讲，个人职业发展是其普遍性需求，这一时期也是其人生最彷徨、最需要其母校提供帮助的时期。大学应针对这一需求，主动联系校友，倾听他们的呼声，积极发现他们的需求并及时做出回应，致力于在不同时段都能帮助年轻校友快乐成长。如在年轻校友毕业前，学校可通过设计职场指导课程、邀请已毕业校友回校向毕业生传授初入职场的成功经验等举措，帮助他们规避职场困惑，以迅速进入职业状态；当他们临近毕业时，学校则可为其提供一对一、面对面的服务，解答他们对未来的疑惑；待他们就业后，学校可通过开展各地校友会的迎新活动等，帮助他们与当地校友会尽快取得联系、建立关系，使他们能从这一关系中获得帮助。

(三) 以 "点" "线" 结合为支撑点

本书认为，要建构满足各相关主体需要的校友关系，仅仅依靠宣传、号召是远远不够的，还必须在各相关主体之间建立起实实在在的、能满足各方需求的项目以及彼此联系的通道。如果说项目是建构校友关系的关键 "节点"，那么能由此达彼、互通有无的通道就是联结这种关系的 "线"。

1. 校友关系项目

大学可以将一些涉及校友文化的内容项目化，落实到各个具体的业务部门或相关的教师团队、学生群体、校友组织之中，从而在全局视野中培育校友文化。

(1) 学校要利用其自身组织的力量，在项目的设置及开展过程中发挥主导作用。

(2) 项目的设计与安排不是学校一方的 "自娱自乐"，也不是专为某一方的特殊安排，最好能把双方或多方都调动过来。

(3) 项目针对的对象可以有主次之分，如侧重为校友服务的项目、侧重为在校生服务的项目等，但该项目的实施在为一方服务的同时也能满足另一方物质或情感方面的需要，这样才能有广泛的参与度。

(4) 项目可大可小，要根据不同群体以及每一群体内部人员的不同需求设置不同的项目。项目的成功与否，以参与的人数、某一群体的参与率为衡量标准。

(5) 项目来源要多样化，有些项目由学校独自开发或在全校范围内面向全校师生公开招标，有些项目需要学校与校外某机构联合开发，校外某机构独自开发的项目经协商也可以纳入学校的校友关系项目系统。有些项目也可以收取适当费用，或对校友、在校生进行费用优惠。例如，加利福尼亚大学伯克利分校校友关系项目平台上仅事业与教育类就有近 20 种，这些项目大多不是免费的，但收费低廉，并且校友还额外享受费用减免待遇(表 8-3)。

表 8-3　加利福尼亚大学伯克利分校校友关系——事业与教育类部分项目①

项目名称	项目内容	项目宗旨	校友特权
加州大学系统校友会事业服务(CAA's Alumni Career Services)	事业咨询，求职信及简历写作辅助，网上职业匹配度评测，就业信息提供等	为职业生涯的每一阶段提供服务	全部免费
旧金山湾区事业服务中心(Bay Area Career Center)	职业教育培训及职业资格认证，职业研讨会，就业机会提供等	帮助提升职业技能，瞄准人生发展方向，寻求职业生活的成功转型发展	服务总费用的 10%折扣优惠
事业咨询书斋(Career Counseling Library)	教育及职业资源提供	帮助评价自身兴趣与能力，选择专业，探寻未来事业发展方向，了解研究生院和职业学校情况	会员费免除，每周一到周五(9:00～17:00)享受服务费用折扣
顾问团(Advisor Team)	凯尔西气质类型测试 II(Keirsey Temperament Sorter II)；坎贝尔兴趣及技能测量(Campbell Interest and Skill Survey)	提供深度的从业咨询和建议、自我管理及社会关系拓展等服务	服务总费用的 35%折扣优惠
为你梦想中的工作提供指导(DreamJob Coaching)	美国顶级(前 50 名)职业咨询大师乔尔·加芬克尔(Joel Garfinkle)的亲自指点，相关书籍、资料提供等	在求职、职业提升或转换方面得到个人指导	服务总费用的 25%折扣优惠
灵活就业网络(Flex Jobs)	多达 50 种远程办公(在家上班)、兼职以及全职工作机会提供	旨在将雇主和希望灵活就业的求职者进行有效配对	服务总费用的 30%折扣优惠
地平线研究终身教育项目(Horizon Studies Lifelong Learning)	提供能陶冶人的性情、启发心智并能激发好奇心的课程	为人的第三阶段②提供学习机会	服务总费用的 10%折扣优惠
卡普兰(Kaplan)③考前辅导	研究生入学考前辅导	提供多种研究生院(如法学院、医学院、商学院等)入学的全方位考前辅导	本人及其家人可享有 10%的服务费用优惠
北方 40 网络(North40Network)	职业转换，求职、入职前准备，自我职业规划与管理等	提供周到细致的事业服务，并坚信：但凡是成熟的职场人士，皆以自己具有的批判性和前瞻性的见解，在最适合自己的组织中有所作为	服务总费用的 30%或更多折扣优惠
自我营销(Self Marketing Advantage)	求职简历制作，网上及办公室面试技巧等	帮助学生和求职者用积极的方式呈现自己；在求职过程中，善于发现自己的长处，把自己最好的一面展现给他人	任一个单项服务项目均可获得 50 美元的优惠

---

① 该表根据加利福尼亚大学伯克利分校校友网站所提供的资料翻译、整理而成。CAL alumni Association. Partner services-career and education[EB/OL]. [2012-09-11]. http://alumni.berkeley.edu/services/career-services/resources/partner-services.
② 印度教传统把人的一生划分为三大阶段：第一为"学生阶段"(student)，即开始学习未来生活和工作所需要的知识和技能的年轻人的阶段；第二为"户主阶段"(householder)，即全方位投入生活事物，需要努力工作，以保持事业发展并承担家庭责任的阶段；第三为"树林居民阶段"(forest-dweller)，在这一阶段，子女大都已长大成人，其本人已从过去那种户主式的繁重生活与工作中脱离出来，开始追求一种更丰富、更真实的自我。Welcome to Horizon Studies: learning for the third stage of life[EB/OL]. [2012-09-11]. http://horizonstudies.org/lifelong_learning.html.
③ 卡普兰(Kaplan)是一家以提供各类备考服务而闻名的公司，业务遍及全球。目前，卡普兰已转型成为一家包括提供考前培训在内的提供终身学习服务的公司。

2.校友关系渠道

(1)维护好班级这个基本单元。在我国,大学生特别是本科生在校时都有固定行政班级,班级内部同学间一般都有固定的联络途径。一般而言,通过班级这个基本单元,学校可以比较便利地联络到绝大多数校友。例如,耶鲁大学从1792年起每个班都有班级秘书组织班级聚会。学校从每个班级挑选一位热心校友作为学校的使者,以一带十,形成以班级为基本单位的、完善有效的校友联络网[①]。

(2)创建好校友网站。校友网站(包括校友会网站),绝不是仅仅为校友创办的专用网站,而是以校友为中心,同时把其他群体(如在校生、教师、志愿者、学生家长、雇主等)都吸收进来,使其成为相关主体互动交流的一个永久据点。与此同时,校友网站的内容要尽可能丰富,融工作、学习、联络、娱乐、休闲于一体。此外,要不断更新校友网站平台中的校友数据库,能够让有关人员通过该数据库的校友查询系统,更方便地与他人建立起直接联系。

(3)利用好校友刊物的作用。例如,芝加哥大学出版的校友刊物(University of Chicago Magazine),其内容除了具有国内大学校友刊物一般所具的有关校情校史介绍、重大事项和知名校友的宣传与推介之外,更多的是有能引起该校广大普通校友关注的校友个人最新信息。除此之外,该刊物还刊登有很多只言片语的校友小留言,这都是校友提供给杂志编辑部的,如2010年三/四月刊中,有13页满满地刊登着有关校友小信息留言,其中一条:"54届校友,Charlene Suneson,退休后于2005年前往加州大学攻读社会学博士,目前在研究妇女项目"。这些普通校友的普通信息,使这本校友刊物能真正成为该校的"校友家园",起到把校友联系起来、凝聚起来的作用[②]。

(4)为每位在校生提供一个永久的学校电子邮箱。学校平时可通过该邮箱来发送学校的重要信息、教学或考试通知、成绩单、班级或院系通信、通知、实习及就业信息等,以培养学生经常并坚持使用该邮箱的习惯。这样,学生毕业后,这一邮箱就最有可能成为这些校友稳定的联系方式。

(5)为每位校友提供一个永久性的校友身份卡。校友身份卡是一种与大学校友管理信息平台相联结的电子身份卡片,里面包含着校友从入校学习一直到毕业离校以及就业工作等方面的身份信息。校友身份卡是一种群体资格的标识,校友可凭借此卡有享受母校资源的便利;更重要的是,其还是大学建立校友关系、维护校友关系的一个重要渠道。目前,国内一些大学已开始着手为校友办理校友卡,还有些大学与商业银行合作,为校友办理兼有金融服务功能的校友卡(如清华大学"招行校友认同卡"和"校友龙卡")。在这方面,上海大学的做法很值得国内名校借鉴,该校规定,从2012年开始,学生毕业离校以后,其先前在校内使

---

① 周建伟,李丽丽,周伟,等.基于幸福干预观点的校友工作H2O路径[J].价值工程,2012(5):217.
② 宓佳.美国大学校友管理研究[D].上海:上海师范大学,2010.

用的校园卡可永久保留使用，其性质也自动转换为校友卡，校友今后可以凭此卡在校内享受到与校园卡一样的待遇①。笔者认为，这样做，不仅节约了为校友重新办理校友卡的开支，顺势保留了校友的有关信息，而且体现了学校为校友服务的连续性，可谓是一举多得。

(6) 建立求职网络，形成有关各方互惠互利的关系。这种求职网络，一方面帮助本校毕业生通过校友关系找到工作，另一方面也帮助雇主联系本校毕业生。这种网络可以通过线上和线下两种方式搭建：在线上，以校友数据库为基础，使在校生可以很容易地查找并联系到某个他所关注的行业或职业里的校友，以向他们了解相关行业和职业信息，获取有关制定个人职业规划乃至求职方面的直接帮助；在线下，学校可以组织一些有校友、在校生等群体同时参加的活动，形式可以是论坛，也可以是轻松的自助晚宴等，这同时也是在校生了解社会实际需求、产业最新发展动向的大好机会。从中得到过帮助的在校生，在毕业以后也会乐意参加母校举办的类似活动，形成互惠互利的良性循环②。

(7) 要综合利用各种媒体。综合利用网络、报刊、电视等社会媒体，一方面可以扩大和增强校友文化辐射的范围和力度，另一方面也可以有效加强校友与相关主体成员的互动和交流。如在开展校友活动的过程中，无论是前期筹备、中期实施还是后期总结，都可以综合利用一些社会关注度比较高的报纸(如《中国青年报》)、网站及聊天工具(如新浪微博、豆瓣、微信、腾讯 QQ)等媒体手段，通过其宣传报道及信息扩展，增强国外学者提到的校友"黏度"(viscosity)③。

媒体发声：大学发展需要"支持型校友"

【编者按】近日，中央深改组会议审议通过了《统筹推进世界一流大学和一流学科建设总体方案》，并要求加快推动世界一流大学建设的进程。在欧美国家常常被誉为"造就了常青藤名校"的校友，想必也是这一进程中的一支必不可少的重要力量。那么，校友在世界一流大学的建设中究竟起何作用？那些世界一流大学的校友文化有哪些值得我们借鉴和学习的地方？作为国内有着创建世界一流大学雄心的大学，该怎样发展自己的校友文化？带着这些问题，作者从时下广受世人关注的校友捐赠问题入手，分别做出了有启发意义的解读。

一、创建世界一流大学，越来越需要校友的支持

2015 年 4 月，阿里巴巴集团董事局主席马云以个人名义向其母校杭州师范大学捐赠了 1 亿元人民币，并就此说道："捐给学校的不是钱，是感恩、热爱和信任。"同年 6 月，美国哈佛大学收到了其校友一笔让其他同行惊羡的 4 亿美元(约

---

① 上海大学校友会.上海大学校友办致 2012 年毕业生的一封信[EB/OL]. [2012-06-28]. http://alumni.shu.edu.cn.
② 罗惠文.校友资源是高校的矿藏[EB/OL].麦可思研究，2010(5A).
③ Ree S. Foreign exchange: An inside view of alumni relations on both sides of the Atlantic[J]. Currents, 2012, 38(8): 11-12.

25亿元人民币)的巨额捐赠。在谈及为何做出此等壮举时,这位叫约翰·保尔森的校友认为,"这是我对哈佛说感谢的一种方式"。在美国,人们把像马云、保尔森这样既能认同个人的成功与母校教育有很大的关系,又愿意采取某种方式支持母校的校友称为"支持型校友"(supportive alumni)。

所谓"支持型校友",除了提供向母校捐赠财产这种大家比较熟悉的经济支持之外,还可提供母校发展所需的很多诸如智力、信息、舆论、道义等方面的支持。例如,为母校无偿提供教学、科研、学生就业、人才引进等方面的信息,利用自身的社会阅历、创业历程为母校的在校生免费做讲座,利用其社会影响力和人际关系在人才引进、产业合作、寻求支持等方面为母校牵线搭桥,为母校招揽优质生源,在公开场合为母校做形象宣传等。

在一些西方国家,校友还可以帮助其母校争取政府指定用途的拨款,作为拥有投票权的校友对政府的游说要比学校行政官员更有效。例如,他们帮助母校联络立法委员和政府官员,签署代表母校利益的请愿书,游说家人、邻居或朋友参与涉及支持母校议案的投票等。当然,校友对母校的支持行为是很复杂的,有些是有组织的、正式的行动,有些是个人自愿行为,甚至有些对母校的支持行为连校友本人都没有意识到。例如,有研究通过一项大型的校友调查发现,有相当一部分校友虽然没有参与给母校捐款的活动,但却以某种方式做出了对母校有益的行动。

时至今日,大学的发展越来越离不开这种"支持型校友",而且需要越来越多的"支持型校友"。在欧美国家,不断上升且又不能在激烈的高等教育市场竞争中削减的办学成本与政府不能保障持续增加资金投入的矛盾,被认为是大学面临的最主要挑战。在我国,随着经济新常态下的政府财政收入增长的下滑,政府对高校投入将难以保持以往的那种高增长,处在这种境遇下,本来"口袋"就不太宽裕的大学也必将更加"缺钱"。要解决这一问题,大学除了要继续争取政府更多的支持、小心翼翼地与市场进行能量交换之外,最重要的就是获得更多校友的支持,这对于那些追求世界一流大学地位的大学来说更是如此。因为我们发现,无论是世界一流大学成长和形成所需的社会声誉,还是充足的资金来源、合理的资源配置,抑或是教育质量、人才培养,都需要校友的支持。目前,一些专业评估机构更是直接把校友对母校的认同或支持作为评判世界一流大学的重要指标。

二、但凡世界一流大学,大都有着充满活力、欣欣向荣的校友文化

我们不能因为校友与母校有着天然的学缘关系,就理所当然地认为"校友总会对母校怀有感情,总会有可能回报母校",也不能因为一些大学办学历史悠久、校友众多,就天真地想象仅凭其中一小部分富豪校友就能让学校发一笔横财。否则就很难解释为什么从1990年以来,我国大学累计获得的校友捐赠仅91.6亿元人民币。要知道,美国高校仅2014财年接收校友以个人名义的捐赠就高达98.5亿美元(约630亿元人民币),如果再算上校友以基金会名义给大学的捐赠,这一

数额就更大。当然，可以把造成这一巨大差距的原因归结为我国社会慈善文化的缺乏。但作为有着引领、传播社会文化风尚之责的大学，尤其是那些有着创建世界一流大学雄心的大学，不该把表现不佳的责任全都推给社会和国家。

基于此，我国大学首先需要从自身查找存在这种差距的原因，同时把目光聚焦到那些能拥有大量"支持型校友"同时拥有世界一流大学地位的学校，从中找出应该做到但还没有做到的方方面面。于是可以发现，但凡世界一流大学，大都拥有充满活力、欣欣向荣的校友文化，其特点是有健全的校友组织、庞大的校友工作者和志愿者队伍、丰富的校友文化活动，让人印象最为深刻的就是其为校友提供的那些大大小小的服务项目，体现了母校对校友的关爱之情。

例如，常年居于世界大学排行榜前列的密歇根大学开发的"事业服务"(career services)项目，除了为刚离校不久的校友择业提供即时的网上咨询服务和人力资源专家一对一的当面指导之外，还针对校友不同的事业发展阶段、发展状态及其所处的不同发展环境为其提供相应的事业支持服务。就校友的事业发展状态来讲，又细分为"计划在下一年调换工作""正在着手调换工作"以及"很乐意目前的工作并对承担的角色很感兴趣"三种情况。这正如该校校友会为此提出的宣示性口号一样，"无论你是首次寻找工作，还是希望自己现在的工作有一个改变，本机构都竭诚为你的事业发展服务！"再如，被誉为美国两所"公立常青藤"之一的加州大学伯克利分校，其校友关系项目平台上仅事业与教育类的项目就有近20种，这些项目虽然大多不是免费的，但收费低廉，并且校友还能额外享受费用减免待遇。

与此同时，校友文化活动的参与范围广、参与程度高也是这些世界一流大学校友文化的一大特色。与国内高校校友文化活动常常露脸的主要是一些功成名就的校友不同，其大都持有"大校友"的理念，即校友不仅指已毕业离校的毕业生，还包括被称为"在学习中的校友"的在校生，甚至包括大学的申请人、学生家长，且不管他们的年龄、身份、地位如何，只要能参与，就算成功。其认为，只有参与，大学与校友之间的互惠关系才能建构起来；也只有最广泛的参与，才能使每一成员产生更加珍视自己在群体中的责任和义务的情感。于是，为了使校友及其他相关人员都尽可能地参与，其往往会以项目为中介，采取包括奖励在内的措施使每一位校友都能找到自己有兴趣加入的活动。例如，以小而精闻名于世的普林斯顿大学为了提高校友参与度，除了设置奖项定期对表现好的毕业班级进行表彰之外，还通过"班级常青藤"(classivy)等别开生面的形式来强化校友的集体荣誉感和母校情结，以使他们在彼此的交流互动中感受到校友文化的魅力。

这种做法使校友能在这种以服务和参与为表征的校友文化中分享母校带来的尊重、关爱和幸福，分享母校带来的快乐、荣耀和成长，从而在这种分享的过程中也带来了一种支持的文化。例如，在哈佛大学，"给哈佛捐款！"这句话在校园内外说得很直接，也很自然和随意，至少不会引起其校友的反感。这是因为哈佛早已形成了一个魅力四射的校友文化传统,那就是"分享哈佛,所以支持哈佛!"与此同时,这种文化自然也带来了大量的"支持型校友",高的"校友捐赠率"就是一个最有力的证明。校友捐赠率被认为是学校对校友"感情投入"后赢取的"回报率",也是学校未来某个时候能否获得大额捐赠的基础。与我国高校一般只能在大的校庆年才能收获较高的校友捐赠率相比,世界一流大学的校友捐赠率大都很高。据有关统计,近年来一些世界名校的校友捐赠率由于金融危机等原因而略有下降,但是总体上校友在母校凑款中的参与率还是保持了比较高的水平,如哈佛大学近10年平均校友捐赠率达到23.0%以上,斯坦福大学则在29.6%以上。

三、要创建世界一流大学,还需培育自己的校友文化

校友文化是连接学校历史、现实与未来的精神纽带,是构成学校办学软实力的重要标志,也是产生大量"支持型校友"的源泉。我们也不难发现,越是那些处在世界大学雁阵领先地位的一流大学,其校友文化的凝聚力、活力与辐射力就越强,也就越能将具有不同思想、专业背景的校友凝聚在同一个目标下,从而为一所大学在创建世界一流大学的路途中提供必不可少的人文和物质基础。那么,作为国内有着创建世界一流大学雄心的大学,又该怎样培育自己的校友文化呢?

首先,在思想认识上,我们的大学不能再将校友看作"局外人士"或按工作日程表接待的"客人",而是将其看作与大学共创造、共分享的"长期参与人"和"利益攸关者"。这不仅要体现在校友离校以后,还应该贯穿在校友离校之前。试想一下,如果校友感受到他们几年的大学生活只是像一辆穿过一片美丽景区的观光巴士,去那儿的目的不是欣赏景色,而是按时间匆匆完成行程,那么他们凭什么有义务、有责任为母校这个大家庭有所担当、有所奉献呢?与此同时,一定要平等地对待每一位校友。不久前网络上热议的国内一所名校周年校庆"序长不序爵"的校友接待承诺,恰恰表明了广大校友对以往大学"把校友分为三六九等"做法的不满。作为大学,面对每一位校友以及每一位将来的校友(在校生),都要带着欣赏的眼光,爱他们、关注他们;要像守望者般始终呵护他们、尽力地帮助他们,使他们把母校作为可以寄托回忆的、牵挂的家,让他们觉得他们从母校得到的远远大于其为母校付出的。这也就是说,亏欠甚至愧疚永远只能留给学生、留给校友,这样他们才能有一种"有朝一日回馈母校"的冲动和愿望。

其次,在组织及工作层面上,要利用当前国家推进高等教育治理体系和治理能力的现代化之机,彻底改变以往校友工作"口头上重视、校庆时重视、想到凑款时重视"的现状,将其纳入学校内部综合治理改革体系中。一是从学校顾问委员会或咨询委员会,甚至到校务委员会或理事会,都要有校友代表作为其重要成员。二是要改变校友事务管理机构以往所处的边缘角色,赋予其协调全校资源进行校友文化建设的权力与威信保障,配备更多年轻且有激情的专业人员,并保证其工作的积极性。校内其他机构及其成员也都有责任和义务为此投入时间与资源。三是要着眼长远,把校友文化作为一项长期性的战略性工作来谋划,不能等到学

生毕业后才开展校友工作，更不能仅仅把校友文化的培育寄托在校庆等几次大的活动上。四是要开发或联合开发满足不同层次、类别的校友及其关联群体需求的校友活动项目，最大限度地降低各项目的门槛，以使尽可能多的人参与。同时，必须对每一阶段的成果予以及时的反馈，如麻省理工学院通过其在校园显眼位置设立的一些电子广告牌，时刻向过往的师生提醒校友捐赠给他们的工作、学习和生活带来的积极变化。

注：原文题目为《世界一流大学建设需要培育"支持型校友"》，刊登于《光明日报》2015年12月1日14版头条，作者为罗志敏。

后　　记

《新时期大学治理改革研究》这本书，是我自2013年出版两部学术专著、2014年出版一部合著以来，时隔五六年后才迟迟出版的一部学术专著。

近几年来工作及生活的不安定，严重影响了我的科研工作，我主持的一些科研课题也无奈地耽搁下来。令我稍宽慰的是，我对所从事的一些专业问题的思考却从来没有停滞，还时不时地让自己尽力在烦躁不安中平静下来看看书、写写文章。也许正因如此，这本集中了我近几年来大部分体悟和研究所得的书稿，终于在一个炎热、忙乱的暑期完成了。

本书引用和借鉴了我近几年的一些相关研究成果，一些章节直接是我近期所撰写论著的汇编与整理，虽从体例结构上看有些松散，但都站在院校发展的角度分析、解读和研究新时期大学内部治理的理论与实践难题。其中，每一章最后都挑选了一篇与该章主题密切相关的文章，其大都是我在一些重要报纸或媒体上公开发表的文章，这些文章刊出后曾产生了很好的社会影响。

由于大学治理无论从外部还是内部看都是一个很庞大的体系，即便是某一层面或某一方面的治理(如学术治理)，所涉及的事项都很多，所以本书除了第二章～第五章这些理论性的章节之外，其他章节都只是针对某些热点难点问题进行论述的。

需要说明的是，本书第一章是由我与我的研究生马浚锋同学合作完成的，第二章内容来源于我撰写的、董云川教授所主持的中国高教学会课题的一部分，同时也是我主持的一项省哲社重点课题的部分研究成果。

本书一定存在一些不妥之处，在此恳请学界前辈、同行批评指正。

最后，在本书的编辑出版过程中，感谢科学出版社对本书的重视。感谢孟锐老师，他从中的协调和帮助让本书能顺利成稿并快速纳入出版计划。

罗志敏
2019年12月于郑州